农产品物流管理与实务

（第2版）

主　编　张天琪

副主编　唐俊杰　马宇超　熊潘梁　吴　迪

中国财富出版社有限公司

图书在版编目（CIP）数据

农产品物流管理与实务 / 张天琪主编. -- 2 版. --北京：中国财富出版社有限公司，2024. 11. -- ISBN 978-7-5047-8304-2

Ⅰ. F724. 72

中国国家版本馆 CIP 数据核字第 2025FA5063 号

策划编辑	雷晓玲	**责任编辑**	雷晓玲	**版权编辑**	武　玥
责任印制	荀　宁	**责任校对**	杨小静	**责任发行**	敬　东

出版发行	中国财富出版社有限公司		
社　　址	北京市丰台区南四环西路 188 号 5 区 20 楼	**邮政编码**	100070
电　　话	010－52227588 转 2098（发行部）		010－52227588 转 321（总编室）
	010－52227566（24 小时读者服务）		010－52227588 转 305（质检部）
网　　址	http：//www. cfpress. com. cn	**排　　版**	宝蕾元
经　　销	新华书店	**印　　刷**	北京九州迅驰传媒文化有限公司
书　　号	ISBN 978－7－5047－8304－2/F・3799		
开　　本	787mm×1092mm　1/16	**版　　次**	2025 年 4 月第 2 版
印　　张	16. 25	**印　　次**	2025 年 4 月第 1 次印刷
字　　数	406 千字	**定　　价**	58. 00 元

前 言

在我国全面推进乡村振兴战略，协同推进农业现代化与农村现代化的时代背景下，农产品物流作为连接生产端与消费端的关键纽带，以及保障民生供应与食品安全的重要支撑，正处于数字化转型与产业生态重塑的关键阶段。过去五年，农产品仓储、配送、包装等环节的交易规模持续扩大，冷链物流技术应用范围不断拓展，新型供应链模式也在持续创新。《农产品物流管理与实务（第2版）》在保持第1版特色的基础上，强化产教融合，发挥校企、校校、校村合作优势，增加了案例集。面对行业发展的新趋势，对《农产品物流管理与实务》的修订，既是响应国家加快建设农业强国规划中关于农产品仓储、配送及冷链物流升级要求的重要举措，也是契合“新双高”背景下职业院校对接产业需求、优化人才培养的现实需要。

本书在修订过程中，得到了北京农业职业学院现代物流管理专业相关领导的悉心指导与大力支持。编写团队参考了北京首农食品集团有限公司、北京市农业广播电视学校房山区分校、中国农民研修学院、北京菜篮子鲜活农产品批发市场有限公司、北京中农富通园艺有限公司、德吉五岳（北京）农业科技发展有限公司、北京市延庆区四海镇黑汉岭村等单位提供的案例，并借鉴已出版的相关教材及众多专家学者的论著，吸收了一些研究成果。在此一并表示感谢！

本书作为“新农科”“新双高”建设背景下农产品物流人才培养的创新载体，期待为涉农院校及企业培训提供有力支撑，更希冀通过学界与业界的持续互动，共同推动我国农产品物流体系的高质量发展。为方便教师教学，本书配有电子课件、授课计划、习题及答案等，本书还配有数字拓展资源，请有需求的读者登录中国财富出版社官网（www. cfpress. com. cn）下载。本书适用于高等职业院校现代物流管理、农产品流通与管理等专业的学生，也适用于农产品物流经营者。

本书由张天琪担任主编，唐俊杰、马宇超、熊潘梁、吴迪担任副主编，王海河、刘艳军、甄卞、温春娟、胡军珠、史云龙参与编写。具体分工如下：模块一由张天琪、唐俊杰、甄卞编写，模块二、模块三、模块四由张天琪编写，模块五由温春娟、马宇超编写，模块六由胡军珠、史云龙编写，模块七由吴迪、王海河编写，模块八由熊潘梁、刘艳军编写，张天琪负责对初稿进行统稿和修改。

由于编者水平所限，书中难免存在疏漏与不足之处，恳请广大读者批评指正。

编 者

2025年4月

目　录

模块一　农产品物流概述 ……（1）
任务一　农产品物流基础 ……（2）
任务二　农产品物流的特征、分类及重要性 ……（7）

模块二　农产品包装 ……（19）
任务一　农产品包装基础 ……（20）
任务二　农产品包装材料及容器 ……（24）
任务三　农产品包装技术与设计 ……（33）

模块三　农产品配送与运输 ……（51）
任务一　农产品配送与运输基础 ……（52）
任务二　农产品配送流程与优化 ……（61）
任务三　农产品运输合理化 ……（69）
任务四　农产品冷链运输 ……（77）

模块四　农产品仓储 ……（93）
任务一　农产品仓储基础 ……（95）
任务二　常温储藏 ……（101）
任务三　机械冷库储藏 ……（112）
任务四　气调储藏 ……（118）
任务五　储藏病虫害管理 ……（128）

模块五　粮油储运 ……（139）
任务一　粮油储运基础 ……（140）
任务二　粮食储藏 ……（146）
任务三　油料、油脂储藏 ……（155）

模块六　果蔬储运 ……（167）
任务一　果蔬储藏基础 ……（168）

任务二　常见果品储藏 …………（177）
任务三　常见蔬菜储藏 …………（188）

模块七　肉类储运 …………（197）
任务一　肉类储运基础 …………（198）
任务二　肉类的冷藏和冷冻 …………（202）
任务三　肉类运输 …………（210）

模块八　水产品储运 …………（223）
任务一　水产品储运基础 …………（224）
任务二　水产品保鲜储藏 …………（231）
任务三　水产品保活运输 …………（241）

参考文献 …………（251）

模块一 农产品物流概述

知识目标

掌握农产品、物流等相关概念

掌握农产品及农产品物流的特征

了解农产品物流的分类

了解农产品物流的重要性

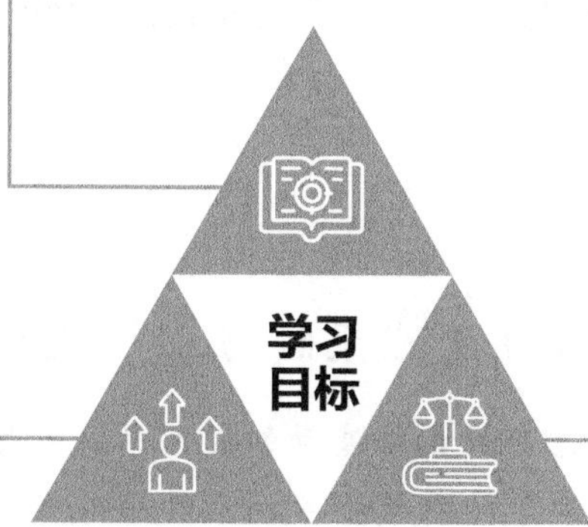

能力目标

能够实地感知农产品物流

能够按照不同分类标准区分不同的农产品物流

能够正确理解农产品物流的重要性

思政目标

增强服务社会的责任意识

培养可持续发展理念

培养创新驱动意识

内容导读

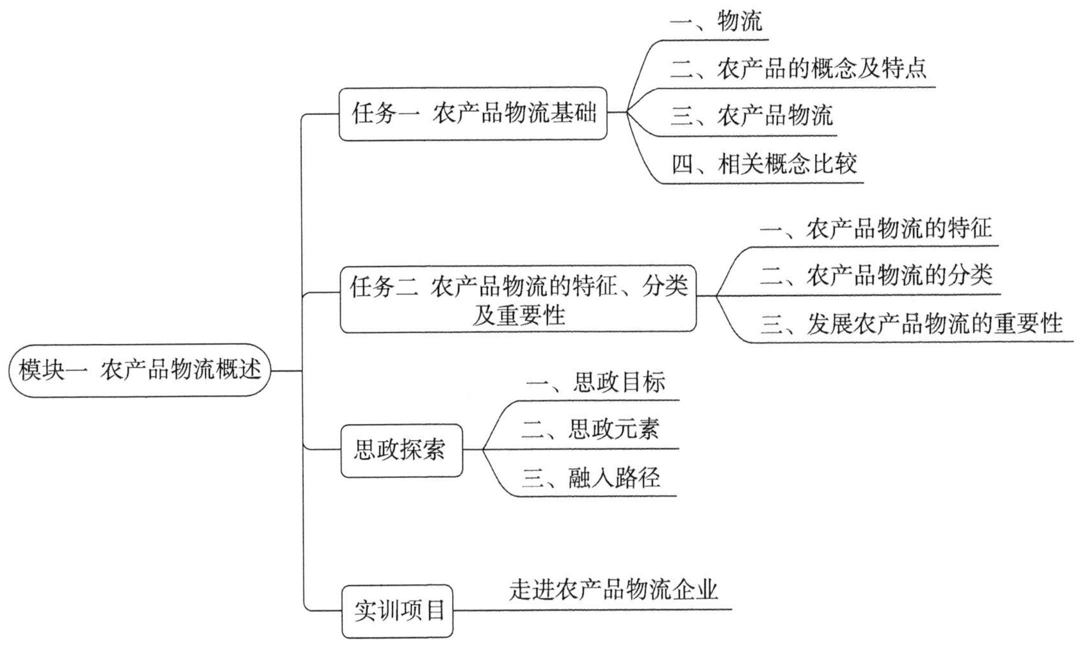

任务一　农产品物流基础

如何避免“菜贱伤农”现象

随着季节性蔬菜集中上市，市场价格波动的现象时有发生。北方地区诸如白菜、萝卜、土豆等应季蔬菜的大丰收并未给农民带来预期的经济收益，反而导致了菜价大幅下滑。以北京新发地市场为例，大白菜批发价曾跌至每斤0.2元至0.45元不等，而土豆价格降幅更是高达三成，同时圆白菜和芹菜也处于近年来的历史低价位。在产地，这些蔬菜的实际收购价格甚至低至几分钱一斤，生动诠释了“白菜价”的现实境遇。尽管农产品价格涨跌是市场经济规律下的正常现象，但频繁出现的“菜贱伤农”问题不容忽视。因此，如何通过有效措施来预防此类事件的反复上演显得尤为重要。这不仅需要关注产量调控与气候因素的影响，更要探索建立稳定的农产品供求机制、强化市场信息引导、促进产销对接、提升深加工能力以及完善风险保障体系等一系列深层次解决方案，从而切实维护农民利益，确保农业生产的稳定及可持续发展。

哪些农产品物流措施可以减少“菜贱伤农”现象？

任务分析

我国作为农业大国，农业生产资料与农产品的物流需求庞大且分布广泛，由此产生的高物流成本及价格波动问题凸显。农产品地域性、季节性的生产特点与消费者全年普遍性、稳定性的消费需求之间形成矛盾，亟须优化农产品物流体系以解决这一矛盾。物流组织的核心任务在于确保物流活动高效畅通，扮演好市场供需调节器的角色，从而保障农产品供求平衡和商品价值最大化。在应对市场价格信号传导、自然风险防范以及提高农户议价能力等方面，农民个体力量有限，必须依赖政府、新型经营主体等多方协作。一方面，政府应强化市场监测职能，科学调控农产品市场，提供精准信息指导，减少盲目种植现象。另一方面，加快建设和完善仓储保鲜、冷链物流设施至关重要，通过错峰上市、均衡供应策略，有效避免产品集中上市导致的价格滑坡。当市场价格偏低时，更要加强产销对接机制，拓宽销售渠道，提升流通效率，助力农户减少损失，确保农产品产业链条稳健运行。

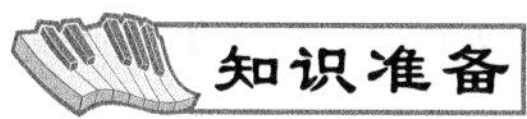

知识准备

一、物流

美国是物流认识和实践的发源地，1901 年，约翰 · F. 格鲁维尔在《农产品流通产业委员会报告》中论述了影响农产品配送成本的各因素，揭开了认识物流的序幕。美国物流管理协会（现已更名为：美国供应链管理专业协会）指出，物流是供应链的一部分，是以满足客户需求为目的，为提高产品、服务和相关信息从起始点到消费点的流动储存效率和效益而对其进行计划、执行和控制的过程。1956 年，日本从美国引入物流的概念，当时的物流被理解为在连接生产和消费间，对物资履行保管、运输、装卸、包装、加工等功能，以及作为控制这类功能后援的信息功能，它在物资销售中起到了桥梁作用。日本给物流的定义是：物流是指为了满足客户的需要，以最低的成本，通过运输、保管、配送等方式，实现原材料、半成品、成品及相关信息由商品的产地到商品的消费地所进行的计划、实施和管理的全过程。

我国引入物流的概念是在 20 世纪 80 年代初，此时的物流已被称为 Logistics，而不是最早的 Physical Distribution（PD）。Logistics 的原意为“后勤”，这是第二次世界大战期间军队在运输弹药和粮食等给养时使用的一个名词，它是为维护战争需要的后勤保障系统。把 Logistics 用于物资的流通中，物流已不再单纯考虑从生产者到消费者的货物配送问题，而需要考虑从供应商到生产者对原材料的采购以及生产者本身在成品制造过程中的运输、保管和信息等各个方面。

尽管国内外存在各种关于物流的定义，但是对其基本实质的认识应该是一致的。根据《物流术语》（GB/T 18354—2021），物流是根据实际需要，将运输、储存、装卸、搬运、包装、流通加工、配送、信息处理等基本功能实施有机结合，使物品从供应地向接收地进行实体流动的过程。所以，人们把物流看成“物”和“流”的有机结合。

二、农产品的概念及特点

1. 农产品的概念

广义的农产品包括农作物、畜产品、水产品和林产品；狭义的农产品则仅指农作物和畜产品。《经济大辞典·农业经济卷》将“初级产品”定义为：初级产业产出的未加工或只经初加工的农、林、牧、渔、矿等产品。其中有的直接用于消费，有的用作制造其他产品的原料。初级产品有的是未经加工的原始形态的产品，有的是经过初步加工的产品。

本书中的农产品，指来源于种植业、林业、畜牧业和渔业等的初级产品，即在农业活动中获得的植物、动物、微生物及其产品。该概念来源于《中华人民共和国农产品质量安全法》。

2. 农业生产的特点

农产品是来源于农业的初级产品，所以农业生产的特点决定了农产品的特殊性。农业生产有以下特点：

（1）不稳定性。农业生产对自然条件的依赖性较大，容易受自然因素的影响，特别是在动植物生长、发育的关键时刻，若受到灾害性天气的影响，农业生产将会减产歉收，这就导致了农业生产的不稳定状况。

（2）季节性。农业生产与光照、温度、水分等自然因素的关系非常密切，而这些因素随季节的变化而变化，并且呈现出一定的周期性。因此，在不同的季节里，农作物处在不同的生长过程。而农作物各生长阶段时间短促，这就要求从事农业生产活动时，不能违反农时，在一定季节内，按时完成应该完成的农事活动。

（3）地域性。农业生产的一切活动都是在一定的区域内进行的，而各地的自然条件、社会经济条件和技术条件各不相同，致使农业生产在地理分布上呈现出明显的地域差异。这种差异使农业表现出强烈的地域性，这就要求不同地区的农业生产必须因地制宜、合理布局。

（4）综合性。农业是由农、林、牧、渔组成的多部门产业，其内部各业之间存在着极其密切的联系。种植业可为畜牧业和水产业提供饲料；畜牧业和水产业又可为种植业和林业提供肥料；而林业又可为种植业、畜牧业、水产业提供良好的生态环境等。各部门相辅相成、互相促进，这就要求农业生产各部门必须有机结合、综合经营、共同发展。

3. 农产品的特点

农业生产的特点决定农产品的特点，农产品主要有以下几个特点。

（1）易腐性。农产品一般都是鲜活易腐产品，其寿命期短，保鲜困难。

（2）笨重性。农产品的单位价值较小，但体积较大，数量和品种较多，所以运输难、成本高。

（3）非标准性。由于对自然条件的可控力不强，农业生产受自然条件影响大，即使按统一标准生产的农业产品质量也会存在一定的差异。

（4）价格不稳定性。农产品的价格在一年、一个季节，甚至是一天之内都可能有频繁、大幅变动。农产品以上的特点给储存、运输、包装、装卸、搬运、配送等均增加了

难度。

（5）供给易变性。农产品生产受自然条件影响大、周期长，具有季节性和地域性特点，这决定了农产品供给数量和质量不稳定，易受生产条件及物流条件影响。

三、农产品物流

根据物流概念的发展，结合农业的特点，农产品物流是指为了满足用户需求、实现农产品价值而进行的农产品物质实体及相关信息从生产者到消费者之间的物理性运动。具体地说，它包括农产品收购、运输、储存、装卸、搬运、包装、配送、物流加工、分销、信息活动等一系列环节，并且在这一过程中实现了农产品价值增值以及特定组织的利润目标。

农产品物流的定义着重强调了两点：

（1）农产品物流运作的客体是脱离生产领域的农产品，这是农产品物流与农业物流最重要的区别。

（2）农产品物流不仅服务于农产品消费者，还服务于农产品生产者，即不仅要满足消费者需求，还要使生产者生产的农产品实现其价值。

农产品的分类与代码

中华人民共和国农业行业标准《农产品分类与代码》（NY/T 3177—2018）规定了我国主要农产品的分类方法、代码结构与编码方法、产品命名方法、编制原则和说明、农产品分类与代码，适用于农产品质量安全标准、监测、认证、追溯等管理活动中农产品分类的信息处理和信息交换。

四、相关概念比较

（一）农产品物流与农产品流通

农产品物流不等同于农产品流通。农产品流通是农产品从生产领域向消费领域转移过程中商品的价值运动、使用价值运动及与之相关的信息流运动三部分组成的运动过程，包括商流、物流、信息流和资金流。

商流是商品在购销交易过程中的商品价值形式的变化和商品所有权的转移，又称为商品物流，在生产者和消费者之间起着纽带作用。商流可以使分离的生产者和消费者实现各自的目的，其内容包括商品买卖相关的各种活动，如业务洽谈、订货、签约、成交、计价、结算、付款和服务等。

物流是商品在买卖过程中使用价值的转移，具体表现为商品运输、储存、加工、整理、分级和质量检验、包装、装卸、搬运等商品的实体运动，它改变了商品的空间位置和外表形态，是生产过程在物流过程的继续，因而又叫实体配送或货物物流。

信息流是商品在空间和时间上同一方向运动过程中的一组信息，具有共同的信息源和信息接收者，即由一个信息源向信息接收者传递全部信息的集合。它具体包括了解和掌握市场需求的农产品品种、数量、规格、质量、价格以及消费者消费结构变化状况。

资金流主要是伴随着商流运动过程的资金的转移，包括付款、转账等。

由此可见，将农产品物流等同于农产品流通的观点是不妥当的。农产品流通是一个综合性概念，是商流、物流、资金流和信息流的集合统一体，缺少任何一部分都不能称其为农产品流通。而农产品物流则是一种追加的生产过程，它克服时间和空间的阻碍，提供有效而快速的农产品的输送和保管等服务来创造农产品的效用，是农产品的实体运动，是农产品流通的重要组成部分和物质支柱，可以说，没有物质实体流动的农产品物流是毫无意义的。

（二）农产品物流与农产品储运

农产品物流也不等于农产品储运。物流概念产生后，有人曾经认为物流就是过去我们常讲的储运，实际上二者存在较大差别。

（1）范围不同。传统的储运仅包括储存、运输两个环节，而物流不仅包括储存、运输，还包括包装、装卸、搬运、物流加工及信息活动，储运仅是物流活动的构成要素之一。

（2）运行机制不同。储运的两个环节是相互独立的，而物流是一个系统工程，代表着各种活动的集成与协调，即不仅包含这些活动，更为关键的是，物流中的这些传统活动在一个共同的目标下经过权衡能够实现较好的配合。

（三）农产品物流与农业物流

一般认为农业物流是指从农业生产资料的采购、农业生产的组织到农产品加工、储运、分销等的一系列活动，是实现从生产地到消费地、从生产者到消费者的过程中所形成的物资流动。所以，从概念上来看农产品物流是农业物流的重要组成部分。

资料阅读

农村物流

农村物流泛指农户从物资采购到农产品的形成，从农产品储藏、农产品流通加工到农产品销售（消费）的多种活动以及农村区域内农民生活用品的购买活动的集成。它是与城市物流相对的概念，是指为农业生产和农村居民生活服务的物流。在农村物流中，流动的物资主要包括：农用物资、农产品和农民生活必需品等。

任务总结

农产品是指来源于种植业、林业、畜牧业和渔业等的初级产品，即在农业活动中获得的植物、动物、微生物及其产品，农业生产的特点决定了农产品的特殊性。农产品物流是指为了满足用户需求、实现农产品价值而进行的农产品物质实体及相关信息从生产者到消

费者之间的物理性运动。具体地说，它包括农产品收购、运输、储存、装卸、搬运、包装、配送、物流加工、分销、信息活动等一系列环节，并且在这一过程中实现了农产品价值增值以及特定组织的利润目标。农产品物流运作的客体是脱离生产领域的农产品，这是农产品物流与农业物流最重要的区别。农产品物流不仅服务于农产品消费者，还服务于农产品生产者，即不仅要满足消费者需求，还要使生产者生产的农产品实现其价值。

任务二　农产品物流的特征、分类及重要性

随着农业生产日益专业化、区域化，农产品呈现跨地域、反季节的大流通特征，不同于米面油，果蔬、肉类、水产等鲜活农产品的仓储运输需要冷链支持。以果蔬为例，为例，发达国家物流损失率可控制在5%以下，而我国该数据明显较高，原因就在于冷链物流还不发达。这就要求我们加快发展农产品冷链，降低损耗，增加储运能力。

任务分析

农产品物流在我国国民经济发展中占据着举足轻重的地位，农产品物流涉及整体国民经济的运行效率与运行质量，涉及农业的现代化，涉及农民的根本利益。从当前我国的实际情况来看，部分地区的农产品物流还十分落后，由于农产品不能做到货畅其流，不能做到加工增值，造成农民利益受到损害；同时，农产品物流技术落后，物流过程损耗大，也会加大成本，同样使农民利益受到损害，因此必须重视农产品物流。

知识准备

一、农产品物流的特征

农产品生产的地域性与消费的普遍性、生产的季节性与消费的全年性决定了农产品的商品特点和供给特点，这些特点决定农产品物流与一般的物流相比，有一些不同的特征，具体分析如下。

（一）农产品物流的数量巨大

一方面，需求量大。广义上的农业不但包括种植业，而且包括林业、畜牧业、渔业等。如今，不管是粮食、经济作物还是畜牧产品和水产品，都大量转化为商品，商品率很高，它们不仅直接满足人们的生活需要，还可以给食品工业、轻纺工业、化学工业提供原料。另一方面，由于时间和空间的影响，产销之间的转移量大。农产品生产受自然条件制约大，各地因气候、土壤等情况的不同，在农产品种植品种上也会有所不同。因此，农产品物流的需求量大、范围广，必须对农产品进行空间范围的合理布局和规划。

（二）农产品物流的运作复杂

农产品自身的生化特性和特殊重要性决定了它在基础设施、仓储条件、运输工具、技术手段等方面要求较高。在农产品储运过程中，为使农产品的使用价值得到保证，须采取低温、防潮、烘干、防虫害等一系列技术措施。只依靠交通运输设备很难实现，它要求有配套的硬件设施，包括专门设立的仓库、输送设备、专用码头、专用运输工具、装卸设备等。而且，农产品物流中的发货、收货以及中转环节都需要进行严格的质量控制，以确保农产品质量达到规定要求。这是农产品的独特之处。另外，农产品物流加工技术和物流各环节的信息处理技术也是制约农产品物流发展的重要因素。

（三）加工增值是农产品物流的重要内容

农产品不同于工业品的最大特点在于农产品市场价值的很大部分是在离开生产领域后得到提升的，具有更大的加工增值潜力。一般来说，农产品物流增值环节主要包括以下几个方面：农产品分类与分类包装增值服务；农产品适度加工后小包装增值服务；农产品配送增值服务；特种农产品运输增值服务；特种农产品仓储与管理增值服务。

农产品加工增值和副产品的综合利用是减少农产品损失，延长其保存期限，提高农产品附加值，丰富人民生活，使农产品资源得以充分利用的重要途径。因此，农产品加工是农产品物流中一个必不可少的重要组成部分。例如，粮食深加工和精加工、畜牧产品加工、水果加工和海洋水产品加工等，具体包括研磨、抛光、色选、细分、干燥、规格化等促销加工作业。

（四）农产品物流的风险大

1. 农产品物流对于物流设施的要求特别高

农产品与工业品不同，大部分是有机物，是有生命的动物性与植物性产品，容易腐烂变质，农产品物流的各环节都需要进行严格的质量控制，以确保农产品质量。如粮食的散装运输、水产品的冷冻运输、分割肉的冷藏运输、牛奶等制品的恒温运输等，这些对农产品的运输、包装、加工等提出了特殊的也是更高的要求。

2. 农产品物流的中间环节多

农产品从收购到最终运到市场需要多次储存和搬运。农产品物流具有不均衡性，在农产品收获季节运量很大，过了收获季节，运量明显减少，这给农产品的合理运输造成一定的困难。

3. 农产品物流储存量大，要求高

农产品物流各功能的需求较高，粮食类产品的储存量较大，储存时间长，“蓄水池”功能要求较高。为了满足消费者需要，购销部门需要建立强大的农产品储备系统，并保持足够的库存。

4. 运输和装卸复杂

由于农业生产点多面广，消费农产品的地点也很分散。因此，农产品运输和装卸比多数工业品要复杂得多，常常需要两个以上的储存点和两次以上的装卸工作，单位产品运输的社会劳动消耗大。由于农业生产的季节性，农产品运输具有时间性强和不均衡性的特点。农产品的收获季节是农产品的紧张运输期，在其他时间运输量就小得多，因此要求运输工具的配备和调动与之相适应。只有科学规划农产品物流流向，才能有效地避免对流、

倒流、迂回等不合理运输现象。

（五）农产品物流的方向是从农村流向城市

农产品的生产基地在农村，而广大的农产品消费者却生活在远离乡村的城市。要满足城市对农产品的消费需求，就需要使农产品从农村转移到城市。因此，农产品物流将农产品准确、快捷地传送到消费者手中，实现农产品的最终价值。广大农业生产者生产的农产品通过不同的物流手段流向城市，以便投入工业生产或供城市居民消费，因而物流过程呈现收敛型，运输程序是先支线运输，后干线运输，物流批量越来越大。

（六）农产品物流具有很强的季节性和地域性

农产品的自然属性决定了农产品物流具有很强的季节性和地域性，受自然条件的制约大，这是由农产品生命周期的特点决定的。这就要求对农产品进行空间范围的合理布局和规划。例如，我国地域辽阔，有大海、大江、大湖，有平原、丘陵、高山，有热带、亚热带、温带；农产品品种繁多，有粮食、棉麻、油料、水果、蔬菜、烟叶、茶叶、畜禽产品、水产品和中药材等。但是，我国农产品具有较强的地域性，许多农产品是一季生产，全年消费，一地生产，全国消费。在全国还形成了许多特色农业地区，这必然造成生产与消费空间的矛盾，而解决这一矛盾的办法就是发展物流，构建合理的农产品物流体系。

资料阅读

据统计，我国东北地区粮食产量占全国粮食产量的四分之一，粮食调出量占全国粮食调出量的40%。2023年，黑龙江省粮食总产量为1557.64亿斤（历史第二高）（1斤=0.5千克），占全国粮食总产量的11.2%，连续14年位居全国第一，被誉为中国的“第一粮仓”。

二、农产品物流的分类

（一）根据在供应链中的作用分类

根据农产品物流在农产品供应链中的作用不同，农产品物流的全过程可以分成3种不同类型的物流：农产品生产物流、农产品销售物流、农产品废弃物物流。

1. 农产品生产物流

农产品生产物流是生产农产品的农户或农场所特有的从农作物耕作、田间管理到农作物收获的整个过程中，配置、操作和回收各种劳动要素所形成的物流。与工业生产物流相比，农产品生产物流受自然条件影响较大，具有不稳定性，在物流过程中除了要充分考虑生产布局、季节性、分散性生产等因素的影响外，还要与当地的生产条件相结合。另外，受地理环境条件限制，农产品生产物流活动范围小，主要是农产品生产要素从农户或农场仓库到田地以及田地之间的往复运动。在我国，除少量企业化生产的农场物流量较大外，其他农场大多由个体农户生产经营，承包土地有限，总体物流量小。

农产品生产物流按照生产环节可以分为产前物流、产中物流和产后物流。产前物流包括耕种、养殖物流及相关的信息流；产中物流包括培育农作物生长的田间物流管理活动和养殖畜禽、鱼类等的管理活动，包括育苗、插秧、锄田、除害、整枝、杀虫、追肥、浇水等作业所形成的物流；产后物流即为了收获农作物而形成的物流，如农作物收割、回运、脱粒、晾晒、筛选、处理、包装、入库作业或动物捕捞、处理等作业所形成的物流。

2. 农产品销售物流

农产品销售物流就是通过包装、储存、运输和配送等物流具体活动实现农产品销售、价值增值，从而实现农产品物流服务功能的过程，包括根据物流合理化原则确定运输路线、建立农产品储备系统、达到农产品物流包装水平、有效送货等相关内容。这一物流过程是农产品实现其价值的关键阶段。若销售物流不畅，就会影响农户或农场的利益，造成农产品积压甚至丧失农产品价值的不良后果。随着市场经济的不断深入，农产品销售物流已经成为买方市场，农产品销售物流活动带有极强的服务性，以满足买方要求，最终实现销售。农产品销售物流从生产地到消费地的过程中，大部分物流是先从分散的农产品生产者手中把农产品集中起来，再销售到各个城镇。从我国农村和城市布局来看，物流方向呈现明显的汇集和发散相结合的方式，这使农产品销售物流的空间范围变得很大。由于农产品需求的广泛性和多样性与满足需求的手段之间的矛盾，农产品销售物流往往经历多个销售环节，物流路线变长，多次装卸、搬运和包装，中间损耗大，因此增加了社会交易费用和物流成本。

3. 农产品废弃物物流

在农产品生产、销售及消费过程中，大量的农产品废弃物和无用物的运输、装卸及处理等物流活动构成了农产品废弃物物流。据有关资料显示，蔬菜中毛菜和净菜销售的结果比较，100 吨毛菜可以产生 20 吨垃圾，由此可以推算出从毛菜进城到农贸市场销售的过程存在着一个数量惊人的无效物流成本。为此，应建立农产品生产、流通、消费的循环往复系统（即废弃物的回收利用系统），实现资源的再利用，这是现代物流管理的焦点——绿色物流的内容。

（二）根据物流具体对象分类

根据物流具体对象不同，农产品物流可划分为以下几类。

1. 粮食作物物流

粮食是人类赖以生存的最主要的物质资源，包括人的口粮、牲畜饲料粮和其他工业用粮。具体有：水稻、小麦、玉米、高粱、大麦、荞麦、大豆、花生等。粮食作物物流量大，做好粮食物流，对促进国民经济健康稳定发展具有重要意义。

2. 经济作物物流

经济作物除满足人们食用需求外，还是工业尤其是轻纺工业和食品工业的原料，商品率大大高于粮食作物，物流需求大。具体包括：纺织原料，如棉、麻、丝、毛等；轻工业原料，如烟、茶、革等。经济作物物流还可根据经济作物品种进行细分。

3. 鲜活食品物流

鲜活食品主要包括鲜食的猪牛羊肉、禽、蛋、蔬菜、水果等。鲜活食品在储运过程中损失率比较高，对物流技术和装备水平要求也比较高。我国在这类食品物流作业过程中损失率有时高达 35%，即约有 1/3 的鲜活食品在物流作业中被消耗；而发达国家鲜活食品物流损失率控制在 5%以下。可见，我国迫切需要提高储运鲜活食品的物流技术和装备水平。

4. 水产品物流

水产品需求大致来自三个方面：一是居民家庭消费；二是水产品加工餐饮等社会消费；三是出口。

5. 林产品物流

林产品是重要的工业原料，营林和竹木采伐对物流需求大，主要体现在林产品的运输、装卸、搬运等环节上。

6. 其他农产品物流

不能归入上述几类的农产品物流统称为其他农产品物流。

（三）根据物流储运条件分类

根据物流储运条件不同，农产品物流可以分为常温链物流、冷链物流、保鲜链物流。

1. 常温链物流

常温链物流是指在自然条件下对农产品进行的储藏、运输、装卸、搬运以及物流加工处理，农产品物流过程中的各种活动可以创造时间价值、空间价值以及物流加工价值。大多数非鲜活类农产品不需要特殊条件就可以完成物流过程，如各种粮食作物、经济作物、活的牲畜等。

2. 冷链物流

冷链物流是指在低温下完成农产品的储藏、运输、保管、销售等活动，它是以制冷技术和设备为基本手段最大限度地保持易腐食品原有品质的物流活动。很多农产品从性质上要求从生产采摘到销售消费的全过程，要连续不断保持适宜的温度、湿度等条件，因为降低温度可以抑制食品中微生物的生长繁殖，减弱农产品自身的生理活动强度，有效延长易腐农产品的储藏期，保证储运质量。

3. 保鲜链物流

保鲜链物流是指综合运用各种适宜的保鲜方法和手段，使鲜活易腐食品在生产、加工、储运和销售各环节中，最大限度地保持其鲜活特性和品质的物流活动。保鲜链除了应具有实现冷链的所有条件外还要具有 3M 条件，即保鲜工具与手段（Mean）、保鲜方法（Methods）和管理措施（Management）。

资料阅读

冷链物流按温度带可分为冷藏（C）和冷冻（F）两大类，并对每一大类进行细分。

（四）根据物流组织方式分类

物流外包是物流业的一个明显趋势，发达国家的物流外包率比我国高得多，而我国各产业也都在尝试利用物流外包的优势，进行结构优化，物流外包的对象也从工业产品发展到农产品。根据物流组织形式不同，农产品物流可以分为自营农产品物流和第三方农产品物流。

1. 自营农产品物流

自营农产品物流是指农产品生产者或相关企业（第一方或第二方）借助自有资源组织

物流活动的物流组织模式。此类组织模式也会偶尔向运输公司购买服务、租赁仓库，但这是临时性的纯购买行为。虽然第三方物流在更多领域得到了应用，但在欠发达地区的第一产业（农业），自营物流仍是主要的物流组织形式。

其主要优点是：能达到有效的管理控制。自营物流管理属于企业内部管理，能够更有效、更快速地传达指令，同时获得准确、充足的相关信息。对于个体生产者，自营物流是农产品物流最有保障的方式。

其主要缺点是：对于属于非主营业务的物流，设备及人员的投入对企业的资金产生负担，且农产品物流需求有明显的季节性，设备使用率低。我国传统的物流状态是“大而全，小而全”，由于各个组织分散，缺乏全局考虑，各企业或个体生产者都有一定的运输工具和仓库等，在农产品供销旺季，业务量大时，物流设备工具不足，而在更长时间的淡季，物流设备及工具又被闲置，造成巨大浪费。

2. 第三方农产品物流

第三方农产品物流是专业物流企业受买方或卖方（第一方或第二方）委托，以合同形式提供农产品物流服务的组织模式。

第三方农产品物流是物流业发展到一定阶段出现的专业的物流服务提供企业，其服务对象为较大型的而且有较复杂供销关系的农业企业。

其优点是物流服务专业、高效且低价，这主要是由规模化和专业化产生的成本优势，同时这种模式下委托企业能专注于核心业务。第三方农产品物流主要的劣势在于信息控制难度加大，信息流不畅会明显增加其风险。

三、发展农产品物流的重要性

长期以来，农产品的区域性、季节性、“卖难买贵”成为困扰农业的突出难题，影响着消费者和农民的利益。分析起来，农产品集中上市带来的短时供求失衡是重要原因。农产品冷链物流贯穿第一、第二、第三产业，连接生产和消费，是缓解上述问题的钥匙。“暂时卖不掉就先存起来”“错峰的农产品更吃香”，农产品冷链物流可以实现错季销售、扩展区域，既满足全年供应、消费升级需求，又能提升附加值、助农增收。

基于上述背景，大力发展农产品物流对于降低农产品物流成本、提高农产品价值、实现农产品生产和消费的有效对接具有不容忽视的作用。其重要性具体表现为如下几个方面。

（一）农产品物流有利于创造农产品价值

农产品物流本身就是一个能够创造时间价值和空间价值的过程，具体分析如下。

1. 创造时间价值

由于农产品从生产到消费的转移过程总是有时间差，改变这一时间差而创造的价值，我们称为“时间价值”。它可以整合农产品从生产到销售的各个环节（如运输、储存、装卸、搬运、包装、配送等），大大缩短农产品在物流中的时滞，进而创造时间价值；也可以通过系统、科学的方法（如集中储存、分散供给或者将农产品加工转化为其他产品形式，从而更方便地储存）改变、弥补、延长供给和需求间的时间差，进而创造时间价值。

2. 创造空间价值

农产品生产受地理环境和气候条件影响，呈现出明显的区域性特征，而对农产品的消费却呈现出普遍性特征，如农村生产的粮食、蔬菜在城市消费，南方生产的荔枝和香蕉在北方消费等，如此错综复杂的供给与需求的空间差都是依靠农产品物流来弥合的。

（二）农产品物流有利于农产品实现加工增值

农产品不同于工业品的一个显著特征在于加工潜力大。一般来说，刚刚脱离农业生产领域的初级农产品，由于形态各异、大小不一，市场价格较低，而经过一定的简单加工，如挑选、整理、清洗、分段、包装等，送入超市或者连锁店，价格就会上升 2~10 倍。若再进行深加工改变其原有形态，如将蔬菜、水果加工成蔬菜汁、水果汁，价值将会提高几十倍。农产品物流正是抓住了农产品的这一特性，紧紧围绕物流加工环节，以农产品加工企业为龙头，以满足消费者需求为目标，进而实现整个农产品的增值。

（三）有利于农业实现规模经营，提高农业生产的整体效益

现代农产品物流的发展要求是农产品种植实现专业化和区域化，以此促使农业实行规模经营，增加农产品供应总量，这样既便于组织货源及第三方农产品物流或物流经纪人的介入，也有利于采选、分拣、包装、加工等农产品物流业的发展。

（四）有利于扩大劳务输出和创造新的就业机会

传统销售方式束缚了大量农村强壮劳动力，影响了农民劳务输出。大力发展农产品物流，可以解放大量低效的农业劳动力，节约农产品物流成本，使更多的农业劳动力参与劳务输出。同时农产品物流的发展还可以创造出大量的就业岗位和就业机会，农产品的采选、分拣、包装、加工会从传统农业中分离出来，与此相关的第二、第三产业便可得到迅速发展，从而吸纳大量的农村剩余劳动力。

（五）有利于提升农产品相关企业的核心竞争力

通过发展农产品物流，尤其是第三方农产品物流，可以使相关企业集中精力发展核心竞争力。而第三方农产品物流企业根据自身具备的专业设备和专业知识，结合企业情况，加快农产品从原材料购入到产成品销售的周转速度，不但可以大大降低企业的库存量，还可以加快资金的周转速度，从而增加企业全年利润，提高农产品相关企业的竞争力。

我国冷链物流发展相关政策如表 1-1 所示。

表 1-1　我国冷链物流发展相关政策

发布时间	政策	部分内容
2017 年	《中共中央 国务院关于深入推进农业供给侧结构性改革 加快培育农业农村发展新动能的若干意见》	加强农产品产地预冷等冷链物流基础设施网络建设，完善鲜活农产品直供直销体系。推进“互联网+”现代农业行动

续　表

发布时间	政策	部分内容
2017年	《商贸物流发展“十三五”规划》的通知	发展冷链物流，加强多温层节能冷库、加工配送中心、末端冷链设施建设，鼓励应用专业冷藏运输、全程温湿度监控等先进技术设备，建设标准健全、功能完善、上下游有效衔接的冷链物流服务体系。加快发展医药物流，推进医药物流资源集中配置，鼓励大型医药批发企业提供社会化医药物流服务，提升专业化医药物流水平
2017年	《国务院办公厅关于加快发展冷链物流保障食品安全促进消费升级的意见》	基本建立“全程温控、标准健全、绿色安全、应用广泛”的冷链物流服务体系，培育一批具有核心竞争力、综合服务能力强的冷链物流企业，冷链物流信息化、标准化水平大幅提升，普遍实现冷链服务全程可视、可追溯，生鲜农产品和易腐食品冷链流通率、冷藏运输率显著提高，腐损率明显降低，食品质量安全得到有效保障
2017年	《交通运输部关于加快发展冷链物流保障食品安全促进消费升级的实施意见》	初步形成全程温控、标准规范、运行高效、安全绿色的冷链物流服务体系，“断链”问题基本解决，全面提升冷链物流服务品质，有效保障食品流通安全
2017年	《国务院办公厅关于积极推进供应链创新与应用的指导意见》	创新农业产业组织体系，提高农业生产科学化水平，提高质量安全追溯能力
2019年	《中共中央 国务院关于深化改革加强食品安全工作的意见》	遵循“四个最严”要求，建立食品安全现代化治理体系，提高从农田到餐桌全过程监管能力，提升食品全链条质量安全保障水平
2021年	《“十四五”冷链物流发展规划》	到2025年，初步形成衔接产地销地、覆盖城市乡村、联通国内国际的冷链物流网络，基本建成符合我国国情和产业结构特点、适应经济社会发展需要的冷链物流体系，调节农产品跨季节供需、支撑冷链产品跨区域流通的能力和效率显著提高，对国民经济和社会发展的支撑保障作用显著增强
2022年	《关于支持加快农产品供应链体系建设 进一步促进冷链物流发展的通知》	完善农产品零售终端冷链环境。在城市供应链末端支持连锁商超、农贸市场、菜市场、生鲜电商等流通企业完善终端冷链物流设施，进一步增强冷藏保鲜等便民惠民服务能力。推动建设改造前置仓等末端冷链配送站点，鼓励配备移动冷库（冷箱）等产品，提高冷链物流终端配送效率
2022年	《全国供销合作社“十四五”公共型农产品冷链物流发展专项规划》	建立全系统冷链物流发展运行机制、培育壮大农产品流通龙头企业、加强农产品产地冷链物流设施建设、强化农产品冷链物流枢纽基地辐射功能、推进农产品销地冷链物流设施建设、提升农产品冷链物流经营服务水平、促进城乡冷链网络双向融合、加快冷链物流科技标准应用和品牌建设8项重点任务

续　表

发布时间	政策	部分内容
2023 年	《中央财办等部门关于推动农村流通高质量发展的指导意见》	加强农产品仓储保鲜冷链设施建设。统筹规划、分级布局农产品冷链物流设施，着力完善农村冷链仓储、冷链运输、冷链配送网络，积极构建高效顺畅、贯通城乡、安全有序的农产品冷链物流体系
2023 年	《中共中央 国务院关于做好2023年全面推进乡村振兴重点工作的意见》	加快粮食烘干、农产品产地冷藏、冷链物流设施建设

任务总结

农产品生产的地域性与消费的普遍性、生产的季节性与消费的全年性决定了农产品物流与一般的物流相比，有一些不同的特征：农产品物流的数量巨大、运作复杂、风险大，具有很强的季节性和地域性，方向是从农村流向城市，同时，加工增值是农产品物流的重要内容。根据农产品物流不同的分类标准，其类别各不相同：按在供应链中作用分为农产品生产物流、农产品销售物流及农产品废弃物物流；根据物流具体对象不同分为粮食作物物流、经济作物物流、鲜活食品物流、畜牧产品物流、水产品物流、林产品物流及其他农产品物流；根据物流储运条件不同分为常温链物流、冷链物流、保鲜链物流；根据物流组织形式不同分为自营农产品物流和第三方农产品物流。农产品物流不但有利于创造农产品价值、实现加工增值、实现规模经营和提高农业生产的整体效益，还能扩大劳务输出、创造新的就业机会和提升农产品相关企业的核心竞争力。

思政探索

一、思政目标

1. 增强服务社会的责任意识：引导学生认识农产品物流对于保障国家粮食安全、稳定农产品市场供应，以及提高农民收入的重要作用，培养学生服务乡村、振兴乡村的责任意识。

2. 培养可持续发展理念：强调在农产品物流中推广环保包装材料、优化运输路线和方式、减少损耗等措施，培养学生践行绿色低碳发展理念和生态文明建设的可持续发展理念。

3. 培养创新驱动意识：通过介绍现代信息技术（如物联网、大数据）在农产品物流中的应用，培养学生技术和服务创新意识。

二、思政元素

乡村振兴战略　以人为本　节约资源　创新驱动　生态环保　可持续发展

三、融入路径

1. 课程教学设计：将思政内容与农产品物流的专业知识相结合，在讲解知识点的同时渗透思政教育，如案例分析、专题讨论等。

2. 实践教学活动：组织参观现代农业物流基地或企业，让学生亲身体验农产品物流过程，深入了解行业现状及发展趋势。

3. 创新创业项目：鼓励和支持学生开展关于农产品物流创新的实践项目，如研发新型包装材料、优化物流方案等，让他们在实践中深化思政认识。

走进农产品物流企业

1. 实训背景资料

在网上查找当地农产品物流企业资料，选择3~5个企业进行实地调研，了解当地农产品物流的发展现状。

2. 实训目标

掌握调研报告的撰写要求，结合调研过程对调研结果进行分析并得出结论。

3. 实训准备

（1）全班学生分组，每组成员控制在3~5人。

（2）以组为单位进行实地调研。

（3）教师进行现场指导，体现以学生为主体的教学特色。

4. 实训步骤

（1）收集相关文献资料。

（2）制定农产品物流调研方案。

（3）设计农产品企业物流调研调查问卷。

（4）进行企业仓储、配送、运输市场调研。

（5）撰写调研报告。

5. 实训效果评价

考评内容	考评标准	分值（分）	自我评价（分）	小组评价（分）	教师评价（分）	实际得分（分）
实训完成情况	调研方案制定适宜	10				
	调查问卷设计合理	10				
	收集资料丰富	10				
	调研报告分析翔实、观点明确	50				

续　表

考评内容	考评标准	分值（分）	自我评价（分）	小组评价（分）	教师评价（分）	实际得分（分）
其他	态度积极、遵守纪律、有团队协作精神	20				
合计		100				

注：实际得分＝自我评价×20%＋小组评价×30%＋教师评价×50%。

思考练习题

一、选择题

1. 农产品，是指来源于农业的（　　），即在农业活动中获得的植物、动物、微生物及其产品。

A. 商品　　B. 产品　　C. 初级产品　　D. 加工产品

2. 农业生产具有（　　）特点。

A. 不稳定性　　B. 季节性　　C. 地域性　　D. 综合性

3. 农产品流通是农产品从生产领域向消费领域转移过程中商品的价值运动、使用价值运动及与之相关的信息流运动三部分组成的运动过程，包括（　　）。

A. 商流　　B. 物流　　C. 信息流　　D. 资金流

4. 下列属于资金流的是（　　）。

A. 付款　　B. 运输　　C. 加工　　D. 转账

5. 下列产品属于农产品的是（　　）。

A. 大豆　　B. 饮料　　C. 玉米　　D. 方便面

6. （　　）包括培育农作物生长的田间物流管理活动和养殖畜禽、鱼类等的管理活动，包括育苗、插秧、锄田、除害、整枝等作业所形成的物流。

A. 产前物流　　B. 产后物流　　C. 产中物流　　D. 生产物流

7. 下列属于产后物流的是（　　）。

A. 分级　　B. 追肥　　C. 包装　　D. 浇水

8. 根据物流储运条件不同，农产品物流可以分为（　　）。

A. 常温链物流　　B. 冷链物流

C. 保鲜链物流　　D. 恒温物流

9. 保鲜链除了应具有实现冷链的所有条件外，还要具有 3M 条件。3M 条件包括（　　）。

A. 保鲜工具与手段　　B. 保鲜场所

C. 保鲜方法　　D. 管理措施

10. 根据（　　）不同，农产品物流可以分为自营农产品物流和第三方农产品物流。

A. 物流对象　　B. 储运条件

C. 生产时间　　D. 物流组织形式

二、判断题（对的打“√”，错的打“×”）

1. 资金流主要是指伴随着商流运动过程的资金的转移，包括信息收集、转账等。(　　)

2. 储运的两个环节是相互独立的，物流是一个系统工程。(　　)

3. 从概念上来看，农业物流是农产品物流的重要组成部分。(　　)

4. 各种粮食作物、经济作物、活的牲畜等适合冷链物流。(　　)

5. 在欠发达地区的第一产业（农业），第三方物流是主要的物流组织形式。(　　)

6. 农村物流中流动的物资材料主要包括：农用物资、农产品和农民生活必需品等。(　　)

7. 农产品物流通过整合运输、储存、装卸、搬运、包装、配送等环节，大大缩短农产品在物流中的时滞，进而创造时间价值。(　　)

8. 常温链物流比冷链物流成本高。(　　)

三、名词解释

农产品　　农产品物流　　农产品生产物流　　农产品销售物流

常温链物流　　冷链物流　　保鲜链物流

四、简答题

1. 农业生产有什么特点？

2. 举例说明农产品物流的特征。

3. 说说农产品物流与农产品流通的区别与联系。

五、论述题

说说发展农产品物流的重要性。

【知识拓展：标准及相关政策法规引读】

1. GB/T 18354—2021《物流术语》

2. GB/T 28577—2021《冷链物流分类与基本要求》

3.《中华人民共和国农产品质量安全法》

4.《中华人民共和国食品安全法》

5.《“十四五”现代物流发展规划》

6.《“十四五”冷链物流发展规划》

7. NY/T 1741—2009《蔬菜名称及计算机编码》

8. NY/T 3177—2018《农产品分类与代码》

9. SB/T 10029—2012《新鲜蔬菜分类与代码》

10. SB/T 11024—2013《新鲜水果分类与代码》

扫码查看拓展资源

模块二　农产品包装

知识目标

掌握农产品包装的含义及功能

掌握农产品物流包装材料的要求

掌握农产品包装技术

熟悉农产品包装标识及设计

了解生鲜农产品限制过度包装的要求

能力目标

能够分辨和选择农产品包装材料

能够根据要求进行农产品包装设计和标识

能够辨别农产品过度包装

思政目标

培养爱国精神

培养绿色发展理念

提升文化自信

内容导读

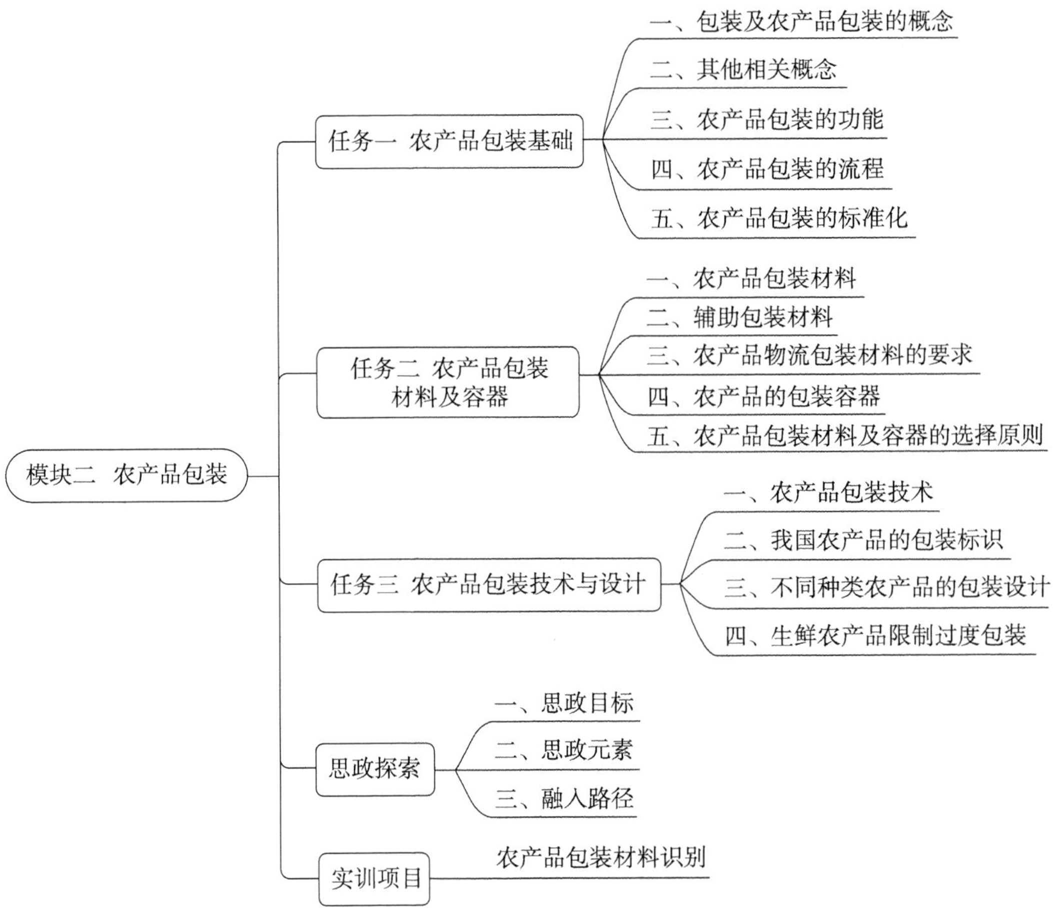

- 模块二 农产品包装
  - 任务一 农产品包装基础
    - 一、包装及农产品包装的概念
    - 二、其他相关概念
    - 三、农产品包装的功能
    - 四、农产品包装的流程
    - 五、农产品包装的标准化
  - 任务二 农产品包装材料及容器
    - 一、农产品包装材料
    - 二、辅助包装材料
    - 三、农产品物流包装材料的要求
    - 四、农产品的包装容器
    - 五、农产品包装材料及容器的选择原则
  - 任务三 农产品包装技术与设计
    - 一、农产品包装技术
    - 二、我国农产品的包装标识
    - 三、不同种类农产品的包装设计
    - 四、生鲜农产品限制过度包装
  - 思政探索
    - 一、思政目标
    - 二、思政元素
    - 三、融入路径
  - 实训项目
    - 农产品包装材料识别

任务一 农产品包装基础

任务引入

中秋节当天，在杭州的社区市场内，一家本土月饼手工作坊别出心裁地对自家制作的月饼进行了简洁而不失韵味的包装。他们选用的是环保且质感温润的牛皮纸和棉麻绳，为每一块月饼赋予了朴素自然的“素色衣裳”。摊位上的月饼在简单却独具匠心的包裹下，显得古朴而雅致，每一个都被仔细装点，并配以精致的手绘中秋元素，如一轮皎洁的明月、一枝桂花等。这些返璞归真的包装，吸引了不少市民，特别是崇尚简约生活的年轻人。原本按斤售卖可能只需25元/千克的传统手工月饼，在这种内在品质与外在美学相得益彰的包装方式下，成功转型为富有情感温度的中秋礼品，售价调整至10元/枚，深受消费者喜爱。

这个案例生动展示了中国传统食品在适应现代市场需求的过程中，逐步探索并实现了向绿色化、实用化及文化内涵深化的方向转变。

任务分析

任何一种商品，只有经过包装，才算完成生产过程，才能进入流通领域和消费领域，实现商品的使用价值和价值。经过适当包装的商品，不仅便于运输、装卸、搬运、储存、保管、清点和携带，还能防止丢失或被盗，为各个方面提供便利。

在当前国际市场竞争十分激烈的情况下，许多国家都把改进包装作为加强外销的重要手段之一，因为良好的包装具有保护商品、方便流通、宣传商品、塑造商品形象、增强商品美感等功能，从而吸引消费者，增加商品的销售量和市场份额。有人曾评价说，现代的推销方法要求商品具有头等的外观，消费者在判断一个商品的质量时，首先是看它的外观，以其外观为根据判断商品的质量。

知识准备

一、包装及农产品包装的概念

根据国家标准《包装术语　第1部分：基础》（GB/T 4122.1—2008），包装是为在流通过程中保护产品，方便储运，促进销售，按一定技术方法而采用的容器、材料及辅助物等的总称，也指为了达到上述目的而采用容器、材料和辅助物的过程中施加一定方法等的操作活动。

我国2006年发布的《农产品包装和标识管理办法》指出，农产品包装是指对农产品实施装箱、装盒、装袋、包裹、捆扎等。

尽管不同标准从不同的角度对包装所下的定义不尽相同，但对包装的基本构成要素的认识是共同的：一是包装是盛装商品的容器、材料及辅助物品；二是包装是实施盛装和封缄等操作的技术活动。

依据包装的定义和农产品的概念，本书认为，农产品包装指采用适当的包装材料、容器和包装技术，将农产品包裹起来，以使农产品在运输和储藏过程中保持其价值和原有状态的包装材料及包装技术活动。

二、其他相关概念

1. 销售包装（Sales Package）

销售包装，又称内包装，是直接接触商品并随商品进入零售网点和消费者或用户直接见面的包装。

2. 定牌包装（Packing of Nominated Brand）

定牌包装是指买方要求卖方在出口商品/包装上使用买方指定的牌名或商标的做法。

3. 中性包装（Neutral Packing）

中性包装是指在出口商品及其内外包装上都不注明生产国别、地名、厂商等的包装。

4. 运输包装（Transport Package）

运输包装是指以满足运输、储存要求为主要目的的包装。它具有保障产品的安全，方便储运装卸，加速交接、点验等作用。

5. 托盘包装（Palletizing）

托盘包装是指以托盘为承载物，将包装件或产品堆码在托盘上，通过捆扎、裹包或胶黏等方法加以固定，形成一个搬运单元，以便于机械设备搬运的包装。

三、农产品包装的功能

（一）保护功能

农产品包装能最大限度地保护包装对象的寿命和品质，防止天然（自然）因素的破坏，以保护其内容、形态、品质和特性。农产品的特殊性使其对包装的保护功能的要求更为严格。农产品包装的保护功能是保护农产品的品质和鲜度，其量化指标主要有形、色、香、味、质地、污染残毒等。

（1）形。形就是到达规定的保质期和保鲜期后，对包装对象的外观形状与最初外观形状进行比较，这种差异越小说明其保鲜功能越强。

（2）色、香、味。色、香、味都是可由感官能体会到的包装前后的指标。

（3）质地。质地是包装对象内部的成分所具备的物理特性，如内部密度、硬度、脆度及组织的粗糙度等。

（4）污染残毒。污染残毒是指在包装之后，不能因包装材料或保鲜辅助材料导致污染和残留有毒物质。

因此，农产品包装设计应先根据包装产品的特殊要求和定位，分析农产品在流通过程中可能发生的质变及其影响因素，选择适当的包装材料、容器及技术方法对产品进行适应性包装，借以达到农产品在保质期内的质量要求。

（二）方便功能

农产品包装作为农产品物流的起点，主要的功能是可方便物流的其他环节，如装卸、搬运、储存和运输，能提高仓库的利用率，提高运输工具的装载能力。同时方便商场的陈列、销售，也方便消费者的携带、取用和消费。

（三）销售功能

包装是我国加入世界贸易组织（WTO）后，农业逐渐走向商品化、市场化的必然产物。在农产品质量相同的条件下，精致、美观、大方的包装可以激发消费者的购买欲望和购买动机，从而产生购买行为，因为，农产品包装往往给消费者形成第一印象，在很大程度上影响消费者的购买决策，所以当前果蔬类农产品包装趋向于精美化、礼品化。

四、农产品包装的流程

不同物流企业根据自身情况，其包装流程稍有差异。下面是某物流企业农产品包装的流程，如图2-1所示，仅供参考。

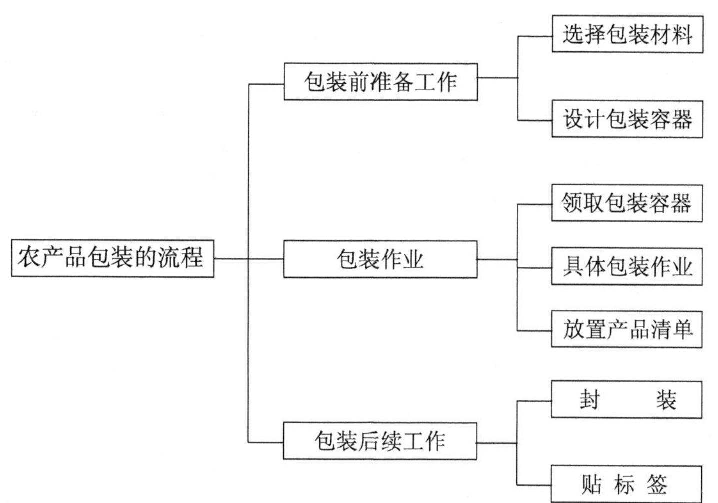

图 2-1　某物流企业农产品包装的流程

五、农产品包装的标准化

农产品包装的标准化就是要制定、贯彻农产品包装标准。为在一定的范围内获得最佳秩序，对实际的或潜在的问题制定共同的和重复使用的包装活动规则。农产品包装的标准化对于现代农产品物流具有重要的意义。通过农产品包装的标准化，可以大大减少包装的规格型号，从而提高包装的生产效率，便于农产品的识别和计量；通过农产品包装的标准化，可以提高包装的质量，节省包装材料，节省流通费用，而且便于专用运输设备的应用；通过农产品包装的标准化，可以从法律的高度促进可回收型包装的使用，促进农产品包装的回收利用，从而节省社会资源，产生较大的社会效益和经济效益。

农产品包装标准包括以下几类。

（1）农产品包装基础标准，主要包括包装术语、包装尺寸、包装标志、包装基本试验、包装管理标准。

（2）农产品包装材料标准，包括各类包装材料的标准和包装材料的试验方法。

（3）农产品包装容器标准，包括各类容器的标准和容器试验方法。

（4）农产品包装技术标准，包括包装专用技术、包装专用机械、防霉包装技术方法、防锈包装等标准。

（5）其他相关标准，主要指与包装关系密切的标准，如集装箱技术条件、尺寸，托盘技术条件、尺寸，叉车规格等。

中华宫廷黄鸡的“土韵新装”

某生态养殖场顺应时节变化，特别引入中华宫廷黄鸡这一珍稀品种，预备在春节期间供应市场。农历新年期间，人们对富有地域特色且新颖别致的礼品需求剧增，珍禽类农产品便成了佳节送礼的热门选择。早先，该养殖场售卖活禽时仅采用实用型网袋包装，考虑到中华宫廷黄鸡独特的历史背景及其无与伦比的品质——只需盐水烹煮就可香飘四溢，以及其相对高昂的价格，简单包装显然与其内在价值和特色不匹配。

为突出该鸡种的原生态与文化底蕴，他们摒弃华丽繁复的包装方式，转而请专人设计了一款既体现乡土气息又不失新颖感的活鸡礼品包装。这款包装选用了环保且极具质感的竹编篮子，并配以古朴的手工编织绳结装饰，还在篮子上烙印了自家注册商标“走地鸡”。同时，为了推广此特产，他们在每份包装中附赠一份精心制作的小手册，详细介绍中华宫廷黄鸡所含的丰富营养及多种家常烹饪和传统药膳做法。这一策略吸引了众多追求自然健康、崇尚乡村文化生活的消费者。人们发现，这样的活鸡搭配独特而又淳朴的包装，不仅新鲜有趣，更传递出浓郁的地方特色和人情味。春节期间，这些带有乡土风格包装的中华宫廷黄鸡迅速成为热销产品，尽管单价高达76元/千克，仍抵挡不住消费者的购买热情，呈现供不应求的局面。通过别出心裁的包装方式，养殖场成功提升了活鸡产品的附加值，使其成为流动的品牌名片。不少邻近城市的顾客正是看到包装上的联系方式后主动联系上门采购。借此契机，养殖场进一步拓展了销售渠道，与多家知名酒店、餐厅及大型禽类产品经销商建立了长期稳定的合作关系。

得益于此项具有地方特色的创新包装策略，该养殖场的经济效益相较过去实现了显著增长。

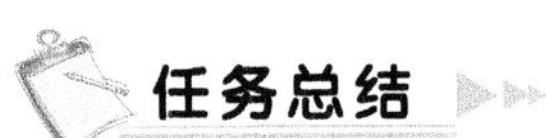

任务总结

包装是为在流通过程中保护产品，方便储运，促进销售，按一定技术方法而采用的容器、材料及辅助物等的总称，也指为了达到上述目的而采用容器、材料和辅助物的过程中施加一定方法等的操作活动。农产品包装，是指采用适当的包装材料、容器和包装技术，将农产品包裹起来，以使农产品在运输和储藏过程中保持其价值和原有状态的包装材料及包装技术活动。包装因包装物不同和包装目的不同可分为销售包装、定牌包装、中性包装、运输包装和托盘包装等，具有保护功能、方便功能和销售功能。农产品由于具有自身的特性，良好的包装不但能促进销售，还能提高农产品的附加值。

任务二　农产品包装材料及容器

任务引入

如图2-2所示，漂亮的某品牌大米的纸质包装体现出质感和绿色，既环保又卫生。

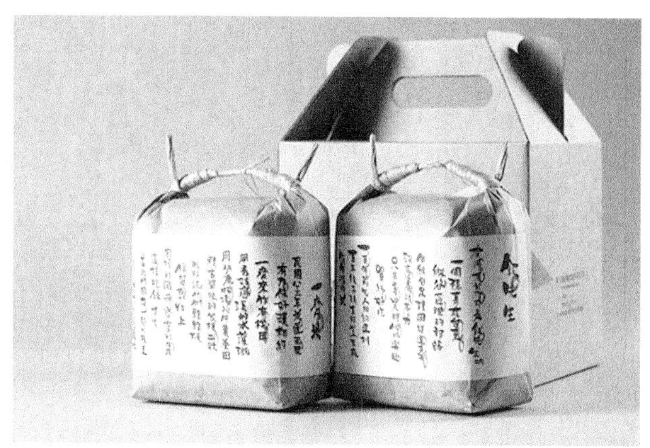

图 2-2　某品牌大米的纸质包装

包装是商品和品牌的灵魂和衣着，它们作为商品的“第一印象”吸引着消费者。而且包装还可以看作企业对外流通宣传的形象。一个好的包装不仅可以提升品牌价值，还可以提升企业形象。现代包装四大材料（纸、塑料、玻璃和金属）中，纸和塑料价格便宜，便于加工，且原料来源广泛，不像玻璃那样易碎，不像金属那样重，因此纸和塑料包装在日常生活中应用广泛。该品牌的大米选择纸质包装，这种包装，对于大米有保护防潮功能，同时抓住了消费者健康安全的消费心理。

知识准备

一、农产品包装材料

一般现代包装材料包括纸、塑料、玻璃、金属、木材、陶瓷及复合材料等。农产品包装主要有纸包装、塑料包装、玻璃包装、金属包装和陶瓷包装五大类。木材包装主要用于重型产品，它有逐渐被纸包装和塑料包装取代的趋势，再加上国际强调环保与资源问题，木材包装一般情况下不被提倡，故木材包装越来越少，而陶瓷包装因制作工艺和速度等问题，用量也较少，在此重点对纸包装、塑料包装的保鲜性能进行分析。

（一）纸质包装材料

1. 分类

我国纸包装的原料来源丰富，造价低、不浪费资源、便于回收和自行降解，如图 2-3 所示。纸浆模塑原料主要是各种植物纤维，常见的有以下几种。

（1）生产豆腐的下脚料豆渣，将其与纸浆加氢氧化氨以 100：105 的比例进行混合，在水中以 50~80℃加热 2 小时，然后过滤，模压后在干燥炉中干燥，该产品重量轻、强度高、不透水，埋于地下 3 个月可降解。

（2）天然芦苇可制作食品包装盒，其热值低、抗油、抗水，芦苇 60~90 天可自行

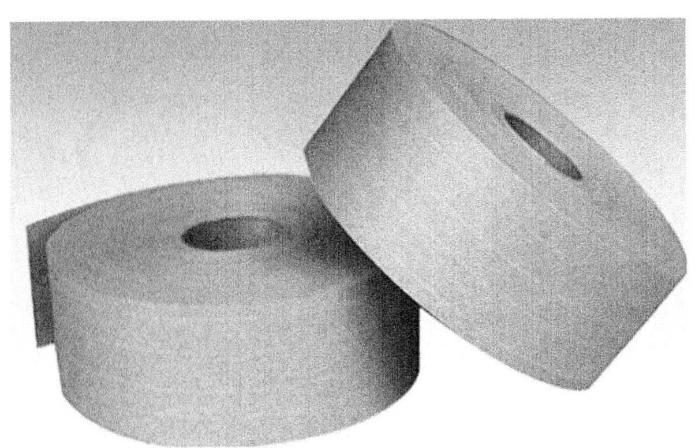

图 2-3　纸质包装材料

分解。

（3）以小麦秸秆纤维、麦粒中的淀粉和土豆淀粉为原料，可制作纸板包装盒。

（4）稻草、甘蔗渣、糠壳等农作物的纤维均可作为绿色包装的原料。

（5）天然植物（如竹、柳条等）均可作为天然绿色包装材料，我国竹资源占世界第一位。

2. 优缺点

（1）优点。纸具有许多优良的特性，这些特性在包装上发挥了重要作用。国外农产品及食品大多采用纸包装，如粮食制品（大米、面粉等）用纸器，新鲜蔬菜用纸袋，果品先装纸袋再用纸箱，这种纸制品要求有防潮、保温、杀菌、防腐等功能以利于保存商品。

（2）缺点。单纯的纸是卫生、无毒、无害的，且在自然条件下能够被微生物分解，对环境无污染。但是，在纸的加工过程中，尤其是使用化学法制浆时，纸和纸板通常会残留一定的化学物质，如采用硫酸盐法制浆纸和纸板会残留碱及盐类。因此，必须根据包装的农产品来正确选择各种纸和纸板，避免残留物溶入农产品而对农产品造成安全隐患。此外，纸包装封口较困难，受潮后牢度会下降，受外力作用易破裂。因此，使用纸作为农产品包装材料时，要特别注意避免因封口不严或包装破损而引起的农产品包装安全问题。

3. 注意问题

由于蔬菜种植技术的进步，大量采用托盘种植芽菜和食用菌，在种植过程中，使用废报纸作为培养基和包装材料，废报纸中的很多有害物质可能直接被这些蔬菜吸收，其中最多的是金属铅，从而导致蔬菜品质下降，食用安全性降低。本来很优质的蔬菜，由于使用了这些材料，使这些高品质的蔬菜成了新的餐桌污染源。

（二）塑料包装材料

1. 塑料

塑料是一种以高分子聚合物——树脂为基本成分，再加入一些用来改善其性能的添加剂制成的高分子材料。目前国家允许用于食品袋的原料成分有：聚乙烯、聚丙烯、聚酯、聚酰胺、聚碳酸酯、聚乙烯醇、乙烯—乙烯醇共聚物等。图 2-4 所示为塑料包装材料。

2. 优缺点

（1）优点。塑料用作包装材料是现代包装技术发展的重要标志，因其原料来源丰富、

图 2–4　塑料包装材料

成本低廉、性能优良，成为近几十年世界上发展最快、用量巨大的包装材料。塑料包装材料广泛应用于农产品尤其是食品包装，它逐步取代了玻璃、金属、纸类等传统包装材料，使食品包装的面貌发生了巨大的改变，成为最主要的食品包装材料。

（2）缺点。某些品种存在着卫生安全方面的问题且包装废弃物的回收处理对环境有污染。塑料包装材料的安全问题主要表现为材料内部残留的有毒有害物质迁移、溶出而导致农产品污染。其有毒有害物质的主要来源有以下几个方面。

①树脂本身具有一定毒性。

②树脂中残留的有害单体、裂解物及老化产生的有毒物质。

③塑料制品在制造过程中添加的稳定剂、增塑剂、着色剂等的毒性。

④塑料包装容器表面的微生物及微尘杂质污染。

⑤非法使用的回收塑料中的大量有毒添加剂、重金属、色素、病毒等。

从食品卫生安全上来讲，只要原料符合国家要求，生产工艺严格控制，其产品对人体是安全的，就可以放心使用。

（三）纳米复合包装材料

纳米二氧化钛颗粒具有特殊的分子结构，因此，它赋予纳米复合包装材料很多特殊的性能，而且对与纳米二氧化钛复合的塑料基材的种类没有特殊要求。研究最多的纳米复合包装材料是聚合物纳米复合材料，常用的聚合物有聚酰胺（PA）、聚丙烯（PP）、聚氯乙烯（PVC）等，相比塑料包装材料，纳米复合包装材料的可塑性、耐磨性、硬度、强度等都有明显的提高和增强（见图 2–5）。由于纳米材料具有表面积较大、表面的键态和电子态与颗粒内部不同、表面原子配位不全等特点，所以表面的活性位置增加，使纳米颗粒具备了作为催化剂的先决条件，可将吸附在二氧化钛表面的 OH^- 和 H_2O 分子氧化成强氧化性的羟基自由基。羟基自由基是一种活性自由基，具有很高的能量，能够氧化分解各类有机物，最终生成二氧化碳和水。此功能对于果蔬保鲜包装非常有用。一方面，纳米二氧化钛的光催化性能够将产生的乙烯氧化分解成二氧化碳和水。另一方面，纳米二氧化钛在光线照射下产生氧化性很强的活性自由基，这些活性自由基可以氧化一些微生物体内的蛋白，从而使其蛋白质变性，抑制微生物的生长甚至杀死微生物。因此，对环境中的微生物具有抑制或杀灭作用。与常用的杀菌剂相比，纳米二氧化钛的抗菌杀菌效果更好，从而彻底杀灭细菌。

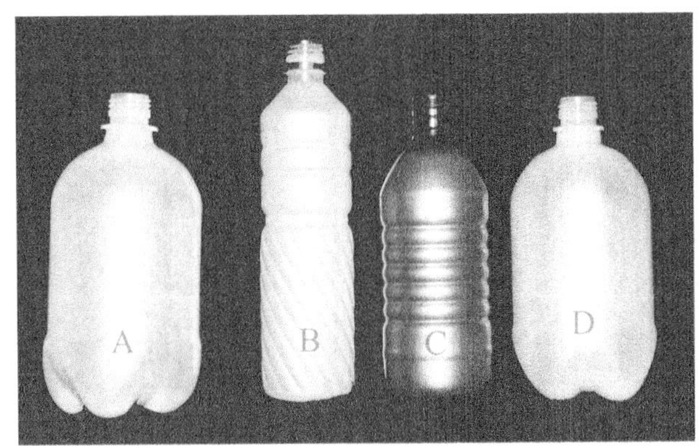

图 2-5　纳米复合包装材料

（四）金属包装材料

金属包装材料及其包装制品作为农产品加工熟制品包装的较多。因为金属包装材料具有优良的性能，对许多气体具有阻隔效果，还能对包括紫外线在内的许多光线予以阻隔，可以保持香味，这些都是保鲜所必需的性能。同时金属包装材料还有良好的热传导性能、卫生安全性能和保护性。图 2-6 所示为金属包装材料。

图 2-6　金属包装材料

（五）玻璃和陶瓷包装材料

玻璃和陶瓷包装材料是包装史上较为成功的包装，在现代包装领域还占据重要的位置。这是因为它们具有耐风化、抗腐蚀和密封性好的性能，其包装形状、色彩、造型丰富多彩，而且不会变形，可以耐热阻燃，经得起任何洗刷、灭菌，非常易于洗净和反复使用，很少因为重复使用而降低原来的包装价值。同时这种包装材料制造方便且原料丰富。但玻璃与陶瓷包装的致命缺点是比较容易破碎。图 2-7 所示为玻璃和陶瓷包装。

（六）可食性包装材料

目前，许多新技术陆续开发出来，如美国农业部专家已开发出一种更好、更便宜而且对环境有益的快餐包装新材料。英国剑桥大学科学家开发出一种涂在水果上，可与水果一起食用、能推迟水果腐烂的保护膜。日本千叶县农业试验场开发出一种低成本而不降低质量的特殊渗透膜，该种渗透膜可以调节包装气体浓度。日本一家包装公司利用豆腐渣制成一种适用于面粉、肉、水果、鲜花等的包装食用纸。英国一家公司制成一种可食用的果蔬

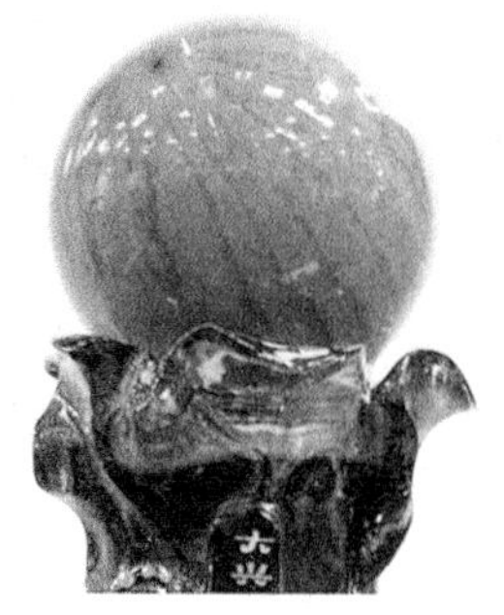

图 2-7　玻璃和陶瓷包装

保鲜剂，它是由糖、淀粉、脂肪和聚酯物调配成的半透明乳液，可采用喷洒、涂抹或浸渍等方法覆盖苹果、柑橘、西瓜、香蕉、西红柿等水果蔬菜的表面。这种保鲜剂能在水果表面形成一层密封膜，故能防止氧气（O_2）进入果蔬内部，从而延长了熟化的过程，起到保鲜作用，涂上这种保鲜剂的水果蔬菜保鲜期可长达 200 天以上，这种保鲜剂还可以同果蔬一起食用。

二、辅助包装材料

（一）衬垫物

使用筐类包装容器时，应在包装容器内铺设衬垫物，以免农产品直接与容器接触摩擦而造成伤害。同时衬垫物还有防寒、保湿和保持清洁的作用。常用的衬垫物有蒲包、茅草、纸张和塑料薄膜等。

（二）填充物

在装卸和运输过程中，由于震动，包装容器中的产品会出现下沉现象。为了尽可能避免产品在容器内的震动摩擦和下沉现象的出现，包装时应在容器与产品的空隙间添加一些软质材料，即填充物。常用的填充物有稻壳、锯屑、刨花、干草、纸条等。当然更重要的是装入时应尽可能地装实，商品的下沉现象就可以得到改善，而且还可以加强包装容器的强度。

（三）包纸

包纸在我国有悠久的历史，包纸可以抑制产品体内水分的蒸腾损失，减少失重和萎蔫程度；由于纸张的隔离作用，可以减少霉烂和感染病害农产品的传染，延长储藏期和运输期；包纸能减轻商品在容器内的震动和挤压碰撞的力度，可以减少损伤；干燥的纸张还有一定的绝缘作用，能使农产品保持较为稳定的温度。可见，包纸的好处很多，虽然多费一些工时和纸张，但在经济上还是合算的。

三、农产品物流包装材料的要求

农产品物流包装材料是指用于制造农产品运输、储存、配送等物流包装容器和构成农产品包装的塑料、纸张、木材、金属等材料的总称。

1. 性能要求

农产品物流包装材料（以下简称包装材料）应具有相应的力学性能（强度、硬度、刚性、塑性、韧性等）、渗透性（透过性和阻隔性）、耐温性（耐低温、保温性）、化学稳定性能（如耐油、耐酸、耐碱、耐腐蚀）、光学性能等，能抗御农产品物流中正常外部条件的影响。包装材料应具有良好的加工性能，便于生产加工相关包装容器；包装材料应与直接接触的内装物性质相适应；包装材料所用涂料、黏合剂和印刷油墨等应具有化学稳定性。

各类农产品的包装材料性能要求如下：

（1）果蔬类包装材料应具有良好的机械性能和保鲜性，跃变型水果和非跃变型水果包装材料应分别具有适宜的透过性和阻隔性；

（2）粮食类包装材料应具有适宜的防潮性和耐霉性；

（3）水产品包装材料应具有耐水性以及适宜的耐温性（冷冻水产品）；

（4）畜禽产品包装材料应具有阻隔性（阻气性、阻水性）和良好的热合性；

（5）蛋类包装材料应具有良好的强度、防潮性和耐霉性。

2. 安全卫生要求

包装材料中有毒有害物质含量及其迁移量应符合相关法规和国家强制性标准的规定；直接接触食用农产品的包装材料使用添加剂应符合《食品安全国家标准 食品接触材料及制品用添加剂使用标准》（GB 9685—2016）的规定；包装材料所用涂料、黏合剂和印刷油墨等也应符合相关的法规和国家标准。

资料阅读

包装材料所用涂料、黏合剂和印刷油墨等安全卫生要求如下：限制使用易挥发、易溶出、易散发对人体有毒有害物质（氟、氯、硫等）的材料，与食用农产品直接接触的材料宜使用水溶性或醇溶性油墨、黏合剂等。

溶剂型聚氨酯涂料应符合《溶剂型聚氨酯涂料（双组分）》（HG/T 2454—2014）的规定；使用环境标志的产品，水性涂料应符合《环境标志产品技术要求 水性涂料》（HJ 2537—2014）的规定，白乳胶类黏合剂应符合《环境标志产品技术要求 胶粘剂》（HJ 2541—2016）的规定，胶印油、印油和柔性油墨应分别符合《环境标志产品技术要求 胶印油墨》（HJ 2542—2016）和《环境标志产品技术要求 凹印油墨和柔印油墨》（HJ 371—2018）的规定。

3. 环保要求

包装材料应便于回收利用，不应对环境造成长期污染；同一包装容器宜使用单一材料，包装辅助物不应影响主材的品质及回收利用。

4. 质量要求

对于不同的材料质量要求也不同，具体见《农产品物流包装材料通用技术要求》（GB/T 34344—2017）。

四、农产品的包装容器

（一）对包装容器的要求

包装容器兼有容纳和保护商品的作用，其质地应坚固，可以承受重压而不致变形破裂，且无不良气味，其规格应便于搬运和堆码，以及提高仓库利用率。容器内部应光滑平整，不致造成损伤，同时保持清洁。容器外形必须美观，增强对顾客的吸引力。

（二）包装容器的类型

（1）筐类，包括荆条筐、竹筐等。筐类一般可就地取材、价格低廉，但规格不一致，质地粗糙，不牢固，极易对农产品造成伤害。因此，这种类型的包装有待改进。

（2）木箱，包括以木板、条板、胶合板或纤维板为材料制作的各种规格的长方体箱。木箱弹力大、耐压、抗湿，但由于箱子自重大、价格高，使用越来越少。纤维板箱重量轻而且价格低廉，但在潮湿的储藏库中易吸水而失去强度，其堆码高度受到很大限制。如果底板用质地较硬的材料，箱内分割，箱外衬垫，箱壁用树脂或石蜡涂抹，以防止吸水，也可增加箱的坚固性。

（3）纸箱，是当前农产品包装的主要容器，特别是瓦楞纸箱，之所以发展快、使用普遍，是由于它具有比木箱和筐类容器更多的优越性。其主要优点有：纸箱能在工厂进行大批量生产，及时满足生产上的大量需求，及时供货；纸箱自重小，一般占商品总重量的6%~8%（而木箱占15%~18%），有利于装卸、储存和运输，能降低运费；纸箱规格大小一致，在包装、装卸作业中易于实现机械化，且能提高仓库储存量和运输车、船的装载量；纸箱容积小，箱内一般放有隔板，每格只放一件物品，可以在一定程度上抵抗外来的震动和冲击，减少商品损伤；纸箱使用前后可以折叠，便于保管；纸箱表面可以印刷各种颜色的图案，外观好看，不仅表示了该包装商品的内容物，而且起到广告宣传作用，在外贸上尤为重要；纸箱原料价格低廉，且废旧纸箱可回收利用，这样可以减少木材资源的消耗。总之，瓦楞纸箱具有经济、牢固、美观、实用等特点，在农产品包装中可广泛使用。

（4）塑料箱，也是农产品包装中使用较为广泛的一种容器，可以用多种合成材料制成，最常用的是用较硬的高密度聚乙烯制成的多种规格的包装箱。高密度聚乙烯箱的强度大、箱体结实，能承受一定的挤压、碰撞压力，使产品能堆码至一定高度，提高储存空间的利用率。这类包装箱的基本原料来源于石油和煤，原料易得，并且便于工厂化生产，可根据需要制成多种标准化的规格；外表光滑，易于清洗，能够重复使用。但是，高密度聚乙烯材料价格比较贵，只有在能有效组织回收并重复使用的情况下才能将使用成本降低。另外，这种包装不易进行外观设计。

（5）网袋，是用天然或者合成纤维编织成的网状袋子，规格因包装产品的种类而异，多用于马铃薯、红薯、洋葱、大蒜、胡萝卜等根茎类农产品的包装。网袋包装较传统的麻袋包装费用低，而且轻便，还可以回收利用。但是，它防护商品损伤的能力很低，只能用于抗损能力较强，并且经济价值较低的农产品包装。

五、农产品包装材料及容器的选择原则

（一）农产品包装材料及容器应与农产品的特性相适应

根据被包装农产品的种类、物理化学特性、价值价格、形状形态、体积重量等，在实现包装功能的基础上，应以降低包装材料费用、加工费用和方便作业为目的选择包装材料和容器。例如，牛奶包装的选择应考虑其液态性，果蔬包装的选择应考虑其生鲜性等。

（二）农产品包装材料及容器应与农产品的价值相匹配

在选择包装材料时，应先把农产品大致分为高、中、一般三档。对于高档农产品，如珍贵药材等，其自身价值高，为确保安全流通，就应选用性能优良的包装材料，这种高档包装在农产品中比例非常少。另外，对于出口农产品，虽然不都是高档产品，但为了满足消费对象的心理需求，往往也需要采用性能优良的包装材料。对于中档产品，除考虑美观外，还要多考虑经济性，其包装材料应与之对等。对于一般农产品，一般是指人们消费量最大的一类，则应以经济性为第一原则考虑，选用一般包装材料，这类农产品包装量最大。因此，应根据农产品价格的档次选择包装材料，力求降低包装成本。

（三）农产品包装材料及容器应与流通条件相适应

农产品包装材料及容器是用于包装农产品的，农产品必须通过流通才能到达消费者手中，而各种商品的流通条件并不相同，农产品包装材料及容器的选用应与流通条件相适应。流通条件包括气候、运输方式、流通对象与流通周期等。气候条件是指流通区域的温度、湿度、温差等，对于气候条件恶劣的环境，农产品包装材料及容器的选用更应加倍注意。

（四）农产品包装材料及容器应与承担的功能相协调

包装材料应与该包装所承担的功能相协调。产品的包装一般分单体包装、中包装和外包装。单体包装直接与产品接触，主要是保护农产品质量，多用软包装材料，如塑料薄膜、纸张、金属箔等。中包装将小包装商品组成一个小的整体，如将十盒鸡蛋装在箱内组成一箱，它需要满足装潢与缓冲的双重功能，主要采用直板等半硬性材料，并应能印刷以使表面美观等。外包装也称为大包装，是集中包装于一体的容器，主要用来保证商品在流通中的安全，以便于装卸、运输，故又称作运输包装，其包装材料首先应满足防震功能，并兼顾装潢需要，多采用瓦楞纸、木板、胶合板等硬性包装材料。

（五）能有效防止包装物被盗并促进销售

选择包装材料与容器时，应从结构与强度上做防盗准备，特别是在流通过程中，应保证包装结构牢固，封缄严密。另外，农产品的销售包装应符合大众的审美，这在很大程度上决定了一个产品的命运。从包装材料的选用来说，主要是考虑材料的颜色、透明度、挺度、种类等。颜色不同，效果大不一样。材料透明度好，使人心情舒畅，一目了然。材料种类不同，其美感差异甚大，如用塑料薄膜与纸类材料包装蔬菜，其效果相差较大。

资料阅读

食用涂料可能是更新鲜、更环保的农产品包装

随着人们对食品防腐剂可能引发的健康问题的研究不断深入，消费者对此的认识也日益增强，这促使消费市场发生了显著转变，如今，新鲜和有机食品越来越受到消费者的青睐。根据研究，生物聚合物涂层可能是防腐剂和传统塑料包装材料很好的替代品，可用于保存食品，尤其是新鲜果蔬等易腐烂的食品，业内人士认为，食用涂料可能是食品行业寻求的解决方案。食用涂料直接应用于食品表面形成生物聚合物薄膜，以形成保护屏障（初级包装），抵御不利因素的影响。这些环保膜是可食用的，同时也满足保存（氧气和二氧化碳渗透性）和感官特性（透明、无味和无臭）要求。可食用涂层可能具有增强食物感官特性或提高其生化、物理化学和微生物稳定性的额外优势。

任务总结

农产品包装主要有纸包装、塑料包装、玻璃包装、金属包装和陶瓷包装五大类。木材包装主要用于重型产品，它有逐渐被纸包装和塑料包装取代的趋势，再加上国际强调环保与资源问题，木材包装一般情况下不被提倡，故木材包装越来越少，而陶瓷包装因制作工艺和速度等问题，用量也较少。辅助包装材料包括衬垫物、填充物、包纸、塑料薄膜等。包装容器包括筐类、木箱、纸箱、塑料箱及网袋等。在包装容器选择中，要求包装容器兼有容纳和保护商品的作用，其质地应坚固，可以承受重压而不致变形破裂，且无不良气味，其规格应便于搬运和堆码，以及提高仓库利用率。容器内部应光滑平整，不致造成损伤，同时保持清洁。外形必须美观，增强对顾客的吸引力。

任务三　农产品包装技术与设计

任务引入

某杂粮公司生产的袋装绿豆，获得了绿色食品认证标志，并以绿色食品做宣传。但其包装上并未标注该绿色食品认证标志，并且只标注了品名、产地、生产者名称，封口处并未见任何生产日期标识。该产品被消费者投诉，为什么？

任务分析

杂粮公司生产的袋装绿豆获得了绿色食品认证标志，根据《农产品包装和标识管理办法》第七条规定，其生产的绿豆必须包装。同时，第十二条规定销售获得无公害农产品、绿色食品、有机农产品等质量标志使用权的农产品，应当标注相应标志和发证机构。因此，该绿豆包装袋上必须标示该绿色食品认证标志的发证机构。第十条规定农产品生产企业、农民专业合作经济组织以及从事农产品收购的单位或者个人包装销售的农产品，应当在包装物上标注或者附加标识标明品名、产地、生产者或者销售者名称、生产日期。对于应当包装的农产品未经包装销售的，或者农产品未按照规定标注的，由县级以上人民政府农业行政主管部门按照《中华人民共和国农产品质量安全法》相关规定，进行相应的处理。

知识准备

一、农产品包装技术

包装技术中根据包装作用分为防震包装保护技术、防破损保护技术、防锈包装技术、防霉腐包装技术、防虫包装技术及危险品包装技术等。下面针对农产品的易腐性介绍几种特殊包装技术。

（一）真空包装技术

真空包装技术起源于20世纪40年代。1950年，聚酯、聚乙烯塑料薄膜成功地用于真空包装，此后，真空包装便得到迅速发展。

1. 定义

真空包装也称减压包装，是将包装容器内的空气全部抽出，然后密封，使袋内处于高度减压状态，空气稀少相当于低氧效果，使微生物没有生存条件，以达到果品新鲜、无病腐发生的目的。目前应用于真空包装的有塑料袋包装、铝箔包装、玻璃器皿、塑料及其复合材料包装等，可根据物品种类选择包装材料。由于果品属鲜活食品，尚在进行呼吸作用，高度缺氧会造成生理病害，因此，果品类使用真空包装的较少。

2. 原理

真空包装中重要的环节是除氧，有利于防止食品变质，其原理也比较简单，因食品霉腐变质主要由微生物的活动造成，而大多数微生物（如霉菌和酵母菌）的生存是需要氧气的，而真空包装就是运用这个原理，把包装袋内和食品细胞内的氧气抽掉，使微生物失去“生存的环境”。实验证明：当包装袋内的氧气浓度≤1%时，微生物的生长和繁殖速度就急剧下降，氧气浓度≤0.5%时，大多数微生物将受到抑制而停止繁殖（注：真空包装不能抑制厌氧菌的繁殖和酶反应引起的食品变质和变色，因此还要与其他辅助方法结合，如冷藏、速冻、脱水、高温杀菌、辐照灭菌、微波杀菌、盐腌制等）。

真空除氧除了抑制微生物的生长和繁殖外，还能防止食品氧化，因油脂类食品中含有大量不饱和脂肪酸，受氧的作用氧化，使食品变味、变质。此外，氧化还使维生素A和维生素C损失，食品色素中的不稳定物质受氧的作用，使颜色变暗。所以，除氧能有效防止食品变质，保持其色、香、味及营养价值。

3. 特点

（1）排除了包装容器中的部分空气（氧气），能有效防止食品腐败变质。

（2）采用阻隔性（气密性）优良的包装材料及严格的密封技术，能有效防止包装内

物质的交换，即可避免农产品减重、失味，又可防止二次污染。

（3）真空包装容器内部气体已排除，加速了热量的传导，这既可提高加热杀菌效率，也避免了加热杀菌时，由于气体的膨胀而使包装容器破裂。

（二）气调包装技术

气调包装作为一种食品包装技术，已有较长的历史，早在20世纪30年代欧美已开始研究使用CO_2（二氧化碳）气体保存肉类产品。20世纪50年代研究开发了N_2（氮气）和CO_2气体置换牛肉罐头和奶酪罐的空气，有效延长了保质期。20世纪60年代由于各种气密性塑料包装材料的开发，很多食品（如肉食品、水果、蔬菜、蛋糕、茶叶和乳制品等）都成功地采用了气体置换包装技术。20世纪70年代生鲜肉的充气包装在欧美各国广泛使用，从此气调包装在全世界蓬勃发展。

1. 定义

气调包装又称MAP（Modified Atmosphere Packaging），是当今世界食品保鲜包装的一项热门先进技术，它利用CO_2、O_2、N_2等保护性混合气体置换包装内的空气，利用各种气体所起的不同作用，抑制引起食品变质的大多数微生物的生长繁殖，并使新鲜食品呼吸速率降低，从而使食品保鲜并延长保鲜期。

包装后的成品形状为盒装或袋装，适合在超市小包装零售，也能满足批发市场中大包装的物流和销售需求。

2. 食品气调保鲜包装中常用的几种保护气体

国内外常用的保护气体是CO_2、O_2、N_2三种。

（1）CO_2，是一种抑制细菌生长、繁殖的抑菌气体剂。其特点有：①最佳抑菌作用在细菌开始繁殖曲线的滞后期阶段（抑制细菌指数约为100个/100g以内）；②在低温下易溶解于水和脂肪；③它对大多数需氧菌有抑制效果，但对厌氧菌和酵母菌无效；④通常抑制细菌的最低浓度为30%。

（2）O_2。它的特点有：①抑制厌氧菌的生长繁殖；②保持新鲜猪肉、牛肉、羊肉的红色色泽；③保持新鲜果蔬新陈代谢需氧呼吸。

（3）N_2，惰性气体，与食品不起作用，仅作为混合气体的充填气体。

3. 应用范围

气调包装技术可广泛用于肉类、果蔬、休闲食品和盒饭等的包装，由于较好地保持了食品原有的口感、色泽、形状及营养，同时可实现较长的保鲜期，已越来越受到食品加工厂商及消费者的青睐。在欧美市场，采用气调保鲜包装的食品发展十分迅速，年增长率高达25%，目前国内市场每年销售气调保鲜包装的生、熟产品有50亿盒，年增长率为20%，气调包装技术克服了传统的真空包装和高温、高压灭菌技术保质不保鲜的缺点。

（三）脱氧包装技术

脱氧包装技术的关键是脱氧剂的研制和使用，从脱氧剂的研制到现在已经经历了很长的时间，因此脱氧包装技术也逐步进入了成熟阶段，并且在包装行业得到了广泛应用。脱氧剂与气密性好的包装材料配合，可用于不同类型的产品包装。目前脱氧包装技术主要用于对氧气敏感的易变质食品，如糕点、茶叶、咖啡粉、水产加工品和肉食加工品等，如表2-1所示。

表2-1　　脱氧包装技术在农产品中的应用实例

类别	典型食品	作用
水产加工品	精制水产品	防止霉菌繁殖
肉食加工品	火腿	防止脂肪氧化，防止色变，防止霉菌繁殖，保持风味
谷物	米、大豆	防止虫蛀现象，防止霉菌繁殖
茶叶	茶叶	防止褐变，防止霉菌繁殖

1. 定义

脱氧包装（De-oxygen Packaging）技术指在密封的包装容器内，使用能与氧发生化学反应，或能催化氧发生化学反应的脱氧剂（又称去氧剂、吸氧剂），除去包装容器内的游离氧，使被包装物能在氧气浓度很低（<0.1%），甚至无氧状态下保存的一种技术。

2. 脱氧包装的特点

（1）脱氧包装是在真空包装和充气包装出现之后形成的一种新型的包装方法，它克服了真空包装和充气包装去氧不彻底的缺点，同时脱氧包装还具有所需设备简单、操作方便、高效、使用灵活等优点。

（2）在食品包装中封入脱氧剂后，在食品生产工艺中则不必加入防霉和抗氧化等化学添加剂，从而使食品安全、卫生，有益于人们的身体健康。

（3）采用合适的脱氧剂，可使包装内部的氧气含量降低到0.1%，食品在接近无氧的环境中储存，可防止其中的油脂、色素、维生素等营养成分的氧化，较好地保持产品原有的色、香、味和营养。

（4）相比真空包装和充气包装，脱氧包装能更有效地防止或延缓需氧微生物所引起的腐败变质，这种包装可适当增加食品中的水分含量（如面包）并适当延长保质期。

3. 脱氧包装的要求

由于脱氧包装技术中最关键的是在包装内加入脱氧剂，因此，特别是在食品包装中，对脱氧剂有着如下的要求。

（1）脱氧剂应对人安全无毒。在封入食品包装中时，脱氧剂可能与食品发生接触，也有可能被误食，所以要保证对人体无害。

（2）脱氧剂不应与被包装物发生化学反应，更不能产生异味和有害物质。因此，在使用脱氧剂时，对脱氧剂的性质及被包装物的特性都要有所了解。

（3）脱氧剂储藏时的温度不能太低。铁系脱氧剂等在-5℃的温度下储藏后，其脱氧能力下降，即使温度再恢复到常温，其活性也难复原，在-15℃时则丧失了脱氧能力，因此要注意包装物温度的变化范围。

（4）脱氧剂在使用前应密封在气密性好的包装容器中，使用时最好能做到随启随封。脱氧剂在空气中搁置的时间不能太久，以防失效。例如铁系脱氧剂开封后一般应在5h内用完，否则会影响其吸氧性能。启封的脱氧剂一次使用不完，应立即再行密封保存。

（5）根据不同的脱氧需求选用适宜的脱氧剂。要求快速降氧的产品应选择脱氧速度较快的（速效型）脱氧剂；相反，则可使用脱氧速度较慢的（缓效型）脱氧剂。含氧量有

严格限制的产品则应选择脱氧效果好的脱氧剂。

（6）包装内的氧由脱氧剂吸收后，由于氧气量的减少使包装内减压，从而产生二氧化碳及氮气等惰性气体。所以保持一定的气压很有必要。由于在水分较高的条件下，二氧化碳可以促进厌氧细菌的繁殖，所以一般选择可以产生氮气的脱氧剂。

（四）其他包装技术

随着保鲜包装技术的进一步发展，许多新技术开始应用于农产品保鲜包装，其中最有代表性的是辐射储藏保鲜技术。它将原子能辐射技术应用于农产品保鲜包装处理，利用放射线的高能量进行“冷杀菌”，广泛用于农产品的灭菌、杀虫，以及防止或抑制某些农产品萌芽变质。常用的高能射线是 X 射线和 γ 射线。另外，还有电磁场处理保鲜包装技术、空气电离技术、高压技术、生物技术等，这些技术在某些农产品保鲜储藏方面得到了不同程度的应用。

二、我国农产品的包装标识

标识是判别商品特征、组织商品流转和维护商品质量的依据，对保障商品储运安全、加速流转、防止差错有着重要作用。

包装的标识通常分为包装的标记和包装的标志。包装的标记是指根据包装袋内装入商品的特征和商品收发事项，在外包装上用字和阿拉伯数字标明的规定记号。包装的标志，是用来指明包装内容物的性质，为了运输、装卸、搬运、储存、堆码等的安全要求或理货分运的需要，在外包装上用图像或文字标明的规定记号。它包括指示标志和危险品标志。表 2-2 所示为包装储运图示标志（GB/T 191—2008）的名称、图形符号和含义。

表 2-2　　包装储运图示标志的名称、图形符号和含义

序号	标志名称	图形符号	含义
1	易碎物品		表明运输包装件内装易碎物品，搬运时应小心轻放
2	禁用手钩		表明搬运运输包装件时禁用手钩

续 表

序号	标志名称	图形符号	含义
3	向上		表明该运输包装件在运输时应竖直向上
4	怕晒		表明该运输包装件不能直接照晒
5	怕辐射		表明该物品一旦受辐射会变质或损坏
6	怕雨		表明该运输包装件怕雨淋
7	重心		表明该包装件的重心位置，便于起吊

续　表

序号	标志名称	图形符号	含义
8	禁止翻滚		表明搬运时不能翻滚该运输包装件
9	此面禁用手推车		表明搬运货物时此面禁止放在手推车上
10	禁用叉车		表明不能用升降叉车搬运的包装件
11	由此夹起		表明搬运货物时可用夹持的面

续 表

序号	标志名称	图形符号	含义
12	此处不能夹持		表明搬运货物时不能用夹持的面
13	堆码质量极限	…kg max	表明该运输包装件所能承受的最大质量极限
14	堆码层数极限	n	表明可堆码相同运输包装件的最大层数（包含该包装件，n 表示从底层到顶层的总层数）
15	禁止堆码		表明该包装件只能单层放置

续　表

序号	标志名称	图形符号	含义
16	由此吊起		表明起吊货物时挂绳索的位置
17	温度极限		表明该运输包装件应该保持的温度范围

2006 年 11 月 1 日起实施的《农产品包装和标识管理办法》中第十条规定，农产品生产企业、农民专业合作经济组织以及从事农产品收购的单位或者个人包装销售的农产品，应当在包装物上标注或者附加标识标明品名、产地、生产者或者销售者名称、生产日期。有分级标准或者使用添加剂的，还应当标明产品质量等级或者添加剂名称。未包装的农产品，应当采取附加标签、标识牌、标识带、说明书等形式标明农产品的品名、生产地、生产者或者销售者名称等内容。第十一条规定，农产品标识所用文字应当使用规范的中文。标识标注的内容应当准确、清晰、显著。第十二条规定，销售获得无公害农产品、绿色食品、有机农产品等质量标志使用权的农产品，应当标注相应标志和发证机构。禁止冒用无公害农产品、绿色食品、有机农产品等质量标志。第十三条规定，畜禽及其产品、属于农业转基因生物的农产品，还应当按照有关规定进行标识。中国农产品认证质量标志如图 2-8 所示。

有机农产品

绿色食品

无公害农产品

图 2-8　中国农产品认证质量标志

三、不同种类农产品的包装设计

在材料选择、包装设计上，农产品包装还必须充分考虑农产品的特性、销售市场的特点、消费者的消费心理等因素，从而能使包装与产品完美地结合，达到保持品质、降低损耗、促进销售的目的。

（一）水果类包装

水果类包装仍处于初级阶段，许多水果在旺季根本没有包装，堆在路边叫卖或者用竹篓、塑料编织袋包装，更谈不上包装设计和品牌宣传了。当然，也有人意识到了包装的价值，精明的水果摊主，选几种水果放在一只精致的小篮子中，再包覆彩色透明塑料膜，贴上塑料花，价格就可以翻几倍。邵阳市的蜜橘经过挑选，套上海绵网套，用纸箱包装，价格和销路均可看好。再以江永香柚为例，江永香柚的品种和质量上乘，只要加强宣传，改进包装，完全可以成为水果中的名牌。但是，香柚皮厚，产地偏远，运输费用高，如果在当地剥皮，将香柚分成一瓣一瓣的，采用塑料复合膜真空包装或气调包装，既可使香柚保鲜，又可免去消费者的剥皮之劳，还可以提高价格，增加果农收入，在当地形成产业化。同时香柚剥皮之后大大减少了运输量，节省运输费用。包装上还可以印上品牌、商标，设计精美图案，对树立“江永香柚”的品牌形象、促进销售都有积极作用。

（二）蔬菜包装

很多新鲜蔬菜从运输到销售几乎没有包装，导致其在运输和销售过程中易损坏、腐烂多、损耗大。前几年兴起了净菜市场，即将蔬菜去掉变黄、变坏部分，洗净、切好，然后定量包装销售。净菜市场一出现便深受欢迎，极具前景。要全面提高蔬菜种植业的经济效益，就必须从包装抓起。首先，蔬菜在进行运输时，尤其是中、远途运输，应该进行包装，以防止运输途中压坏蔬菜造成损失。这种包装应当简易，能有效防止挤压，能重复使用。例如，用塑料周转箱包装蔬菜，就可以有效防止挤压，既能重复使用，降低包装成本，也可以在运输车厢内专门设计安装隔层，将蔬菜一层一层放置，同样能达到上述目的。其次，发展净菜市场。在蔬菜种植基地发展净菜加工，采用先进技术，改进包装，实现产业化，是提高蔬菜种植业经济效益的基本思路。现在使用的净菜包装，大部分是用塑料托盘，再包一层聚乙烯膜。塑料易造成污染，使用受到限制，而且保质期短。所以在包装材料的选择上必须改进。对于当天能销售的净菜，可以用纸浆模塑盘再辅以聚乙烯膜包装。如果要求保质期长一些，如3~5天，则可采用气调包装或真空包装，并低温（4℃左右）冷藏。

（三）大米包装

传统的大米包装都以麻袋、塑料编织袋为主，每袋5千克、25千克、50千克不等，门店进货后再开包零售。随着人们生活水平的不断提高，优质大米深受城镇居民欢迎，传统包装显然不能满足优质大米的包装要求。塑料包装袋可印刷精美的图案、文字、商标、条码，能吸引顾客，促进销售。这种包装能抽真空，延长优质大米的保质期，防潮、防霉、防虫效果十分理想，还可分为25千克、5千克、10千克等小型包装。

（四）精深加工的农产品的包装

做好农产品的深加工，提高农产品的档次，是开拓农产品市场，促进农业产业化、现

代化的必由之路，也是发展乡镇企业的重要方向。农产品的深加工和销售，都离不开包装。改进深加工农产品的包装，就是要改变“一等产品，二等包装，三等价格”的状况。这方面有许多成功的经验值得借鉴。例如，河南的双汇集团和春都集团都是农产品深加工企业，它们在产品的包装上，注重设计特色，注入企业理念，塑造出深入人心的产品形象。这些企业的成功，带动了当地农业经济的发展。也有许多农产品深加工企业，仍停留在传统作坊式管理上，虽然依靠传统工艺技术生产出了优质产品，但没有现代化的内部管理，没有对产品包装进行精心设计，因而经济效益不理想。

（五）鲜切花包装

1. 包装材料

（1）外包装箱选择

鲜切花常用的外包装箱有聚乙烯泡沫塑料箱、聚苯乙烯泡沫或聚氨酯泡沫衬里的纤维板箱、喷洒液体石蜡的瓦楞纸箱。根据不同的需要可以选择不同功能的包装箱。同时，在选择包装箱时，要充分考虑产品的尺寸、通风方法及是否稳固，包装材料以及其他包装设施的选择等。此外，还应考虑某些国家对包装的偏爱及特殊要求。

（2）内包装

内包装一般采用薄膜材料，用以保护植物免受失水和机械损伤。常用的薄膜材料有软纸、蜡纸及各种塑料薄膜。其中最常用的是聚乙烯塑料，主要有能吸附或者除去乙烯的薄膜、有抗氧化效果形成气调环境的薄膜、防白雾或结露的薄膜和抗菌、抑菌薄膜等。

（3）填充材料

填充材料的主要作用是防止震动和冲击，常用的填充材料有充气塑料薄膜、纸浆模式容器和天然材料等，天然材料包括刨花、麦秸、稻壳、锯末等。一些具有保鲜效果的冰袋、各种吸收剂（如高锰酸钾）等也可置于包装箱中。

2. 鲜切花包装的技术流程

鲜切花采切时质量参差不齐，因此在包装前必须按照花茎的长度、花朵质量和大小、叶片状况及品种等分级，以提高其均一性，方便包装。鲜切花包装的第一步是捆扎成束。花卉捆扎的数量和重量因花卉品种和各国的习惯等不同而有所差异。我国大部分鲜切花 20 枝一扎，也有 10 枝一扎的，进口的花卉，一扎为 8 枝、12 枝或 25 枝。一些珍贵的鲜切花品种在捆扎前会对花冠或花序用塑料网或防水纸单个包装，以防散乱和可能的机械损伤。鲜切花经捆扎成束后通常用软纸、蜡纸或塑料薄膜进行内包装，然后可根据鲜切花的种类及习性选择合适的外包装箱进行装箱。

3. 装箱形式

鲜切花装箱时不能置于箱子中间，而应靠近两头。切花在箱内分层交替放置，层与层之间填放衬垫。有些鲜切花在储运过程中若水平放置，花茎会因生长、重力的影响而发生茎部弯曲，导致鲜切花质量的降低，所以必须竖直放置。对向地性弯曲敏感的切花如水仙、银花莲等均应以垂直状态储运。需要湿藏的鲜切花，如月季、非洲菊、百合等，可以在箱底固定盛有保鲜液的容器，将切花垂直插入，或直接插入塑料桶中。湿藏的包装箱外必须有保持包装箱垂直向上的标识。

资料阅读

包装新技术——活性包装

活性包装技术是指在包装材料或食品包装空隙中添加辅助物用以提高包装性能的技术，这项技术可以提高食品安全性，保障食品品质，延长食品货架期。活性包装依据对影响储运的因素的控制方法可以分为吸收型、释放型和涂抹型；也可以按照控制成分进行分类，控制成分包括氧气、CO_2、乙烯、湿度、微生物及气味等。

资料来源：杨方，胡方园，景电涛，等．水产品活性包装和智能包装技术的研究进展［J］．食品安全质量检测学报，2017（1）：6-12。

四、生鲜农产品限制过度包装

包装美观大方一点有利于商品销售。适当的包装是必要的，但过度包装就走向了一个极端，夸大包装的功能，误导消费观念，损害了消费者和社会的利益。过度包装消耗了大量资源，使社会承担了过度包装成本，污染环境。过度包装之风形成了奢华、浮夸的社会风气，有悖于勤俭节约的优良传统。

1. 过度包装的含义

过度包装指包装空隙率、包装层数或包装成本超过要求的包装，具体表现为包装的耗材过多、分量过重、体积过大。很多产品的包装用到了纸、木材、塑料、皮革、金属、丝绸、水晶等多种原料，里三层外三层，剥开层层叠叠的商品包装，最终的实物却小得可怜或者价值不高。

2. 过度包装的形式

常见的过度包装有三种形式。第一种是结构过度：有的商品故意增加包装层数，在内包装和外包装间增加中包装，外观漂亮，名不副实；有的商品包装体积过大，实际产品很小，喧宾夺主；还有的商品采用过厚的衬垫材料，保护功能过剩，也属于过度包装。第二种是材料过度，包装材料多采用实木、金属制品，大大增加了包装成本。第三种是装潢过度，商家往往盲目采用昂贵的包装原材料，增加包装成本，有的甚至还在商品中附加几倍甚至几十倍于商品价值的礼品，提升商品价格。

资料阅读

国家市场监督管理总局、国家标准化管理委员会发布的《限制商品过度包装要求 生鲜食用农产品》（GB 43284—2023）是强制性国家标准，于 2024 年 4 月 1 日起实施。该标准的发布实施，将为强化商品过度包装全链条治理、引导生鲜食用农产品生产经营企业适度合理包装、规范市场监管提供执法依据和基础支撑。

该标准明确了蔬菜（含食用菌）、水果、畜禽肉、水产品和蛋五大类生鲜食用农产品过度包装的技术指标和判定方法。主要技术指标包括三方面：一是针对不同类别和不同销

售包装重量的生鲜食用农产品设置了 10%~25%包装空隙率上限。二是规定蔬菜（包含食用菌）和蛋不超过 3 层包装，水果、畜禽肉、水产品不超过 4 层包装。三是明确生鲜食用农产品包装成本与销售价格的比率不超过 20%，对销售价格在 100 元以上的草莓、樱桃、杨梅、枇杷、畜禽肉、水产品和蛋加严至不超过 15%。

任务总结

随着科学技术的飞速发展，商品包装已成为促进销售、增强竞争力的重要手段，包装技术的发展促进包装业的整体发展。针对农产品的易腐性，目前常用的农产品包装技术主要有真空包装技术、气调包装技术和脱氧包装技术等。标识是判别商品特征、组织商品流转和维护商品质量的依据，对保障商品储运安全、加速流转、防止差错有着重要作用。包装的标识通常分为包装的标记和包装的标志。我国以《农产品包装和标识管理办法》作为农产品包装标识管理依据。在包装设计过程中，农产品包装还必须在材料选择、包装设计上充分考虑农副产品的特性、销售市场的特点、消费者的消费心理等因素，从而能使包装与产品完美地结合，达到保持品质、降低损耗、促进销售的目的。

思政探索

一、思政目标

1. 培养爱国精神：通过展现本土特色农产品，引导学生关注和支持国产农产品，激发学生对国家和民族的自豪感与归属感，践行爱国主义精神。

2. 培养绿色发展理念：强调生态环保理念，培养学生的环保意识和社会责任感，推动形成绿色发展方式和绿色生活方式。

3. 提升文化自信：弘扬中华优秀传统文化，提升民族文化自信，实现文化传承与发展。

二、思政元素

爱国主义　生态环保理念　绿色消费观　文化传承

三、融入路径

1. 实践活动：组织学生参与绿色包装的设计比赛、创新创业项目或社会实践，让学生通过实际操作来体验和推广环保包装材料的使用，比如利用可降解材料设计产品包装，并分析其对环境的影响。

2. 校企合作：与企业建立紧密联系，提供实习机会，使学生能够在真实的商业环境中理解并实施绿色包装策略，同时了解企业在绿色环保方面的社会责任及实践案例。

3. 志愿服务与公益行动：鼓励学生参与校园或社区的环保公益活动，如垃圾分类宣传、废旧物品再利用、环保知识普及等，增强其社会责任感和环保意识。

实训项目

农产品包装材料识别

1. 实训背景资料

教师（或学生）联系当地经营鲜活农产品的连锁超市、批发市场、农贸市场等，调查农产品包装材料使用情况，完成实训内容。

2. 实训目标

学生能够根据所学知识识别农产品包装材料，能对调研的包装材料进行分类整理。

3. 实训准备

（1）全班学生分组，每组成员控制在 3~5 人。

（2）以组为单位进行农产品包装材料调研。

（3）教师进行现场指导，体现以学生为主体的教学特色。

4. 实训步骤

（1）收集相关文献资料。

（2）制定农产品包装材料调研方案。

（3）设计农产品包装材料调查问卷。

（4）进行农产品包装市场调研。

（5）撰写农产品包装材料调研报告。

5. 实训效果评价

考评内容	考评标准	分值（分）	自我评价（分）	小组评价（分）	教师评价（分）	实际得分（分）
实训完成情况	调研方案制定适宜	10				
	问卷调查设计合理	10				
	收集资料丰富	10				
	调查报告分析翔实、观点明确	50				
其他	态度积极、遵守纪律、有团队协作精神	20				
合计		100				

注：实际得分 = 自我评价×20%+小组评价×30%+教师评价×50%。

思考练习题

一、选择题

1. 真空包装也称（　　），是将包装容器内的空气全部抽出，然后密封，使袋内处于

高度减压状态，空气稀少相当于低氧效果。

A. 低压包装　　B. 高压包装

C. 低氧包装　　D. 减压包装

2. 气调包装又称 MAP，是当今世界食品保鲜包装的一项热门先进技术，它主要利用（　　）等保护性混合气体置换包装内的空气。

A. CO_2　　B. O_2　　C. N_2　　D. H_2

3. 气调包装中，（　　）与食品不起作用，仅作为混合气体的充填气体。

A. CO_2　　B. O_2　　C. N_2　　D. H_2

4. 脱氧包装除去包装容器内的游离氧，使被包装物能在氧浓度（　　），甚至无氧状态下保存的一种技术。

A. <0. 01%　　B. <0. 1%　　C. <0. 5%　　D. <1%

5. 在脱氧包装技术中，对脱氧剂的要求有（　　）。

A. 脱氧剂对人安全无毒

B. 脱氧剂不应与被包装物发生化学反应

C. 脱氧剂储藏时的温度不能太低

D. 脱氧剂在使用前可以敞开置放于空气中

6. 包装的标识，通常分为（　　）。

A. 包装的标记　　B. 包装的图案

C. 包装的标签　　D. 包装的标志

7.（　　），是用来指明包装内容物的性质，为了便于运输、装卸、搬运、储存、堆码等的安全要求或理货分运的需要，在外包装上用图像或文字标明的规定记号。

A. 包装的标记　　B. 包装的图案

C. 包装的标签　　D. 包装的标志

8. 有机农产品标识为（　　）。

A. 

B. 

C. 

9. 有的商品故意增加包装层数，在内包装和外包装间增加中包装，外观漂亮，名不副实，属于（　　）。

A. 材料过度　　B. 装潢过度

C. 包装过度　　D. 结构过度

10.（　　）又称内包装，是直接接触商品并随商品进入零售网点和消费者或用户直接见面的包装。

A. 运输包装　　B. 销售包装

C. 中性包装　　D. 外包装

二、判断题（对的打“√”，错的打“×”）

1. 对包装的基本构成要素的认识是共同的：一是包装是关于盛装商品的容器、材料及辅助物品；二是包装是关于实施盛装和封缄等操作的技术活动。（　　）

2. N_2 与食品不起作用，仅作为混合气体的充填气体。（　　）

3. 农产品包装是指对农产品实施装箱、装盒、装袋、包裹、捆扎、出入库等活动。（　　）

4. 定牌包装是指卖方要求买方在出口商品/包装上使用买方指定的牌名或商标的做法。（　　）

5. 中性包装是在出口商品及其内外包装上都不注明生产国别的包装。（　　）

6. 纸包装材料封口较困难，受潮后牢度会下降，受外力作用易破裂。（　　）

7. 使用报纸作为培养基和包装材料时，废报纸中的很多有害物质直接被这些蔬菜吸收，其中最多的是汞，导致蔬菜的品质下降，食用安全性降低。（　　）

8. 金属包装材料具有良好的热传导性能、卫生安全性能和保护性。（　　）

9. 玻璃与陶瓷包装的致命缺点是比较容易破碎。（　　）

10. 真空包装与脱氧包装相比，真空包装含氧量相对低。（　　）

三、名词解释

农产品包装　　　　真空包装　　　　气调包装　　　　脱氧包装

四、简答题

1. 农产品包装有什么功能？

2. 在《农产品包装和标识管理办法》中的第十条、第十一条、第十二条中是如何规定农产品包装管理的？

五、论述题

如何进行鲜切花包装？

【知识拓展：标准及相关政策法规引读】

1. GB 7718—2011《食品安全国家标准 预包装食品标签通则》
2. GB 28050—2011《食品安全国家标准 预包装食品营养标签通则》
3. GB/T 191—2008《包装储运图示标志》
4. GB/T 4122. 1—2008《包装术语 第 1 部分：基础》
5. GB/T 4122. 2—2010《包装术语 第 2 部分：机械》
6. GB/T 4122. 3—2010《包装术语 第 3 部分：防护》
7. GB/T4122. 4—2010《包装术语 第 4 部分：材料与容器》
8. GB/T 4122. 5—2010《包装术语 第 5 部分：检验与试验》
9. GB/T 4122. 6—2010《包装术语 第 6 部分：印刷》
10. GB 43284—2023《限制商品过度包装要求 生鲜食用农产品》
11.《农产品包装和标识管理办法》（中华人民共和国农业部令第 70 号）
12. GB/T 34343—2017《农产品物流包装容器通用技术要求》
13. GB/T 34344—2017《农产品物流包装材料通用技术要求》
14. GB/T 37422—2019《绿色包装评价方法与准则》

15. T/GZWL 009—2019《果蔬农产品物流包装通用技术规范》
16. DB52/T 1611—2021《农产品物流单元标签编码技术规范》

扫码查看拓展资源

模块三　农产品配送与运输

知识目标

掌握农产品配送与运输的特点、作用、基本要求

掌握农产品冷链配送运输的流程

掌握冷链运输的特点、关键点控制与管理

熟悉农产品配送的模式和形式

了解农产品配送与运输的关系

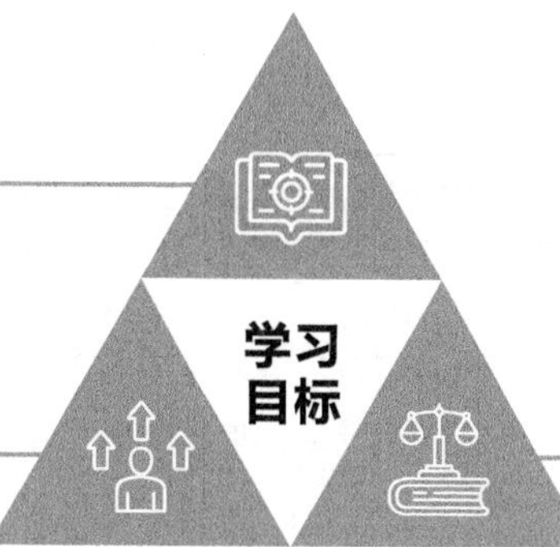

能力目标

能够绘制配送基本流程

能够制定配送方案

能够判别冷冻链与冷藏链

思政目标

培养绿色低碳的发展理念

培养科技创新意识

养成法治思维

内容导读

- 模块三 农产品配送与运输
  - 任务一 农产品配送与运输基础
    - 一、配送与运输
    - 二、农产品配送
    - 三、农产品配送的作用
    - 四、农产品配送模式
    - 五、农产品配送形式
  - 任务二 农产品配送流程与优化
    - 一、农产品配送作业的一般流程
    - 二、农产品配送的基本作业环节
    - 三、农产品配送计划
    - 四、农产品配送的路径优化
  - 任务三 农产品运输合理化
    - 一、农产品运输的功能
    - 二、运输对农产品质量的影响
    - 三、农产品运输的基本要求
    - 四、农产品运输环境条件控制
    - 五、农产品运输的方式、工具和特点
  - 任务四 农产品冷链运输
    - 一、冷链运输
    - 二、冷链运输的特点
    - 三、冷链运输设施设备
    - 四、冷链配送运输流程
    - 五、温度控制和管理
  - 思政探索
    - 一、思政目标
    - 二、思政元素
    - 三、融入路径
  - 实训项目
    - 某快餐企业配送方案编制

任务一 农产品配送与运输基础

任务引入

随着我国农业产业的现代化发展，冷链物流在保障农产品新鲜度、减少损耗、确保食

品安全等方面的重要性日益凸显。然而，行业内部暴露出的一系列问题令人深感忧虑，一方面少部分物流企业为降低成本，不惜违反冷链物流操作规范。另一方面，对冷链物流要求的成本压缩行为，使一些不合规冷藏车辆在市场上大行其道。相比之下，严格遵循冷链物流标准运营的企业由于高成本压力，效益低下，面临着严峻的经营挑战，甚至有部分企业濒临倒闭。事实上，常温运输的新鲜果蔬损耗率极高，看似节约了运输成本，实则加大了产品品质风险，并损害了消费者权益。这一笔账，不仅关乎经济效益，更关系到整个产业链的健康运行和社会公共利益。那么，如何连接断裂的农产品冷链？

任务分析

我国是鲜活农产品生产大国，蔬菜、水果、畜禽等多种鲜活农产品的产量位居世界前列。20 世纪 90 年代以来，我国鲜活农产品消费模式已由温饱型向品质型、服务型转变。部分地区由于缺乏保鲜技术、加工能力不足、流通环节多、效率低，农产品集中上市期间，物流、信息流不畅，产销脱节问题严重。

鲜活农产品有不同于一般工业品的自然特性、物理特性、生产供应特性和需求特性，这些特性使鲜活农产品的物流运作比一般工业品物流困难多、难度大，这些特性要求鲜活农产品采用冷链运输、销售，但高额的成本与超低的利润点之间的矛盾日益突出，已成为农产品物流发展的瓶颈。

知识准备

一、配送与运输

（一）配送与运输相关概念

1. 配送（Distribution）

配送指根据客户要求，对物品进行分类、拣选、集货、包装、组配等作业，并按时送达指定地点的物流活动。

配送中心（Distribution Center，DC）指具有完善的配送基础设施和信息网络，可便捷地连接对外交通运输网络，并向末端客户提供短距离、小批量、多批次配送服务的专业化配送场所。

区域配送中心（Regional Distribution Center；RDC）指具有完善的配送基础设施和信息网络，可便捷地连接对外交通运输网络，配送及中转功能齐全，集聚辐射范围大，存储、吞吐能力强，向下游配送中心提供专业化统一配送服务的场所。

2. 运输（Transport）

运输是指利用载运工具、设施设备及人力等运力资源，使货物在较大空间上产生位置移动的活动。其中包括集货、分配、搬运、中转、装入、卸下、分散等一系列操作。

3. 联合运输（Combined Transport）

联合运输指一次委托，由两家以上运输企业或用两种以上运输方式共同将某一批物品运送到目的地的运输方式。

4. 直达运输（Through Transport）

直达运输指货物由发运地到接收地，采用同一种运输方式、中途不需要中转的运输组织方式。

5. 中转运输（Transfer Transport）

中转运输指货物由发运地到接收地，中途经过至少一次落地、换装、铁路解编或公路甩挂的运输组织方式。

6. 甩挂运输（Tractor-and-trailer Swap Transport）

甩挂运输指用牵引车拖带挂车至物流节点，将挂车甩下后，牵引另一挂车继续作业的运输组织方式。

7. 集装运输（Unitized Transport）

集装运输指使用集装器具或利用捆扎方法，把裸状物品、散状物品、体积较小的成件物品，组合成为一定规格的集装单元进行运输的一种组织形式。

8. 集装箱运输（Container Transport）

集装箱运输指以集装箱为单元进行货物运输的一种货运方式。

（二）配送与运输的区别和联系

从物流的角度来讲，配送几乎包括了所有的物流功能要素，是物流的一个缩影或在某个小范围中物流全部活动的体现。一般的配送集装卸、包装、保管、运输等于一身，通过这一系列活动将货物送达目的地。特殊的配送则还要以加工活动为支撑，所以包括的内容更广。但是，配送的主体活动与一般物流不同，一般物流是运输及保管，而配送则是运输及分拣配货，分拣配货是配送的独特要求，也是配送中有特点的活动，以送货为目的的运输则是最后实现配送的主要手段，从这一主要手段出发，常常将配送简化地看成运输的一种。运输与配送的区别如表3-1所示。

表3-1　运输与配送的区别

项目	运输	配送
运输性质	干线运输	支线运输、区域内运输、末端运输
货物性质	少品种、大批量	多品种、少批量
运输工具	大型货车或铁路运输、水路运输等重吨位运输工具	小型货车，一般不超过2吨的载重量
管理重点	注重效率，以效率优先	服务优先
附属功能	装卸和捆包	主要包括装卸、保管、包装、分拣、流通加工、订单处理等

二、农产品配送

（一）农产品配送的概念

农产品配送是指按照农产品消费者的需求，在农产品配送中心、农产品批发市场、连锁超市或其他农产品集散地进行加工、整理、分类、配货、配装和末端运输等一系列活动，最后将农产品交给消费者的过程。其外延主要包括农产品供应商配送和连锁超市配送两个方面。

（二）农产品配送的特点

农产品本身具有鲜活性及生产的区域性、季节性、分散性等特点，同时，农产品又是人们的生活必需品，消费弹性小，具有消费普遍性和分散性的特点。因此，无论是农产品的大规模物流，还是农产品加工配送，都不同于工业产品物流和其他包装消费品物流，与一般产品的运输相比，农产品的配送具有装卸的多次性、运输的不均衡性以及对运输的技术要求高等特点。具体表现在以下几个方面。

（1）农产品配送网点分布众多。由于农业生产点多面广，消费农产品的地点也很分散，因此，农产品运输和装卸比多数工业产品要复杂得多，单位产品运输的社会劳动消耗大。由于城市交通的限制和用户的需求，农业企业不得不在距离用户较近的居民区设置大量的配送点。

（2）农产品配送的区域性。农产品生产具有区域性，而人们的需求是多样性的，因此需要在不同区域间进行流通交易。但是，由于农产品具有鲜活易腐的特性，即便采取了保鲜等措施，仍会有一定比例的损耗，而且这个比例会随时间和距离的加大而迅速增加，使流通成本快速上升，这限制了农产品的流通半径，这一点显然有别于常温物流的配送运作方式。

（3）农产品配送的风险相对较大。农产品配送的风险主要来自三个方面：一是农产品生产和消费的分散性，使经营者难以取得垄断地位，市场信息较为分散，人们难以全面把握市场供求信息及竞争者和合作者的信息；二是农业生产的季节性强，生鲜农产品上市时，如果在短时间内难以调节，会使市场价格波动较大，这种情况在中国农产品流通市场上经常出现；三是以鲜活形式为主的农产品，多数易损易腐，因此，必须根据它们的物理和化学性质安排合适的运输工具。

三、农产品配送的作用

（一）完善农产品运输系统

农产品用现代大载重量的运输工具固然可以提高效率，降低运输成本，但只适于干线运输，因为干线运输一般为长距离、大批量的运输，只有这样才有可能呈现高效率、低成本的运输。支线运输一般是小批量运输，如果使用载重量大的运输工具则是一种浪费。因此，只有配送与运输密切结合，使干线运输与支线运输有机统一起来，才能实现运输系统的合理化。

（二）消除农产品交叉输送

农产品交叉运输是普遍存在的。交叉运输使输送路线长，规模效益差，运输成本高。

如果在生产企业与客户之间设置配送中心，采取配送方式，则可消除交叉运输。

（三）提高末端农产品物流的经济效益

采取配送方式，通过配货和集中送货，或者与其他企业协商实施共同配送，可以节约物流成本，提高物流系统末端的经济效益。

（四）实现农产品低库存或零库存

农产品属于易腐产品，实现农产品低库存或零库存非常重要。配送通过集中库存，在同样的满足水平上，可使系统总库存水平降低，既降低了储存成本，也节约了运力和其他物流费用。尤其是采用准时制配送方式后，生产者可以依靠配送中心准时送货而无须保持自己的库存，或者只需要保持少量的保险储备，就可以实现生产者的“零库存”或低库存，减少资金占用，改善企业的财务状况。

（五）保证供货，方便用户

由于配送可提供全方位的物流服务，农产品采用配送方式后，用户只需向配送供应商进行一次委托，就可以得到全过程、多功能的物流服务，从而简化委托手续和工作量，节省开支。采用配送方式，配送中心比任何单独供货企业有更强的物流服务能力，可使用户减少缺货风险。

四、农产品配送模式

（一）基本模式

对于整个配送系统来说，首先要了解配送的基本模式，才能在现有流通模式的基础上，对装卸搬运、保管、运输等环节进行分析，从而找出适合农产品配送系统的优化方案。目前，农产品配送有以下几种模式。

1. 直销型配送模式

直销型配送模式是最原始和最初级的配送形式，由农户或农产品基地自行配送，将生鲜农产品送到批发市场或用户手中。直销型配送模式能够更好地满足农户或农产品基地在物流业务上的时间、空间要求，保持农产品的新鲜度，提高了配送服务效率。这种形式的流通适用于流通范围较小、流通数量较少的状况，同时生产者必须独自负担销售、运输、仓储等职能以及相关的成本，而在目前大流通的格局下，高成本低回报致使生产者无法独自承担这些物流职能，必须通过专业物流平台或第三方物流企业来完成所需的物流职能，因此，这种模式已经不能适应经济社会发展的需要。

2. 契约型配送模式

契约型配送模式是指公司与农户或合作社之间通过契约形式加以联结，农户提供农产品，由合作社或加工企业负责进入市场。这种模式有四种形式，一是“农户+运销企业”模式；二是“农户+加工企业”模式；三是“公司+农户+保险”模式；四是“公司+合作社”模式。

契约型配送模式的优势在于：

（1）有助于加工企业、大型连锁超市和农贸市场的批发商克服原料来源不稳定的问题，改善了成本结构，降低了经营风险，使公司拥有一部分稳定的原料来源，提高了资源控制能力和生产稳定性；

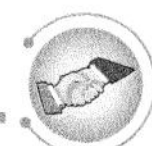

（2）为农户销售产品找到了相对稳定的渠道；

（3）提高了对产品质量的控制力度，公司可以加大力度对生鲜农产品进行优选、仓储、深加工，提高生鲜农产品的附加值。

但是，这种模式也存在一些弊病：

（1）农户在同企业的谈判中始终处于弱势地位，农户的利益容易受到侵害；

（2）企业直接面对分散的农户，在上游配送环节，市场交易费用仍然很高，配送成本居高不下；

（3）公司或企业与农户之间的利益联结关系非常松散，常常会出现违约现象。

3. 联盟型配送模式

联盟型配送模式的主导者是农产品批发市场，参与者是农产品生产者、批发商、零售商、运输商、加工保鲜企业等，通过利益联结和优势互补形成了战略联盟。

联盟型配送模式的优点有：

（1）能够带动各方参与，连接生产者、批发商、零售商、运输商和加工保鲜企业等；

（2）降低了龙头企业直接面对农户的交易成本，各参与方在合作与竞争中不断发挥自己的优势，专业化分工趋势逐渐明显，提高了交易效率，降低了交易成本；

（3）为物流主体建立了公共交易平台，使交易双方有了更多的可选择性，提高了农户的谈判地位。

这种模式的缺点在于：

（1）由于处于一个战略联盟下，随着交易量的扩大，管理效率比较低；

（2）中间批发商仍然会对直接生产者和消费者进行信息封锁。

4. 第三方物流配送模式

近年来，一些国际大型农产品销售商尝试立足主业经营，逐步将本企业的物流配送业务委托给专业化的物流配送企业，这种发展趋势越来越明显。有些企业在使用第三方物流方面已经做了有益的尝试，如北京物美集团、广州好又多等，都取得了不俗的收益。第三方物流（Third Party Logistics，3PL 或 TPL）是由相对于第一方发货人和第二方收货人而言的第三方专业企业来承担企业物流活动的一种物流形态。它通过与第一方或第二方的合作来提供专业化的物流服务，它不拥有商品，不参与商品买卖，而是为顾客提供以合同约束和结盟为基础的，系列化、个性化、信息化的物流代理服务。

基于第三方物流的生鲜农产品流通运作模式有以下优点：

（1）高效、迅捷，保障流通渠道的畅通；

（2）有效降低成本，增加经济收益；

（3）有效改进生鲜农产品质量；

（4）提高生鲜农产品的附加值。

5. 共同配送模式（协同配送模式）

共同配送（或称协同配送）是由多个企业联合组织实施的配送活动，其目的是提高农产品配送的效率，核心在于充实和强化配送功能。共同配送主体既可以作为物流需求方的生产商、批发商和零售商，如多家农户、农产品基地、农业供销合作社或农产品配送中心共同组成的新公司，也可以作为物流服务供应方的运输企业和仓库企业，如我国农产品配送的主要模式之一的供销社配送模式，在现阶段就已经引入了共同配送、第三方配送等现代配送模式，并在有些地区建立了农产品加工配送中心。在实际运作过程中，由于共同配送联合体的合作形式、所处环境、条件及客户要求的服务存在差异，因此共同配送的运作过程存在较大的差异。

共同配送模式的优势是可以提高配送效率，从农户、农产品基地、农村供销合作社或农产品配送中心的角度来看，共同配送模式可以降低配送成本。

共同配送模式的劣势是管理难度加大，易造成物流设施费用及其管理成本增加，且服务要求不一致可能导致服务水准下降。

6. 集团配送模式（综合配送模式）

农产品综合配送模式亦称集团配送模式、互用配送模式，是指以一定方式聚合专业流通企业组成流通集团，集中对大中型生产企业实施定点、定时、定量供货的配送形式和以商贸集团及所有大型加工中心为媒介，在生产企业集团之间供货、送货的运作模式。

（二）影响农产品配送模式的因素

1. 成本因素

因为市场主体的多样性和规模的不同，其配送成本也差异较大。以上各种配送模式的成本因素各异。对于自营配送来说，考虑的主要是生产者自身的配送成本；对于第三方物流，会涉及转换成本，农产品配送企业为了提高核心业务能力，把转换成本高的物流功能转给与自己合作的专业物流企业；共同配送是物流企业为了共同发展需要，更有效地节约双方的成本而建立的合作关系，参与企业可针对企业情况协商节约成本的策略；联盟型配送是配送企业考虑各方的需要与成本之间的关系而建立的合作关系。

2. 管理因素

农产品配送企业并不是专业的物流配送商，缺乏具有现代物流配送管理理念的高素质专业人才。在管理手段上，现有的物流从业人员以手工操作和经验决策为主，很难从信息和物流的专业角度，以最低的成本提供客户所需要的物流管理和服务。因此，针对不同的客户提出的物流需求以及企业发展的现实要求，需要采用不同形式的物流配送模式。

3. 技术因素

作为企业增强活力与竞争力的推动力量，企业信息化建设可以极大地提高物流服务的准确性与及时性。目前，国内许多农产品配送企业的信息化程度存在较大差异，在满足农产品物流需求的能力上也存在差异，因此不同情况下的农产品配送需要不同的模式相匹配。

4. 环境因素

一方面，农产品物流市场尚缺乏统一的法律法规加以规范、约束，因而存在一定的不正当竞争。另一方面，农产品企业的配送管理和行业管理还没有理顺，在一定程度上影响了物流配送渠道的畅通和高效运转，使物流配送很难达到规模经济和预期回报，因此在不同的市场环境下，只有找到适合企业自身的配送模式才能真正地服务于消费者，实现企业的稳定发展。

五、农产品配送形式

农产品配送的分类方法很多，可从不同的角度进行分类。基于农产品的最终配送效果，农产品配送按配送的时间和数量进行分类，可分为以下几种形式。

（一）定时配送

定时配送即按规定的时间或时间间隔进行配送。定时配送的时间由配送的供给与需求双方通过协议确认。每次配送的品种及数量可预先在协议中确定，实行计划配送，也可以在配送之前以商定的联络方式（如电话、传真、计算机网络等）通知配送品种及数量。定时配送又分为以下几种。

1. 日配

日配是接到订货要求后，在24h之内将货物送达目的地的配送方式。一般而言，日配的时间要求大体上是，上午的配送订货下午可送达，下午的配送订货第二天上午送达。

2. 准时配送

准时配送是按照双方的协议时间，准时将货物配送到用户的一种方式。这种方式和日配的主要区别在于：日配是向社会普遍承诺的配送服务方式，针对社会上不确定的、随机性的需求，准时配送则是双方认同的协议，往往是根据用户的生产节奏，按指定的时间将货送达。这种方式比日配方式更为精密，在这种方式下，连“暂存”的微量库存也可以取消，绝对地实现零库存。

3. 快递方式

快递方式是一种快速送达服务的配送方式。快递方式能在较短时间实现送达的服务，但不明确送达的具体时间，在农产品快递服务中，必须注意时间问题，该方式一般作为向社会广泛服务的方式。

（二）定量配送

定量配送即按事先协议规定的数量进行配送。这种方式下数量固定，备货工作有较强的计划性，比较容易管理。定量配送有利于配送供给企业的科学管理，有利于人力、装卸机具、储存设施的配备。

（三）定时定量配送

定时定量配送即按照规定的配送时间和配送数量进行配送。比如农产品配送中心对一些超市每天定时定量进行农产品配送。

（四）定时定路线配送

定时定路线配送即在规定的运行路线上，制定配送车辆到达的时间表，按该时间表进行配送，可以按照配送企业规定的路线及规定的时间选择这种配送服务，并在指定时间到指定地点接货。一般大型连锁集团针对连锁超市实行此种方式。

（五）应急配送

应急配送是完全按用户突然提出的配送要求随即进行配送的方式。这是对各种配送服务进行补充和完善的一种配送方式。这种配送方式主要用于用户由于事故、灾害、生产计划的突然变化等因素所产生的突发性需求，也用于一般消费者经常出现的突发性需求，如即时配送。这种配送服务实际成本很高，难以作为经常性的服务方式。

资料阅读

即时配送服务平台的基本要求

即时配送服务（On-demand Delivery Service）是指根据用户要求即刻响应，在用户可接受的最短时间或约定时间内，无中转、点对点送达的服务。即时配送服务主要通过电动自行车、摩托车等两轮交通工具开展服务。即时配送服务平台应满足的基本要求如下。

（1）应具备固定经营场所，配备即时配送服务所需的设备和人员。

（2）应建立服务规范和制度，对服务要求、服务费用等内容进行明示。

（3）应建立健全配送员岗前培训、继续教育制度，定期组织开展有关法律法规、职业道德、服务规范、安全等方面的教育培训，建立培训档案。

（4）应建立服务评价、申诉和改进机制，公布服务监督电话及其他投诉方式与处理流程。

（5）应设计合理的派单、选单算法和多订单一起配送的并单规则，算法适度公开，不应存在性别、年龄等歧视。

（6）应具备开展互联网信息服务业务的许可资质。网络安全等级应满足《信息安全技术　网络安全等级保护基本要求》（GB/T 22239—2019）中第三级安全等级能力。

（7）应建设和维护满足即时配送服务需求的信息化平台或应用程序，其功能包括但不限于：数据安全保护和用户隐私保护等；沟通；数据分析、订单匹配等；警示、提示、反馈；投诉与评价。

（8）应建立信息安全保护、用户信息脱敏制度，加强对个人信息、国家信息安全的保护，并在采集即时配送服务用户和配送员信息前获得其同意。

（9）应接受第三方信息安全审计，公开发布年度信息安全报告，接受社会监督。

资料来源：GB/T 42500—2023《即时配送服务规范》。

任务总结

农产品配送是指按照农产品消费者的需求，在农产品配送中心、农产品批发市场、连锁超市或其他农产品集散地进行加工、整理、分类、配货、配装和末端运输等一系列活动，最后将农产品交给消费者的过程。农产品配送具有网点分布众多、区域性及风险较大三个特点，农产品配送能够完善农产品运输系统，消除农产品交叉输送，提高末端农产品物流的经济效益，实现农产品低库存或零库存，从而保证供货，方便用户。目前，农产品配送模式受成本、管理、技术和环境的影响，分为直销型、契约型、联盟型、第三方物流、共同配送、集团配送六种配送模式，各种模式具备不同的优缺点。

任务二　农产品配送流程与优化

李先生原来在一个大型工业产品物流中心工作，具有丰富的管理经验。最近他应聘到一家农产品配送公司担任副总经理，但总感觉农产品配送比较难。农产品配送与工业品配送有何不同？

任务分析

农产品本身具有鲜活性，生产的区域性、季节性、分散性等特点，同时，农产品又是人们的生活必需品，消费弹性小，具有消费普遍性和分散性的特点。农产品的配送具有装卸的多次性、运输的不均衡性以及对运输技术要求高等特点。在配送管理与流程设计中，注意农产品多数易损易腐的特点，根据它们的物理和化学性质安排合适的运输工具。因此，对于某些农产品，如生鲜农产品的配送，要科学规划配送方式和配送工具，以满足用户需求，从而提高配送效率。

知识准备

一、农产品配送作业的一般流程

农产品配送作业是农业配送企业或部门运作的核心内容，因而配送作业流程的合理性及配送作业的效率都会直接影响整个农产品物流系统的正常运行。虽然因配送中心的个性或企业规模不同，其营运涵盖的作业项目和作业流程不完全相同，但配送中心作业的一般流程大体相同，如图 3-1 所示。

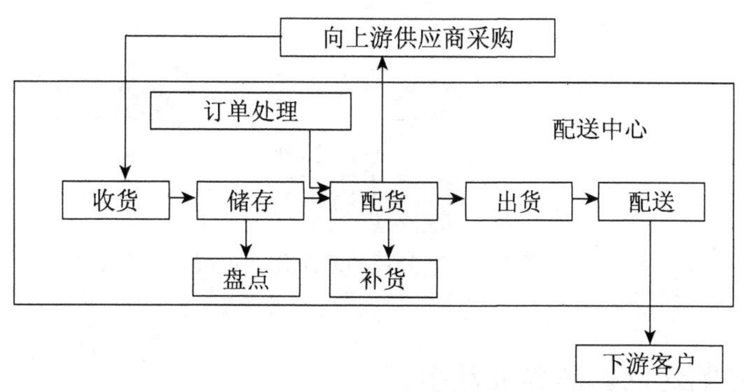

图 3-1　配送中心作业的一般流程

由供应商供应的农产品到达配送中心开始，经“收货”作业确认物品后便依次将物品

“储存”入库，其中有的物品不需要经过储存这一环节直接配货到箱分拣区。而有的物品仅在配送中心中转即可，不经过储存环节，这类物品直接越库配送或接驳转运到下游物流节点。为确保在库品受到良好的保护和管理，须进行定期或不定期的“盘点”检查。当接到客户订单后，先将订单依其性质做“订单处理”，之后按处理后的订单信息将客户需要的物品从分拣区取出做“配货”。配货完成后一旦发现拣货区所剩的存量过低，则必须由储存区“补货”，若整个储存区的存量也低于标准，便应向上游供应商采购。而从分拣区分拣出的物品经整理包装后即可准备“出货”，等到一切出货作业完成后，转运配送人员便可将出货物品装上配送车，进而“配送”到各个客户点完成交货。在所有作业进行过程中，可发现只要涉及物的流动作业，其间的过程就一定有“搬运”作业。

由于自然特性和市场要求的不同，不同农产品的集散要求也会有所不同，但是在从生产者到消费者的过程中，不同农产品均经历着大批量进货小批量发送的配送环节。农产品经营者或配送商的基本作业流程也大体相同，主要包括收货作业、搬运作业、储存作业、盘点作业、订单处理作业、拣货作业、出货作业等，如图 3-2 所示。

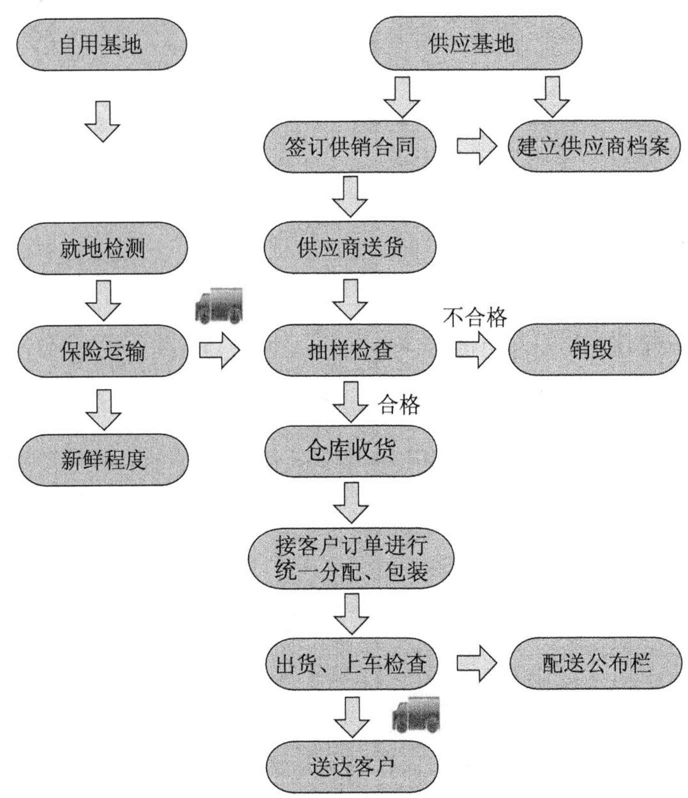

图 3-2　某公司的基本作业流程

二、农产品配送的基本作业环节

农产品配送是一个产品集散过程，不同的农产品配送企业其具体的业务流程有所不同。一般来说包括备货、理货和送货。

（一）备货

备货指准备货物的系列活动，包括筹集货物和储存货物。

筹集货物是由订货、进货、集货、验货和结算等一系列活动组成的。储存货物是订货、进货活动的延续。在配送活动中，货物储存有两种表现形态：一种是暂停形态，另一种是储备形态。前者指按照分拣、配货工序要求，在理货场地储存少量货物。后者指按照一定时期配送活动要求和根据货源的到货情况有计划地储存货物，它是使配送持续运作的资源保证。用于支持配送的货物储备有两种具体形态，即周转储备和保险储备。然而不管是哪种形态的储备，相对来说，数量都比较多。因此，货物储备的合理性会直接影响配送的整体效益。

（二）理货

理货是配送的一项重要内容，也是配送区别于一般送货的重要标志。理货包括分拣、配货、分类和包装等经济活动。

货物分拣是指从储存的货物中选出用户所需要的货物。货物分拣需要采用适当的方式和手段。分拣一般采取两种方式来操作：一种是摘果式，另一种是播种式。

摘果式分拣，好像在果园中摘果子那样去拣选货物。具体做法是：作业人员拉着集货箱（或分拣箱）巡回走动，按照分拣单上所列的品种、规格、数量等信息，将客户所需要的货物拣出并装入集货箱内。一般情况下，每次拣选只为一个客户配装。

摘果式分拣的优点：作业方法单纯；订单处理前置时间短；导入容易且弹性大；作业人员责任明确，派工容易、公平；拣货后不必再进行分拣作业，适用于数量大、品种少的订单处理。其缺点是：商品品种多时，拣货行走路线过长，拣取效率低；拣取区域大时，搬运系统设计困难；少量、多批次拣取时，会造成拣取路径重复费时，效率降低。

播种式分拣，形似于田野中的播种操作去拣选货物。其做法是：将一批客户的订单汇总，以同品种商品为配货单位形成若干拣货单，分拣时先持拣货单从储存仓位上集中取出某商品，然后搬运到理货场，将商品按客户各自需求量分放到对应货位，暂储待运。再按同样的方法拣取其他商品，直至全部订单配货完毕。

播种式分拣的优点：可以缩短拣取时的行走搬运距离，增加单位时间的拣取量。适合订单数量大的系统，对于少量、多批次的配送十分有效。其缺点是：由于必须等订单达到一定数量时才做一次处理，因此订单处理前置时间长。

（三）送货

送货是配送活动的核心，也是备货和理货工序的延伸。在物流活动中，送货实际上就是货物的运输。由于配送中的送货要面对众多的客户，并且要多方向运动。因此，在送货过程中，常常进行三种选择，即运输方式、运输路线和运输工具。按照配送合理化的要求，必须在全面计划的基础上，制定科学的、距离较短的货运路线，选择经济、迅速、安全的运输方式和适宜的运输工具。通常，汽车是农产品配送中主要的运输工具。

三、农产品配送计划

（一）配送计划制订的步骤

制订一个高效的配送计划不仅是为了满足客户的要求，而且应该能够对客户的各项业务起到有效的支撑作用，有利于客户创造利润，达到双赢的效果，配送计划的制订一般按以下步骤进行。

1. 确定配送计划的目的

物流业务的经营运作是以满足客户需求为导向的，并且需要与企业自身拥有的资源、运作能力相匹配。但是，由于企业受到自身能力和资源的限制，对满足客户需求的多变性、复杂性有一定难度。这就要求企业在制订配送计划时必须考虑制订配送计划的目的。例如，配送业务是为了满足短期时效性要求，还是长期稳定性要求；配送业务是服务于临时性特定顾客还是服务于长期固定客户。不同的配送目的，要有不同的配送计划做支撑。

2. 收集相关数据资料

不了解客户的需求，就无法满足客户需求，因此收集整理服务对象的相关数据资料是提高配送服务水平的关键。就长期固定客户而言，对该农产品近年来的需求量以及淡季和旺季的需求量变化等相关统计数据是制订配送计划时必不可少的第一手数据资料。如果不了解客户淡旺季需求的变化，对于突然增加的配送任务是无法积极有效应对的，必然会出现车辆调配紧张、不能及时送达目的地等情况，甚至由于不能及时配送而导致丧失市场机会等一系列严重问题。因此，对相关数据资料进行收集并做相应的分析是制订配送计划的关键，也是提高农产品配送服务质量的关键。

3. 整理农产品配送的七要素

配送七要素是指货物、客户、车辆、人员、路线、地点和时间，也称作配送的功能要素。在制订配送计划时应对此七项内容做深入了解并加以分析整理。

（1）货物，指配送的农产品的种类、形状、重量、包装、材质、装运要求等。

（2）客户，指委托人、收货人。

（3）车辆，指配送工具，须根据货物的特征、数量、配送地点以及车辆的容积、载重量等来决定选用哪种车辆。

（4）人员，指司机或者配送业务员。由于需要面对不同的客户及环境，因此对人员配置也有一定的要求。

（5）路线，指配送路线。可以根据一定的原则指定配送路线，如配送路线最短原则、送货量最大原则、订单时间顺序原则等，并要求司机或者配送人员执行，但是根据配送地点的复杂程度和交通拥堵、交通管制等情况，司机也可根据经验适当调整。

（6）地点，指配送的起点和终点。主要了解这些地点的数目、距离、周边环境、停车卸货空间及相关附属设施，如有无卸货月台、叉车等。

（7）时间，这不仅指在途时间，还包括搬运装卸时间。由于不一定所有的业务都在自有配送中心进行，所以需要了解配送起点和终点的装货和收货的时间限制及要求，提前做好安排，避免不必要的装卸等候，避免由于超过客户要求的时间范围造成的货物拒收。

4. 制订初步配送计划

在完成上述三个步骤之后，结合自身能力及客户需求，便可以初步确定配送计划。初步配送计划应该包括：配送路线的确定原则、每日最大配送量、配送业务的起止时间（也可以24小时不间断作业）、使用车辆的种类等，并且可以有针对性地解决客户的现存问题，如果客户需要，甚至可以精确到到达每个配送地点的时间、具体路线的选择、货运量

突然发生变化时的应急办法等。

5. 与客户协调沟通

给客户制订配送计划的主要目的就是要让客户了解在充分利用有限资源的前提下，客户所能得到的服务水平。因此，在制订了初步的配送计划之后，一定要与客户进行沟通，请客户充分提出意见，共同完善配送计划。并且应该让客户了解其现有的各项作业环节在未来操作时可能出现的各种变化情况，以免具体操作与客户的期望不符。在具体业务的操作上，要取得良好的配送服务质量，是需要客户与配送公司密切配合的，并不是单纯某一方的责任。

6. 确定配送计划

与客户经过几次协调沟通后，初步配送计划经过反复修改可最终确定。已经确定的配送计划应该成为配送合同中的重要组成部分，并且应该让执行此配送计划的双方或者多方人员全面了解，确保具体配送业务的顺利进行，确保配送服务质量。

（二）配送计划的内容

1. 分配地点、数量与配送任务

在农产品配送作业中，地点、数量与配送服务水平有密切关系。地点是指配送的起点和终点。由于每个地点配送量不同，周边环境、自有资源也不同，应有针对性地综合考虑车辆数量、地点的特征、距离、路线，将配送任务合理分配，并且逐步摸索规律，使配送业务实现配送路线最短、所用车辆最少、总成本最低、服务水平最高。

2. 确定车辆数量

车辆数量很大程度上影响配送时效。拥有较多的配送车辆可以同时进行不同路线的配送，提高配送时效性；配送车辆数量不足，往往需要不断往返装运，造成配送延迟。但是，数量庞大的车队又会增加购置费用、养护费用、人工费用、管理费用等，这与提高客户服务水平之间存在很大的矛盾。在客户要求的时间内能否送达，与车辆数量的合理配置有十分密切的关系。如何能在有限的资源能力范围内最大限度地满足客户需求是配送计划应该注意的问题。

3. 确定车队构成及车辆组合

配送车队一般应根据配送量、货物特征、配送路线选择、配送成本分析进行自有车辆组合。同时，必要时也可考虑通过适当选用外车组建配送车队，适合的自有车辆与外车的比例可以适应客户需求变化，有效地调度自有车辆，降低运营成本。

4. 控制车辆最长行驶里程

在制订人员配置计划时，应避免司机疲劳驾驶，以全面保证人员及货物安全。通常可以通过核定行驶里程和行驶时间评估工作量，有效避免超负荷作业。

5. 车辆容积、载重限制

选择配送车辆时，需要根据车辆本身的容积、载重限制，结合货物自身的体积、重量考虑最大装载量，以便车辆的有限空间不被浪费，尽量降低配送成本。

6. 路网结构的选择

通常情况下，配送中心的辐射范围为 60km，也就是说以配送中心所在地为圆点，半径 60km 以内的配送地点，均属于配送中心服务范围。这些配送地点之间可以形成很多区域网络，所有的配送方案都应该满足这些区域网络内的各个配送地点的要求。配送路网中设计直线式往返配送路线较为简单，通常只需要考虑路线上的流量。

7. 时间范围的确定

客户通常根据自身需要指定配送时间，这些特定的时间段往往在特定路段与上下班高峰期重合，因此在制订配送计划时应对交通流量等影响因素予以充分考虑，或者与客户协商，尽量选择夜间配送、凌晨配送、假日配送等方式。

8. 与客户作业层面的衔接

配送计划应该对客户作业层面有所考虑。例如，有无装卸搬运辅助设备，客户方面是否有作业配合，是否提供随到随装条件，是否需要装卸搬运等候，停车地点距货物存放地点距离等。

9. 达到最佳化目标

物流配送的最佳化目标是指：按“四最”的标准，在客户指定的时间内，准确无误地按客户需求将货物送达指定地点。“四最”是指：配送路线最短、所用车辆最少、作业总成本最低、服务水平最高。

四、农产品配送的路径优化

（一）配送路线的确定

配送路线是指各送货车辆向各个用户送货时所要经过的路线。配送路线的合理性对配送速度、车辆的合理利用和配送费用都有直接影响。因此，配送路线的优化问题是配送工作的主要问题之一。采用科学、合理的方法来确定配送路线，是配送活动中非常重要的一项工作。

1. 确定目标

目标是根据配送的具体要求、配送中心的实力及客观条件来确定的。配送路线规划的目标可以有多种选择。

（1）以效益最高为目标，指计算时以利润最大化为目标。

（2）以成本最低为目标，实际上也是选择了以效益最高为目标。

（3）以路程最短为目标，如果成本与路程相关性较强，而和其他因素的相关性较小时，可以选它作为目标。

（4）以吨千米数最小为目标，在“节约里程法”的计算中，采用这一目标。

（5）以准确性最高为目标，它是配送中心中重要的服务指标。

当然还可以选择运力利用最合理、劳动消耗最低作为目标。

2. 确定配送路线的约束条件

一般配送的约束条件有以下几项：

（1）满足所有收货人对货物品种、规格、数量的要求；

（2）满足收货人对货物送达时间范围的要求；

（3）在允许通行的时间段进行配送；

（4）各配送路线的货物量不得超过车辆容积和载重量的限制；

（5）在配送中心现有运力允许的范围内配送。

（二）配送路线优化的方法

随着配送的复杂化，配送路线的优化一般要结合数学方法及计算机求解的方法来制定合理的配送方案，下面主要介绍优化配送方案中一个较成熟的方法——节约里程法。

1. 节约里程法

节约里程法又称车辆运行计划法（Vehicles Scheduling Program，VSP），适用于实际工作中要求得较优解或最优的近似解，而不一定需要求得最优解的情况。

2. 基本原理

节约里程法的基本原理是三角形的一边之长必定小于另外两边之和。节约里程法的基本思路如图 3-3 所示，已知 O 点为配送中心，分别向用户 A 和 B 送货。

设 O 点到用户 A 和用户 B 的距离分别为 a 和 b。用户 A 和用户 B 之间的距离为 c，现有两种送货方案，如图 3-3（a）和图 3-3（b）所示。

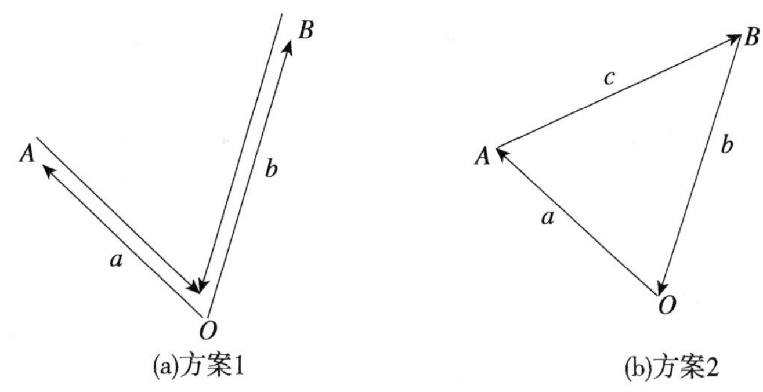

图 3-3　节约里程法的基本思路

在图 3-3（a）中配送距离为 $2(a+b)$；在图 3-3（b）中配送距离为 $a+b+c$。对比两个方案，哪个更合理呢？这就要看哪个配送距离最小，配送距离越小，则说明方案越合理。由图 3-3（a）中的配送距离，减去图 3-3（b）中的配送距离可得出：

$$2(a+b)-(a+b+c)=(2a+2b)-a-b-c=a+b-c \tag{3-1}$$

如果把图 3-3（b）中的路线看成一个三角形，那么 a、b、c 则是这个三角形三条边的长度。由三角形的几何性质可知，三角形中任意两条边的边长之和大于第三条边的边长。因此，可以认定式（3-1）中结果是大于零的。

即：

$$a+b-c>0 \tag{3-2}$$

由式（3-2）可知，方案 2 优于方案 1，节约了（$a+b-c$）的里程，这种分析方案优劣势的思想，就是节约里程法的基本思想。

巡回发货比往返发货节约里程。可根据用户要求、道路条件等设计几种巡回配送方案，再计算节约里程，其中节约里程最大者为优选的配送方案。可见，节约里程法可对所有发送地点计算其节约里程，按节约量从大到小的顺序优选并确定配送路线。

3. 具体做法

第一，计算出配送中心至各用户之间的最短距离。第二，计算各用户相互间的节约里程（起始两地之间，有两条或两条以上运输路线，彼此经过比较，减少的行驶里程就是节约里程）。第三，按节约里程的大小以及各用户订货量和货物重量，在车辆载重允许的情况下，将可能入选的送货点衔接起来，形成一条配送路线，如果一辆卡车不能满足全部送货要求，可先安排一辆，再按上述程序继续安排第二辆、第三辆或更多辆，直到全部门店连续在多条配送路线中为止。

利用节约里程法确定配送路线时，主要出发点是根据配送中心的运输能力以及配送中心到各个用户和各个用户之间的距离，制定出使车辆总运输吨千米数最小的配送方案。另外还要满足以下条件；①满足所有用户的要求；②不使任何一辆车超载；③每辆车每天的总运行时间或行驶里程不超过规定的上限；④满足用户到货时间要求。

如何做好农产品配送

近年来，机关后勤服务社会化趋势显著，食堂采购模式由自主采购转向专业农产品配送企业配送。市场需求旺盛、准入门槛相对较低，催生了众多参与者涌入农产品配送行业。然而，实践证明，建立一家配送公司易，运营成功却难，需要深入了解行业特性与管理要诀。

第一，洞悉政策走向至关重要。农产品配送业紧密关联国家政策，从业者须紧跟大势布局业务，利用城镇化进程和农产品流通政策红利期发展。

第二，深入理解行业规则和痛点。农业标准不一，农产品配送链条长且复杂，从采购到售后每个环节都要精耕细作，否则易陷入成本高、损耗严重及客户流失的困境。

第三，强化企业管理是根本。配送企业虽劳动密集，但不能忽视规范流程、激励机制与制度建设，应摆脱粗放经营，实现精细化管理，以应对日益激烈的市场竞争。

第四，创新与营销不可或缺。运用科技成果、现代营销理念打造品牌优势，打破传统观念束缚，提升市场竞争力。

第五，懂得合作共赢。农产品配送涵盖产业链上中下游，携手上下游资源，甚至与竞争对手形成互助合作，共同推动行业发展。

第六，清楚自我定位与借力发展。认清自身优劣势，找准企业在行业中的角色定位，并学会借助龙头企业的力量，通过战略合作快速提升自身实力。

任务总结

农产品配送作业是农业配送企业或部门运作的核心内容，因而配送作业流程的合理性及配送作业的效率都会直接影响整个农产品物流系统的正常运行。虽然因配送中心的个性或企业规模不同，其营运涵盖的作业项目和作业流程不完全相同，但配送作业的一般流程大致包括收货作业、搬运作业、储存作业、盘点作业、订单处理作业、拣货作业、出货作业等。基本作业环节包括三个环节：备货（指准备货物的系列活动，包括筹集货物和储存货物），理货（包括分拣、配货、分类和包装等经济活动），送货（送货是配送活动的核心，也是备货和理货工序的延伸。在物流活动中，送货实际上就是货物的运输）。企业在

配送时可以根据货物、客户、车辆、人员、路线、地点、时间这七项内容编制配送计划，利用节约里程法制定合理的配送路线。

任务三　农产品运输合理化

执行绿色通道政策以来，各地有关部门认真贯彻落实党中央、国务院的决策部署，组织指导收费公路经营管理等单位，大力推进鲜活农产品运输“绿色通道”建设，全面落实整车合法装载运输鲜活农产品车辆免收通行费政策，每年免收鲜活农产品运输车辆通行费300多亿元。在新冠疫情期间，公路流量下降、收费收入减少，各地交通运输部门和收费公路经营管理单位克服困难，坚决贯彻党中央、国务院的决策部署，严格执行鲜活农产品运输“绿色通道”政策，为鲜活农产品流通构建了高效率、低成本的公路运输网络，在促进鲜活农产品产销对接、保障“菜篮子”市场供应，满足人民群众基本生活需要方面作出了积极贡献。但是，随着我国经济社会快速发展，鲜活农产品市场供应不断扩大，品种类别也不断丰富，一些外形相似、名称相近的鲜活农产品品种不断增多，客观上增大了“绿色通道”政策的执行难度。同时由于农产品名称及俗名存在地域差异，也导致各地对一些特殊品种理解不一致、认定不统一，对“整车合法装载”“鲜活”“深加工”等查验尺度也存在差异，容易产生争议纠纷和负面舆情。到底什么是“整车合法装载”？

任务分析

在鲜活农产品运输“绿色通道”政策执行过程中，常有鲜活农产品运输车辆违法超限超载造成交通安全事故的情况发生。同时，违法超限超载、混装少部分鲜活农产品假冒绿通车辆，也扰乱了公平竞争的公路运输市场秩序。为了切实保护广大人民群众生命财产安全和公共基础设施安全，保障鲜活农产品运输市场公平有序，维护守法运输从业者的合法权益，《交通运输部办公厅　国家发展改革委办公厅　财政部办公厅　农业农村部办公厅关于进一步提升鲜活农产品运输“绿色通道”政策服务水平的通知》（以下简称《通知》）（交办公路〔2022〕78号）延续并重申了《交通运输部　国家发展改革委　财政部关于进一步优化鲜活农产品运输“绿色通道”政策的通知》（交公路发〔2019〕99号）等文件中，关于整车合法装载运输鲜活农产品的有关规定，即车货总重和外廓尺寸的最大限值，严格按照国家强制性生产标准《汽车、挂车及汽车列车外廓尺寸、轴荷及质量限值》（GB 1589—2016）和相关规定执行。其中，二轴货车的车货总重还应当不超过《行驶证》标明的总质量。运送不可拆解大型物体的低平板专用半挂车载运鲜活农产品的，不享受“绿色通道”政策。这既是贯彻落实人民至上、生命至上的重要举措，也是落实《中华人民共和国公路法》《中华人民共和国道路交通安全法》关于严禁超限超载公路运输的规定、落实《中华人民共和国标准化法》关于强制性标准必须执行的规定的必然要求。

同时，为了提升鲜活农产品运输效率，防范假冒绿通车辆，扰乱正常公路货运市场秩序，《通知》明确目录范围内的鲜活农产品与其他农产品混装，且混装的其他农产品不超过车辆核定载质量（以司机提供的合法行驶证上登记的信息为准）或车厢容积20%的车辆（仓栅式货车暂以实心栏板高度计算车厢容积），参照整车合法装载车辆执行。对于车辆发生《通知》要求以外的其他违法行为（如道路运输证超出有效期等），由相关部门依法处理，不影响其享受“绿色通道”政策。

知识准备

一、农产品运输的功能

（一）农产品转移

农产品是指来源于农业的初级产品，即在农业活动中获得的植物、动物、微生物及其产品。初级产品有的是未经加工的原始形态的产品，有的是经过初步加工的产品。不管哪种农产品，运输都是必不可少的。运输的主要功能就是使产品在价值链中来回移动。运输的主要目的就是以最低的时间、财务和环境资源成本，将产品从原产地转移到规定地点。

（二）农产品储存

对产品进行临时储存也是运输的一项功能，即将运输车辆临时作为储存设施。然而，如果转移中的产品需要储存，但在短时间内（例如几天后）又将重新转移的话，那么该产品在仓库卸下来和再装上去的成本也许会超过储存在运输工具中的费用。在农产品仓库空间有限的情况下，利用运输车辆储存也不失为一种明智的选择。这时，运输车辆就是一种临时储存设施，但它是移动的，不是处于闲置状态。

二、运输对农产品质量的影响

（一）物理损伤

运输中农产品遭受的物理损伤对其质量影响很大。造成物理损伤的主要原因是不良操作、超载、堆垛安排不当等。

（1）不良操作。目前，我国绝大多数农产品运输中的装卸仍然依靠人力，长期以来不良操作是引起农产品质量损伤的一个主要因素。虽然包装对缓解运输中农产品遭受物理损伤起到一定作用，但仍然不能防止运输中不良操作的影响。部分农产品的含水量在80%以上，属于鲜嫩易腐性产品，如果在运输装卸时不注意轻装轻卸，就会破损。破损后的农产品不易储藏，容易引起腐烂。

（2）超载。超载是指农产品堆码过高使货堆底部压力过大的状况。运输途中的晃动会使这些压力增大，使包装部分或全部损坏，增大农产品损失。

载货的安全高度要由包装物强度来确定。当运输途中农产品出现过度挤压受损的情况时，必须加强包装强度和降低载货高度。超载在许多国家都普遍存在。运输业务人员往往想在一辆车上尽量多装，以便从一批货物中获得更多的经济效益，在运输人员的工作与商品质量无经济联系的情况下，这个问题就会更加突出。工人在装卸农产品过程中或运输过

程中，站在或坐在包装商品上与超载造成的损伤类似。这类情况要竭力制止。

（3）堆垛安排不当。运输过程中堆垛的安排也是十分重要的，即便货物没有超载，也必须小心地将一车农产品有序地码好，最大限度地保护好。各包装之间要靠紧，这样在运输途中各包装物之间就不会有太大的晃动。包装要放满整个车的底部，以保证货物中的静压分布均匀。要注意垛码不要超出车边缘。要让下层的包装承担上层整个包装件的重量而不是由下层的商品来承受上层的重量。因此，长方形的容器比较好，形状不规则的容器，如竹筐、荆条筐，要堆放成理想的货垛就困难得多。

（二）失水

农产品保鲜在很大程度上可以说是保持水分。农产品在运输期间发生失水现象是不可避免的。因呼吸代谢要消耗部分水分，由于种种原因造成水分蒸发也是必然的，而且这是农产品水分损失的主要原因。农产品损失的水分主要指农产品本身含有的游离水和呼吸代谢产生的水。在一定条件下这些水分以水蒸气的状态存在，当农产品体内的蒸汽压大于周围环境的蒸汽压，即农产品体内相对湿度大于周围环境相对湿度时，农产品体内的水分就通过它们的皮孔、气孔和表皮细胞蒸发出来。这种水分蒸发使水农产品产生萎蔫，一般农产品失水超过5%，就明显萎蔫，失水还使人们损失销售数量。控制运输中农产品失水的主要方法有如下几项。

（1）运输中减少空气在产品周围的流动。空气在产品周围的流动是影响失水速率的一个重要因素，空气流动得越快，农产品的失水速率越大，然而这一点与加强空气运动防止聚热的要求又冲突，这就需要根据各种商品萎蔫的难易程度来定。

在相同的运输环境中，梨比苹果水分蒸发得快，草莓两天的失水率相当于梨两个月的失水率。同样是苹果，金冠苹果要比国光苹果水分蒸发量大，表面积大的叶菜类比其他蔬菜水分蒸发量大得多。原因在于它们内部组织结构、理化和生化特性不同，形成了各自的蒸发性。例如，在水果中，处于低温条件下，水分蒸发量明显减少的有柿子、梨、苹果、西瓜、葡萄等；在低温下，水分蒸发作用仍十分强烈的有樱桃、杨梅和草莓等；白桃、李子等则处于以上两者之间。根据运输中农产品的蒸发特性，即失水的难易程度，来确定运输中农产品的通风程度和通风方式。

（2）运输中加强水果和蔬菜的湿度控制。保证农产品在运输中经常处于湿度较高的环境，特别是在天气炎热的情况下，可以在运输中的水果和蔬菜上洒一些水。

（3）包装对水蒸气的渗透性以及封装的密集度决定包装降低失水速率的程度。聚乙烯薄膜等材料与纸板和纤维板比较，前者允许水蒸气通过的比率比较低。但是有纸箱或纸袋包装，同散装商品比较，也能大大减少失水量。因此长途运输的商品一定要有合适的包装，以防止失水。

（三）聚热

部分水农产品的组织柔嫩，酶的活性较强，含有大量的水分和可溶性的成分，因而在采收后较长距离的运输中，具有较强的呼吸作用。由于呼吸产生热量，在运输中会发生聚热现象。特别是在外界温度较高的情况下和呼吸强度较高的叶菜中，这个问题尤为严重。

解决聚热问题的办法一般是加冰或制冷。但是，目前我国使用的大部分农产品运输车辆尚无制冷设备。在这种情况下，防止聚热产生的主要方法是加强通风，就是在堆放包装件时，使各包装之间的空气可以自由流动。特别是要注意利用运输工具行驶时产生的空气流动，使空气流过码堆甚至流过包装件内部。在高温季节，还要注意遮盖货物，使阳光不能直接照射在商品上，但是，遮盖物不要挡住货物前后的通风道。

三、农产品运输的基本要求

新鲜农产品与其他商品相比，运输要求较为严格。我国地域辽阔，自然条件复杂，在运输过程中气候变化难以预料，加之交通设备和运输工具与发达国家相比还有一定差距，因此，必须严格管理，根据农产品的生物学特性，尽量满足农产品在运输过程中所需要的条件，确保运输安全，减少损失。

（一）快装快运

农产品采收后仍然是一个活的有机体，新陈代谢作用旺盛，由于断绝了从母体的营养来源，只能凭借自身采收前积累的营养物质的分解，来提供生命活动所需要的能量。农产品呼吸作用越强，营养物质消耗越多，品质下降越快。

运输只不过是农产品流通的一种手段，它的最终目的地是销售市场、储藏库或包装厂。一般而言，运输过程中的环境条件是难以控制的，很难满足运输要求，特别是气候的变化和道路的颠簸，极易对农产品质量造成不良影响。因此，运输中的各个环节一定要快，使农产品迅速到达目的地。

（二）轻装轻卸，防止机械损伤

合理的装卸直接关系到农产品运输的质量，因为绝大多数农产品的含水量为80%～90%，属于鲜嫩易腐性产品。如果装卸粗放，产品极易受伤而导致腐烂，这是目前运输中存在的普遍问题，也是引起农产品采收后损失的一个主要原因。因此，装卸过程中一定要做到轻装轻卸。

（三）防热防冻

任何农产品对温度都有严格的要求，温度过高，会加快产品衰老，使品质下降；温度过低，使产品容易遭受冷害或冻害。此外，运输过程中温度波动频繁或过大都对保持产品质量不利。

现代很多交通工具都配备了调温装置，如冷藏卡车、铁路的加冰保温车和机械保温车、冷藏轮船及近几年来发展的冷藏气调集装箱、冷藏减压集装箱等。然而，我国目前这类运输工具的应用还不是很普遍，因此必须重视利用自然条件和人工管理来防热防冻。日晒会使农产品温度升高，提高呼吸强度，加速自然损耗；雨淋则影响产品包装的外观，过多的含水量也有利于微生物的生长和繁殖，加速腐烂。遮盖是普遍的处理方法，但要根据不同的环境条件采用不同的措施。此外，在温度较高的情况下，还应注意通风散热。

四、农产品运输环境条件控制

农产品运输环境条件控制主要是指温度、湿度、气体成分等的控制及防震动处理。

（一）温度的控制

温度是运输过程中的重要环境条件之一。低温运输对保持农产品的品质及降低运输中的损耗十分重要。随着冷库的普及使用和运输工具性能的改进，部分农产品的流通也逐渐

实现了冷链流通。如冰保车、机冷车、冷藏集装箱等都为低温运输提供了方便。对于有些耐储运的农产品，预冷后采用普通保温运输工具可进行中短途运输，也能达到同样的效果。但在秋冬季节，南方农产品向北方调运时，要注意加热保暖防冻。部分农产品的装载和运输温度如表 3-2 所示。

表 3-2　部分农产品的装载和运输温度

农产品	2~3d 的运输条件		5~6d 的运输条件	
	最高装载温度（℃）	建议运输温度（℃）	最高装载温度（℃）	建议运输温度（℃）
杏	3	0~3	9	0~2
香蕉（大蜜舍）	≥12	12~13	≥2	12~13
香蕉	≥15	15~18	≥15	15~16
樱桃	4	0~4	建议运输≤3d	
板栗	20	0~20	20	0~20
甜橙	10	2~10	10	4~10
柑和橘	8	2~8	8	2~8
柠檬	12~15	8~35	12~15	8~15
葡萄	8	0~8	6	0~6
桃	7	0~7	3	0~3
梨	5	0~5	3	0~3
菠萝	≥10	10~11	≥10	10~11
草莓	8	-1~2	建议运输≤3d	
李	7	0~7	3	0~3

（二）湿度的控制

湿度在运输过程中对农产品的影响较小。但如果是长距离运输或运输所需时间较长时，就必须考虑湿度的影响。尤其是对水分含量较高的蔬菜，在运输途中要观察水分的散失状况，及时增加环境中的湿度，防止过度失水造成萎蔫，从而影响产品品质。环境湿度的调节与加湿方法可参照所运农产品储藏的相关要求和技术。对于果品，由于有良好的内外包装，在运输途中失水造成品质下降的可能性不大，但要注意因温度控制不稳定造成的结露现象。

（三）气体成分的控制

对于采用冷藏气调集装箱进行运输和长距离运输时，要注意气体成分的调节和控制，气体成分浓度的调节和控制方法可参照所运农产品在气调储藏条件下的相关要求和技术。对较耐 CO_2 的果品，可采用塑料薄膜袋的内包装方式，达到微气调的效果；对 CO_2 敏感的果品，应注意包装不能太严密或进行通风处理。

（四）防震动处理

在运输途中，剧烈的震动会造成新鲜果品的机械伤，机械伤会促使果品产生乙烯，从而加快果品的成熟；同时易受病原微生物的侵染，造成果品的腐烂。因此，在运输中应尽量避免剧烈的震动。比较而言，铁路运输震动强度小于公路运输，水路运输又小于铁路运输，震动的程度与道路的状况、车辆的性能有直接关系，路况差，震动强度大，车辆减震效果差，震动强度也会加大，在起运前一定要了解路径状况，在包装产品时增加填充物，装载堆码时尽可能使产品稳固或捆绑牢固，以免造成挤、压、碰撞等机械损伤。

五、农产品运输的方式、工具和特点

（一）运输方式

1. 公路运输

公路运输是我国最重要和最常用的短途运输方式。虽然存在成本高、运量小、耗能大等缺点，但其灵活性强、速度快、适应地区广。主要工具有汽车、拖拉机等。随着高速公路的建成，高速冷藏集装箱运输将成为今后公路运输的主流。

2. 水路运输

水路运输是指利用各种轮船在水路进行运输，具有运输量大、成本低、行驶平稳等优点。海运是最便宜的运输方式。在国外，海运价格是铁路的1/8，是公路的1/40。但其受自然条件限制较大，运输的连续性差、速度慢，因此水路运输农产品的种类受到限制。发展冷藏船运输农产品，是我国水路运输的发展方向。

3. 空运

空运的最大特点是速度快，但装载量很小，运价昂贵，适于运输特供高档农产品，如草莓、鲜猴头菇、松蘑、高档切花等。我国出口日本的鲜香菇、蒜等也有采用空运的。

由于空运的时间短，在数小时的航程中无须使用制冷装置，只要农产品在装机前预冷至一定温度，并采取一定的保温措施即可取得满意的效果。在较长时间的飞行中，一般用干冰作冷却剂，因干冰装置简单，重量轻，不易出故障，十分符合航空运输的要求。用于冷却果蔬的干冰制冷装置常采用间接冷却，因此，干冰升华后产生的 CO_2 不会在产品环境中积存而导致 CO_2 中毒。

4. 铁路运输

铁路运输具有运输量大、速度快、运输震动小、运费较低（运费高于水路运输，低于公路运输和空运）、连续性强等优点，适合用于长途运输。其缺点是机动性能差。

（二）运输工具

目前农产品短途公路运输所用的运输工具包括汽车、拖拉机、畜力车和人力拖车等。汽车有普通货运卡车、冷藏汽车、冷藏拖车和平板冷藏拖车等。水路运输工具用于短途转运或销售，一般为木船、小艇、拖驳和帆船，远途运输则用大型船舶、远洋货轮等，远途运输的轮船有普通舱和冷藏舱。铁路运输工具有普通篷车、隔热车、冷藏车、集装箱。集装箱有冷藏集装箱和气调集装箱，集装箱也可在汽车上作业。以下重点介绍铁路运输中常见的几种运输工具。

1. 普通篷车

在我国新鲜农产品运输中，普通篷车仍为重要的运输工具。车厢内没有温度调节控制设备，受自然气温的影响大。车厢内的温度和湿度通过通风、草帘棉毯覆盖、炉温加热、夹冰等措施调节。但这些方法难以使车厢环境达到理想的温度，常导致农产品腐烂，损失严重，损失率随着运程的延长而增加。

2. 隔热车

隔热车是一种仅具有隔热功能的车体，车内无任何制冷设备和加温设备。在货物运输的过程中，主要依靠隔热性能良好的车体的保温作用来减少车内外的热交换，以保证货物在运输期间温度的波动不超过允许的范围。这种车辆具有投资少、造价低、耗能少和节省运营费等优点，在国外已得到广泛运用。

3. 冷藏车

冷藏车的特点是：车体隔热，密封性好，车内有冷却装置，在温热季节车内能保持比外界气温低的温度，在寒季还可以用于不加冷的保温运送或加温运送，在车内保持比外界高的温度。目前我国的冷藏车有加冰冷藏车、机械冷藏车和冷冻板冷藏车。

4. 集装箱

集装箱是当今世界上发展非常迅速的一种运输工具，既节省人力、时间，又保证产品质量。集装箱突出的特点是：抗压强度大，可以长期反复使用；便于机械化装卸，货物周转迅速；能创造良好的储运条件，保护产品不受伤害。

（三）农产品运输的特点

农产品运输可以分为两大类：一是大宗农产品运输；二是生鲜农产品运输。这两种农产品在运输上具有各自的特点。

1. 大宗农产品运输的特点

（1）大宗农产品生产的季节性对农产品运输提出了很大的挑战。大宗农产品的生产具有明显的季节性，如大米、玉米等，而所提供的运力却具有一定的刚性，这样就容易造成大宗农产品运输需求和供给之间的不平衡，有时供过于求，造成运力的浪费，有时供不应求，造成大宗农产品运力紧张的局面。

（2）大宗农产品运输对农产品的保管提出了很高的要求。由于大宗农产品水分含量比较高，又怕受潮，在对大宗农产品运输过程中要注意通风工作，避免大宗农产品形成水珠，致使货物遭受汗渍，同时在对大宗农产品进行运输的过程中，也要加强运输过程中的密封工作，避免运输过程中遭受雨淋，从而导致货物受损，所以在对大宗农产品进行运输时，管理作业要求非常严格。

（3）大宗农产品运输要求各环节协调能力强。大宗农产品先由农户收割，通过分散运输使农产品归仓，再把分散在各家各户的农产品集中在一起进行运输，最后则通过分散运输把大宗农产品输送给各个消费者。在整个过程中，对运输的协调工作提出了挑战，如果运输之间协调不得当，就会大大提高大宗农产品的运输成本，从而降低大宗农产品的市场竞争力。

2. 生鲜农产品运输的特点

（1）生鲜农产品需要先进的农产品保鲜和加工技术支持。运输保鲜技术和加工能力是影响农产品运输质量的关键因素。“新鲜”是生鲜农产品的价值所在，但由于大部分生鲜农产品的自然特性，如含水量高、保鲜期短、受气候影响大，因此极易腐烂变质，从而大大限制了运输半径和交易时间，同时造成农产品在运输过程中损耗特别大，增加了生鲜农产品运输的成本，从而也提高了农产品在销售地的价格，降低了农产品的竞争力。

（2）生鲜农产品要求运输时间比较短。生鲜农产品从进入销售程序后，保质时间比较短，这就要求生鲜农产品尽快进入消费状态。生鲜农产品的运输时间尽可能短，这样相应地就能为生鲜农产品的销售争取时间，因此，应尽可能使生鲜农产品生产和消费的空间距离缩短。运输过程中，要对生鲜农产品的运输环境进行不间断的监测，使生鲜农产品处于适宜的环境中，比如监测生鲜农产品所处环境的温度、湿度等。

（3）生鲜农产品运输应该实行“绿色通道”。对生鲜农产品，最好先确定进入消费环节的渠道，然后组织运输，对生鲜农产品运输实行“绿色通道”，在运输之前或之后完成运输过程中的各种手续，这样就能大大降低生鲜农产品在运输过程中的损耗，并且减少农产品运输占用的时间，为农产品的销售创造有利条件。

资料阅读

鲜活农产品运输“绿色通道”品种变化

鲜活农产品运输“绿色通道”，最初是1995年国务院纠风办、交通部、公安部为落实国务院提出的“菜篮子工程”，保障城市蔬菜供给而提出并组织建设的。其主要内容为：在收费站设立鲜活农产品“绿色通道”专用道口，对所有在“绿色通道”上行驶，整车合法运输蔬菜、水果等鲜活农产品的车辆，给予“不扣车、不卸载、不罚款”和减免通行费的优惠政策。在2023年《交通运输部办公厅　国家发展改革委办公厅　财政部办公厅　农业农村部办公厅关于进一步提升鲜活农产品运输“绿色通道”政策服务水平的通知》中，对整车合法装载运输全国统一的《鲜活农产品品种目录》内产品的车辆，免收车辆通行费。针对部分蔬菜水果品种名称相近、外形相似或存在别名、商品名，导致识别认定口径不统一的问题，有关部门按照“大众化、入口吃，易腐烂、不耐放，种植广、销量大”的原则，对《鲜活农产品品种目录》进行了修订完善，并参照国内贸易行业标准《新鲜水果分类与代码》（SB/T 11024—2013）、《新鲜蔬菜分类与代码》（SB/T 10029—2012）及农业行业标准《蔬菜名称及计算机编码》（NY/T 1741—2009）等，新增品种名称与别名和商品名的对照表，确保所有符合标准的鲜活农产品正常享受“绿色通道”政策。

任务总结

农产品运输具有转移和储存功能，农产品的特殊性决定在运输过程中，不良操作、超载、堆垛安排不当等会给其带来物理损伤、失水和聚热等影响，从而影响农产品质量。因此在农产品运输过程中，要注意快装快运、轻装轻卸，防止机械损伤，加强防热防冻。其中环境条件控制包括温度、湿度、气体成分的控制和防震动处理。农产品运输方式包括公

路运输、水路运输、空运和铁路运输。其中，铁路运输中常见的运输工具主要有普通篷车、隔热车、冷藏车和集装箱等。一般情况下，将农产品分大宗农产品运输和生鲜农产品运输，由于各自特点不同要选择不同的运输方式和运输工具。

任务四　农产品冷链运输

农产品冷链运输难

中国物流与采购联合会冷链物流专业委员会发布的《农产品产地冷链研究报告》显示，当前我国果蔬、肉类、水产品的冷链运输率分别为35%、57%、69%，而发达国家的平均冷链运输率在90%以上，这也就导致我国生鲜农产品的流通损耗一直居高不下。如何通过提高农产品冷链运输率降低损耗?

任务分析

当前我国农产品冷链运输率呈现显著品类差异（果蔬35%、肉类57%、水产品69%），较发达国家90%以上的基准水平差距明显，这一困局折射出冷链基础设施网络断层、技术经济性不足及产业协同缺失等深层次矛盾。要以国家骨干冷链物流基地建设为核心抓手，构建“全链条基础设施网络+智能化技术应用+市场化运营机制”三位一体发展范式：通过财政专项与市场化基金协同投入，重点填补产地预冷、枢纽集配等关键节点缺口；加速物联网、相变储能等颠覆性技术产业化应用，实现冷链能耗与损耗双降；推动跨区域标准互认与多式联运规则衔接，破除行政壁垒导致的资源错配。最终形成具有国际竞争力的现代冷链物流体系，为农业现代化与消费升级提供核心基础设施支撑。

知识准备

一、冷链运输

冷链运输（包括配送），是指在运输全过程中，在装卸、搬运、变更运输方式、更换包装设备等环节，都使所运输货物始终保持一定温度的运输。冷链运输方式可以是公路运输、水路运输、铁路运输、航空运输，也可以是多种运输方式组成的综合运输方式。冷链运输是冷链物流的一个重要环节，冷链运输成本高，而且包含了较复杂的移动制冷技术和保温箱制造技术，冷链运输管理包含更多的风险和不确定性。

二、冷链运输的特点

由于农产品始终要保持低温条件，与常温物流相比，冷链运输具有以下鲜明特点。

（一）冷链运输的设施设备要求高

冷链运输的各个环节都需要配备足够数量且专业的设施设备，以保证农产品始终保持在规定的温度（低温）状态，如预冷站、冷库、冷藏车、冷柜、冷箱、空调系统和保冷隔热相关设施等。所以，冷链运输的投入成本很高。

（二）冷链运输需要相当强的技术支持

由于鲜活农产品具有含水量高、保鲜期短、极易腐烂变质等特点，故对运输环节的技术要求大大提高。应用于鲜活农产品冷链运输的技术主要有物流信息技术、冷藏运输技术、GIS（地理信息系统）技术、GPS（全球卫星定位系统）技术和EDI（电子数据交换）技术等。

（三）冷链运输要求物流各环节具有较高的组织协调性

农产品冷链物流具有时效性和精益性双重特征，大部分冷藏品的保质期很短，需要在较短的时间内完成产品转移过程，在物流各个节点上和运输途中有严格的温度、湿度要求；要求冷链运输过程中设备的数量协调，设备的质量标准一致，以及要有快速的作业组织；要求加工部门的生产过程，经营者的货源组织，运输部门的车辆准备与途中服务、换装作业的衔接，销售部门的库容准备等均应快速组织并协调配合，保证冷链运输过程协调、有序、高效。

（四）冷链运输的商品质量控制难度非常大

要保证冷藏品的最终质量，就必须保证包括加工、运输、储存、销售等各个环节的质量及接口环节的质量，这给冷藏品全程质量控制带来了很大的难度。

三、冷链运输设施设备

冷链物流的运作基本由两大部分组成：一是运输，二是仓储。冷链运输包含航空运输、船舶水路运输、铁路冷藏集装运输和公路冷链运输。我们这里主要谈的是公路冷链运输，也是冷链运输的主要组成部分。

在货源及销售地等变动不大的情况下车辆的配置应遵循以下原则：做到“三低二高”（车辆油耗低、车辆保管费用低、运输成本低、运输效率高、利润高），实现企业的最佳经济效益；提高车辆吨位和容积的利用率。根据预测的业务量及鲜活农产品属性的要求，配置冷藏车辆时，既要考虑到数量的要求，也要满足规格、品种等要求，并不断改进包装方法、装载技术，实现包装标准化，采用先进技术，加快装卸作业，减少车辆停留时间。

（一）公路冷链运输车辆分类

冷藏汽车具有使用灵活、投资少、操作管理与调度方便的特点，它是鲜活农产品冷链中重要的、不可缺少的运输工具之一。它既可以单独进行易腐产品的短途运输，也可以配合铁路冷藏车、水路冷藏船舶进行短途转运。

冷藏汽车实际上称作冷藏保温汽车，它分为保温汽车和冷藏汽车两大类。保温汽车是指具有隔热车厢，适用于鲜活农产品短途保温运输的汽车；冷藏汽车是指具有隔热车厢，并设有制冷装置的汽车。按制冷装置的制冷方式分类，冷藏汽车可分为机械冷藏汽车、液氮冷藏汽车、干冰冷藏汽车和冷冻板冷藏汽车等，其中机械冷藏汽车是冷藏汽车中的主

型车。

1. 机械冷藏汽车

机械冷藏汽车车内装有蒸汽压缩式制冷机组，采用直接吹风冷却，车内温度实现自动控制，很适合短、中、长途或特殊冷藏货物的运输。

机械冷藏汽车的车内气流组织示意、基本结构及制冷系统如图 3-4、图 3-5 所示。

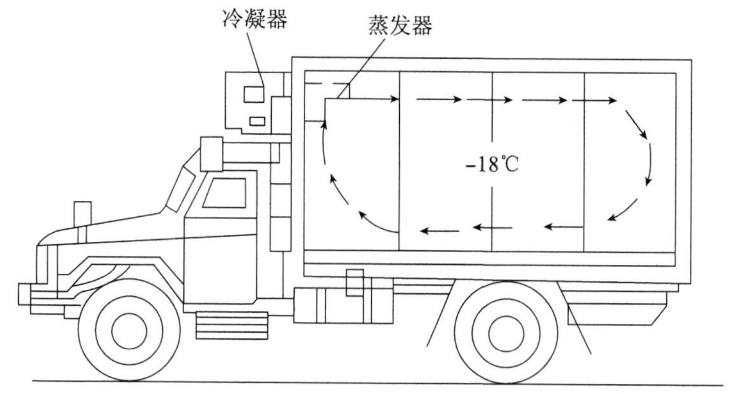

图 3-4　机械冷藏汽车的车内气流组织示意

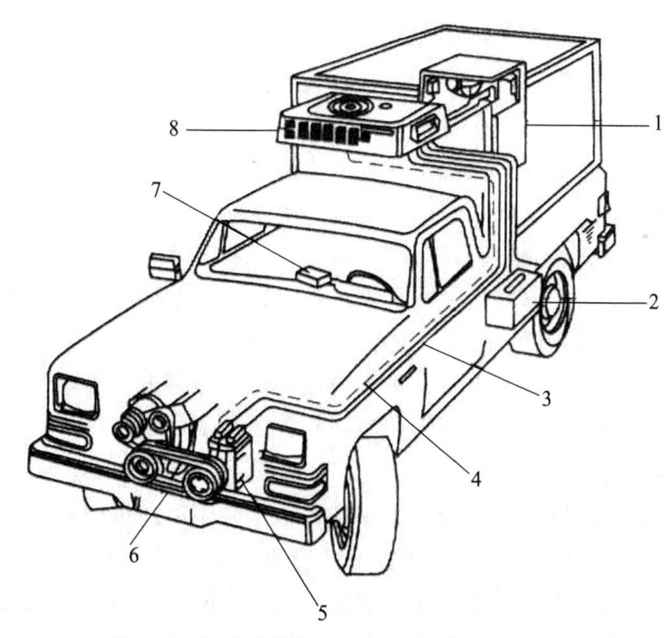

图 3-5　机械冷藏汽车的基本结构及制冷系统

1—冷风机；2—蓄电池箱；3—制冷管路；4—电气线路；5—制冷压缩机；6—传动带；7—控制盒；8—风冷式冷凝器。

2. 液氮冷藏汽车

（1）结构及原理

液氮冷藏汽车主要由汽车底盘、隔热车厢和液氮制冷装置（见图 3-6）构成。液氮冷藏汽车与铁路液氮冷藏车一样，是利用液氮汽化吸热的原理，使液氮从-196℃汽化并升温到-20℃左右，吸收车厢内的热量，实现制冷并达到给定的低温。这种制冷方式的制冷剂是一次性使用的，是消耗性的。

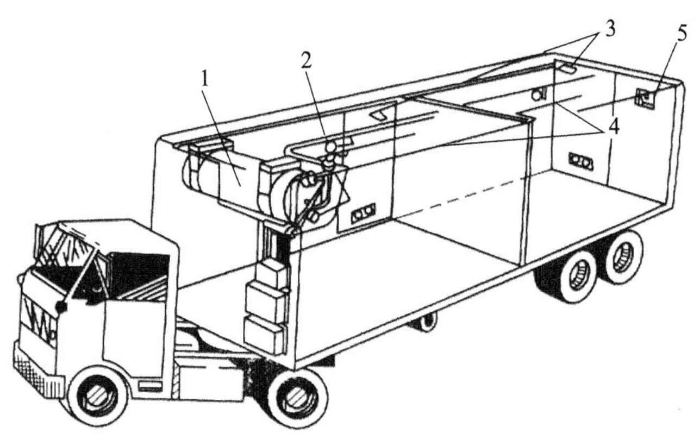

图3-6　液氮冷藏汽车制冷装置（国外）

1—液氮罐；2—液氮喷嘴；3—门开关；4—安全开关；5—安全通气阀。

（2）液氮冷藏汽车的优缺点

优点：装置简单，初投资少；降温速度很快，可以较好地保持食品的质量；无噪声；与机械制冷装置相比，重量大大减小。缺点：液氮成本较高；运输途中液氮补给困难，长途运输时必须装备大的液氮容器，减少了有效载货量。

3. 干冰冷藏汽车

干冰冷藏汽车用干冰制冷，先使空气与干冰换热，然后借助通风使冷却后的空气在车厢内循环。吸热升华后的二氧化碳由排气管排出车外。有的干冰冷藏汽车在车厢中装设四壁隔热的干冰容器，干冰容器中装有氟利昂盘管，车厢内装备氟利昂换热器，在车厢内吸热汽化的氟利昂蒸气进入干冰容器中的盘管，被盘管外的干冰冷却，重新凝结为氟利昂液体后，再进入车厢内的蒸发器，使车厢内保持规定的温度。

干冰冷藏汽车的优点：设备简单，投资费用低；故障率低，维修费用少；无噪声。缺点：车厢内温度不够均匀，冷却速度慢，时间长；干冰的成本高。

4. 冷冻板冷藏汽车

冷冻板冷藏汽车与铁路冷冻板冷藏车一样，也是利用冷冻板中充注的低共晶溶液蓄冷和放冷，实现冷藏汽车的降温，结构如图3-7所示，带制冷剂盘管的冷冻板如图3-8所示。冷冻板冷藏汽车的优点：设备费用比机械冷藏汽车的低；可以利用夜间廉价的电力为冷冻板蓄冷，降低运输费用；无噪声；故障少。缺点：冷冻板的数量不能太多，蓄冷能力有限，不适合用于超长距离运输冻结食品；冷冻板减少了汽车的有效容积和载货量；冷却速度慢。

（二）冷链运输车辆的选择

1. 冷链运输车辆形式的选择

冷链运输车辆的选择是冷链运输首先遇到的问题。市场上冷藏车辆种类繁多，选择什么形式的车辆最适合本企业的运作模式，是购置车辆首先应该考虑的问题。目前，我国公

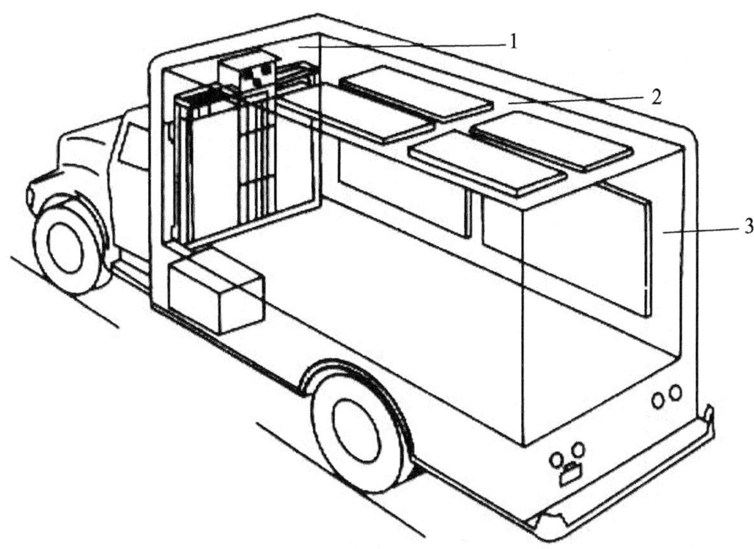

图 3–7　冷冻板冷藏汽车结构示意

1—前壁；2—箱顶；3—侧壁。

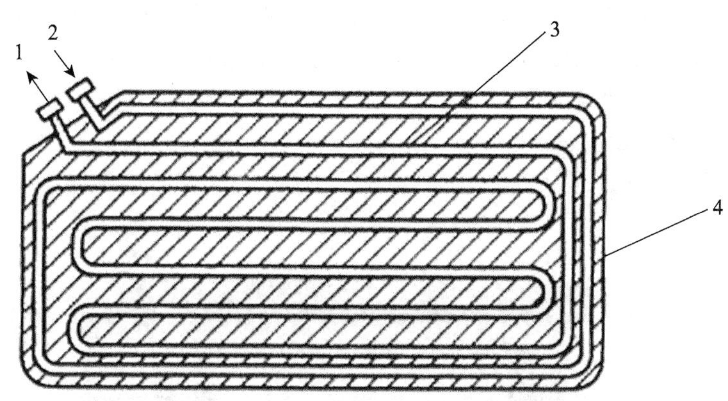

图 3–8　带制冷剂盘管的冷冻板

1—制冷剂出口；2—制冷剂入口；3—共晶溶液；4—蓄冷板壳体。

路车辆开始标准化，非标准车辆将受到限制，所以运营单位选择车辆时首先要考虑交通运输部批准的冷藏车辆系列。如冷藏连杆厢式车目前不允许在中国的道路上行驶。车辆形式的选择要根据行业特点、产品特性等因素综合考虑。比如服务于海关的运输企业应选择拖挂式冷藏集装箱车，运输单一温度产品的长途车辆选择冷藏厢式车，而服务于超市多温度产品的运输企业可以考虑双温控厢式车等。

2. 冷藏车辆吨位的选择

冷藏车辆的吨位会影响运营成本并限制车辆的使用安排。车辆的运营成本由车辆折旧、燃油费、修理费、人工费、路桥费、保险和养路费等组成。选择车辆吨位时应考虑以下几方面因素。

（1）运输业务模式：是批量长途运输还是小批量配送，长途运输应尽量选择大吨位的车辆。

（2）运输道路限制：一般市内配送受车辆限行的影响，在一定的期间内大吨位车辆不允许进城，所以城市配送要考虑此因素。

（3）订单批量：订单批量小是目前运输企业，特别是配送企业面临的主要问题。单位时间内一辆车能配送的订单数量将制约车辆的装载能力。

3. 冷藏车辆制冷能力的选择

冷藏车辆的功能主要是保持货品的温度，而不是降低货品的温度。车辆配备的制冷机的功率取决于冷藏箱尺寸、货品温度要求、箱体保温材料及环境温度等。一般而言，在特定的区域内冷藏车辆的制冷机有标准配置。我们选择车厢的大小、相应温度有与其相匹配的制冷机。但在货品质量及对冷链控制要求较高的情况下，可以选择高一级的制冷机配置。

4. 冷藏车辆制冷形式的选择

目前冷藏车辆的制冷形式主要有独立车载发动机制冷、冷板制冷、外接电源制冷和压缩气体制冷等。外接电源制冷主要用于船运制冷集装箱，压缩气体制冷在日本冷藏车辆上部分使用。我国公路冷藏车辆主要采用独立车载发动机制冷和冷板制冷两种形式。独立车载发动机制冷应用得较普遍，它的优点是不受时间和运输距离的限制，可调节温度范围。冷板制冷的优点是车厢内温度较稳定，可多次卸货并且没有发动机损坏的风险，但缺点是温度范围较窄，有制冷等待时间，不能接力运输等。

（三）其他特殊设施设备

1. 冷链专用箱（见图3-9）

图3-9 冷链专用箱

冷链专用箱比较成熟的保温技术对应的温度范围为：

（1）-5~15℃，主要用于低温冷冻食品的运输（主要是面向巧克力、海鲜等高档食品）；

（2）0~10℃，主要用于生物制品的运输；

（3）0~20℃，主要用于恒定温度保温食品的运输。

2. 冷链运输冰袋

在发达国家，冷链运输冰袋（又称保冷袋）从20世纪70年代开始就在许多领域广泛

应用，由于它无污染的环保特性，到了 20 世纪 90 年代已被亚洲地区逐渐接受和推广应用，消费市场日渐成熟，如图 3-10 所示。

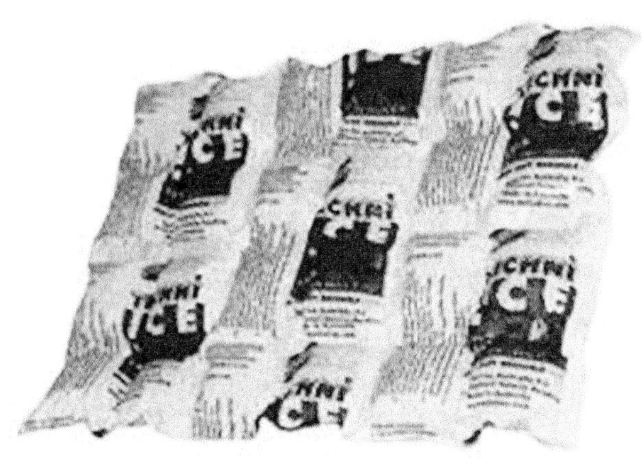

图 3-10　冷链运输冰袋

（1）特点：保冷袋冷容量高，其冷源释放均匀且缓慢（释冷速度比冰块慢），具有保冷时效佳的特点；保冷袋无水渍污染，由于冰块在释冷时会产生水渍，容易使货物受潮而影响质量，所以保冷袋在航空货运中得到广泛使用；保冷袋可重复使用，节省成本；保冷袋是内容物为无毒、无味（但不可食用）的环保产品，用高新技术生物材料配制而成，富有一定弹性，可以重复使用；冷热双用，最低可以被冷冻到-190℃，最高可以被加热到200℃，可以任意切割。

（2）使用方法：保冷袋放入冷冻室内充分预冷 12h 后，可作为冷冻介质使用。

（3）注意事项：冷冻前须将冰袋放置平整或根据需要确定形状。

3. 冷链运输温度记录仪

冷链运输温度记录仪是能够自动记录温度数据的电子仪器，类似于飞机的黑匣子，可全程自动跟踪记录冷藏车、集装箱、冷库内的温度变化情况。将运输过程中的温度数据记录存储在记录仪中。当到达目的地后，司机或工作人员将冷链运输温度记录仪取出与计算机相连，通过专用的数据记录仪软件将数据导出，在计算机上分析运输过程中的温度数据及整个过程中温度的最大值、最小值、平均值、曲线趋势、报警信息等。

使用冷冻卡车、铁路货车和海洋集装箱长途运输肉类产品时，运输温度记录仪是不可缺少的部分。如同保险政策一样，多数情况并无问题发生，但是当个别货箱确实出现了问题时，运输温度记录仪就显得尤为重要。其意义在于以下几点。

（1）收货方可以确认货物是否在安全的温度环境下被递送，从而肯定产品的安全性和质量标准。对于冷冻产品，质量保证尤为重要。

（2）托运方也许依照自己的需求选择了最适宜的条件递送货物，但无法控制长达几日运输途中的温度变化。有了运输温度记录仪，从货物被装运开始，便可发现问题。

（3）在因质量受损或引发疾病问题而需要保险理赔或其他合法赔偿时，运输温度记录仪是唯一的在运输过程中跟踪记录温度环境的方法。

四、冷链配送运输流程

流程一：低温食品拣货至出货暂存区。

低温食品从冷冻库或冷藏库拣货出来后会被放置于出货暂存区。一般情况下，冷冻库的温度为-23~-25℃，农产品的中心温度一般在-18℃左右，冷冻品出货暂存区的温度要求在0℃左右，且冷冻农产品在暂存区的存放时间不宜超过0.5h。冷藏库的温度一般为2~8℃，农产品的中心温度在4℃左右，冷藏品出货暂存区的温度一般要求在10~15℃，同时冷藏品也不宜在出货暂存区放置超过1h。由于对温层的需求不同，冷冻食品与冷藏食品不宜在同一温层的出货暂存区暂存。

流程二：装车前准备工作。

低温车辆于装车前应先将车厢内温度降下来，一般冷冻车辆的车厢温度降至-10℃以下时方可进行装车，冷藏车辆的车厢温度降至7℃以下、冻结点以上时方可进行装车。同一温层车辆不可既装冷冻品又装冷藏品，除非该冷藏车辆为双温层车辆。冷藏车辆降温时间与车辆的性能及所需降至的温层相关，一般情况，开始降温时间应与拣货时间相配合。最好的状态是冷藏车辆厢体温度降到指定温度时，低温食品刚拣货完成搬运至出货暂存区。

流程三：装车。

低温车辆降温至指定温度时，应将后车厢门打开，车辆缓慢后靠至码头门罩，达到与码头库门气密衔接状态后，再打开码头库门，调整码头调节板至车厢体。在此过程中低温车辆应保持制冷机组正常运行，继续处于降温状态。冷冻车辆一般将车厢内温度降至-18℃以下并在运送过程中保持此低温。生鲜食品应使用物流容器配送，比如使用笼车或栈板装车可以这样做，第一，可在最短时间内完成装车，一般10~15min可完成；第二，可最大限度地减少装卸车过程对生鲜食品造成的损耗；第三，可避免生鲜食品与车厢体接触，以减少污染。装车完成后，应首先收回码头调节板、关闭码头库门，再将低温车辆驶离，关车厢门，依指定路线出货配送。

流程四：运输环节。

低温车辆离开生鲜加工物流中心后，制冷系统应保持正常运转状态，全程温度应控制在指定的温度范围内。比如：冷冻产品运输车辆全程温度应保持在-18℃以下，冷藏产品运输车辆全程温度应保持在2~8℃。配置较好的冷冻（藏）车辆一般有GPRS装置与温度跟踪记录系统，可让货主能时时追踪到车辆的动向及车厢内的温度控制情况。

流程五：配送到店。

低温车辆到达门店后，在门店理货人员开启车厢门卸货前，车辆的制冷系统应保持正常运转状态并保证车厢内的温度达标。一般门店很少有卸货码头、密闭设施及调节设备，在门店卸货应快速进行。建议方法：①冷冻（藏）车辆安装汽车尾板，以调节门店卸货区与车辆的高差。②使用物流笼车装车及配送，以便于搬运。③生鲜食品卸车后应先入门店冷库或冷柜暂存再进行验收。

流程六：验收。

验收在开启冷冻（藏）车厢门时就已开始。打开车厢门，首先应检测车厢内的温度是

否符合要求，再快速卸货，当生鲜食品进入门店冷冻库或冷柜后，再检验产品的数量、质量、中心温度等。

五、温度控制和管理

1. 冷链运输中的温度保持

冷藏车辆在运输途中要保证产品的温度满足接货温度要求。长途运输车辆要定时检查制冷机的工作情况，并查看车门关闭情况。城市配送车辆要采取适当措施，以减少车厢内温度的散失。要尽量减少卸货次数，以减少开门的次数。要尽量缩短接货时间，以减少热空气的进入，也可采取车厢内隔离或单元箱的方式，以减少热空气对产品的影响。

2. 装卸过程中的温度控制

在农产品的装卸过程中，货品装载方法会影响冷藏箱内冷空气循环的效率，装货时如果车厢没有预冷，也会影响货品温度。所以，货品装车一定要按照装车指导，在货品的上下前后留下冷循环空间。车辆在装车之前要进行预冷，以防止接触车厢底板和侧壁的货品在短时间内发生过大的温度变化。一般冷冻货品装车时，车辆预冷要达到-5～5℃，视产品情况而定。

3. 温度记录与跟踪

运输中的温度记录与跟踪是冷链管理的关键环节。运输中的温度记录是货品交接的质量保证依据，也是货品保险理赔与索赔的证据，完整、真实、低成本地记录运输温度是冷链运输管理的任务。

海运冷藏集装箱运输要在集装箱的不同位置放置国际认可的温度记录仪，这是产品接收的依据之一。公路运输一般采用可重复使用的温度记录仪。目前很多企业为车辆安装了近几年开发的数字式温度记录仪，它的使用成本低，管理方便，数据可在计算机中长期保存。

冷链物流

冷链物流也叫低温物流（Low Temperature Logistics），是一种特殊的物流形式，其主要对象是易腐食品（包括原料及产品），所以国外普遍称其为易腐食品冷藏链（Perishable Food Cold Chain）。它是随着科学技术的进步、制冷技术的发展而建立起来的，是以冷冻工艺学为基础、以制冷技术为手段的低温物流过程。冷链适用于初级农产品（果蔬、肉类、水产品、花卉等）、加工食品（速冻食品、包装熟食、奶制品等）和特殊商品（如药品等）。

根据冷链物流对象的储存、运输、销售的温度，可将冷链物流分为冷冻链物流和冷藏链物流。前者多用于冷冻商品，一般在-30℃以下的温度快速冻结食物，然后在-18℃以下流通储存。而冷藏链物流多用于冷藏商品，一般在0℃以上的温度处理并流通储存，国内冷藏链物流流通储存多控制在0～25℃，冷链物流温度带分类和冷链物流按货物品类分类示例如表3-3和表3-4所示。

表3-3 冷链物流温度带分类

分类	类别细分	温度带
冷藏（C）	C_1	$10℃<C_1\leqslant25℃$
	C_2	$0℃<C_2\leqslant10℃$
冷冻（F）	F_1	$-18℃<F_1\leqslant0℃$
	F_2	$-30℃<F_2\leqslant-18℃$
	F_3	$-55℃<F_3\leqslant-30℃$
	F_4	$F_4\leqslant-55℃$

注：①表中C是Cold的英文首字母，代表冷藏的英文缩写。

②表中F是Frozen的英文首字母，代表冷冻的英文缩写。

表3-4 冷链物流按货物品类分类示例

类型	对应物品
食品类冷链物流	果蔬类、肉类、水产类、禽蛋类、乳类、粮食类及其加工制品等
医药、医疗类冷链物流	药品、医疗器械、生物样本等
花卉、植物类冷链物流	花卉、植物及其鲜切产品等
其他冷链物流	化学品、精密仪器、电子产品、艺术品等

资料来源：GB/T 28577—2021《冷链物流分类与基本要求》。

任务总结

冷链运输（包括配送），是指在运输全过程中，在装卸、搬运、变更运输方式、更换包装设备等环节，都使所运输货物始终保持一定温度的运输。冷链运输方式可以是公路运输、水路运输、铁路运输、航空运输，也可以是多种运输方式组成的综合运输方式。冷链运输是冷链物流的一个重要环节，具有设施设备要求高、技术支持需求强、各环节组织协调性较高和商品质量控制难度大等特点，所以冷链运输管理包含更多的风险和不确定性。温度是冷链运输的关键因子，其管理包括冷链运输中的温度保持、装卸过程中的温度控制和在途中的温度记录与跟踪，其中运输中的温度记录是货品交接的质量保证依据，也是货品保险理赔与索赔的证据，完整、真实、低成本地记录运输温度是冷链运输管理的任务。

思政探索

一、思政目标

1. 培养绿色低碳的发展理念：引导学生认识到冷链物流行业对于节能降耗、减少环境污染的重要意义，培养其践行绿色发展观的自觉性和行动力。

2. 培养科技创新意识：通过了解冷链运输中的科技应用及创新成果，激发学生的科

技兴趣和创新意识，明白科技创新是推动经济社会发展的重要动力。

3. 养成法治思维：介绍相关法律法规对冷链运输的要求，使学生明白依法经营、合规操作的重要性，形成良好的法治观念。

二、思政元素

人民至上　生态文明　绿色低碳　法治精神

三、融入路径

1. 在专业课程中融入思政内容，例如在讲授冷链物流技术时，同时阐述其背后的公共安全、环境保护和社会责任意义。

2. 结合案例教学，通过实地参观、视频演示等方式，让学生直观感受冷链运输的实际运作和价值体现。

3. 组织讨论或主题讲座，邀请行业专家解析冷链物流领域最新的政策法规、技术创新及其带来的社会效益。

某快餐企业配送方案编制

1. 实训背景资料

某快餐企业在北京的配送中心位于北京市亦庄经济技术开发区宏达路 20 号。每天凌晨 3 点之前其上游供货商就将企业当天所需的各种原料送到该配送中心，然后由配送中心的工作人员按照各分店当天的需求进行分拣配货，要在凌晨 5 点之前将原料分送到各分店。表 3-5 是某月 20 日下午 4 点配送中心收到的企业各分店 21 日早晨主要原料的需求数量。

表 3-5　　主要原料的需求数量　　单位：kg

序号	分店名称	生菜丝	青椒条	黄瓜条	汉堡坯	薯条	鸡块	鸡翅	合计
1	阜成门店	26	10	5.4	47	30	80	111	
2	西直门店	43	20	12	81	19	100	63	
3	马甸桥南店	54	30	22	100	44	201	151	
4	嘉园二里店	34	10	39	81	50	160	100	
5	宣武门店	50	31	22	80	41	120	99	
6	西单店	160	45	30	320	89	430	320	
7	白纸坊店	11	5	15	36	10	47	38	

续 表

序号	分店名称	生菜丝	青椒条	黄瓜条	汉堡坯	薯条	鸡块	鸡翅	合计
8	广安门店	37	13	19	81	60	43	107	
9	正阳桥北店	40	20	18	116	48	56	70	
10	六里桥店	37	10	9	61	35	76	34	
11	三里屯店	80	56	50	307	208	182	190	
12	万惠餐厅	40	6	5	71	20	72	38	
13	工体东大街店	12	30	15	230	65	350	85	
14	华普店	60	20	18	130	102	40	48	
15	京源餐厅	30	19	10	100	63	60	53	
16	酒仙桥店	51	10	8	81	30	91	70	
17	北太平庄店	35	8	5	60	35	75	80	
18	魏公村店	70	16	8	120	18	80	65	
19	紫竹桥店	25	15	15	33	200	240	205	
20	中关村大街店	50	30	15	45	230	155	55	
21	海淀店	28	22	10	160	45	120	66	
22	海淀大街	25	33	18	185	48	150	75	
23	丰台北路店	68	12	10	145	30	120	130	
24	团结湖店	33	40	22	190	80	250	210	
25	朝阳店	55	60	30	60	57	130	124	
26	花园北路店	30	17	153	357	221	272	238	
27	红桥店	33	50	24	240	152	137	112	
28	十里堡店	38	44	39	67	168	95	73	
29	安外店	28	32	28	480	310	63	74	
30	方庄店	39	63	74	78	30	97	74	

2. 实训目标

了解配送方案制定所需基本数据资料及其收集方法；掌握配送运输交通网络图的绘制方法；掌握配送运输方案的制定及优化方法。

3. 实训准备

（1）全班学生分组，每组成员控制在3~5人。

（2）以组为单位进行农产品市场调研，收集相关资料。

（3）器材准备：北京市城区交通图、直尺、细线、白纸、计算机、北京市电子地图。

4. 实训步骤

（1）从网上搜索或通过有关服务咨询电话确定该企业在五环内的分店数量及具体地址；

（2）将各分店的位置在地图中准确标出；

（3）利用电子地图求出各分店及配送中心之间的最短路径距离并标在地图上；

（4）根据各点之间的距离绘制出各点之间的交通网络图；

（5）采用节约里程法编制配送方案；

（6）将最终配送方案编制成表格，并完成实训报告。

5. 实训效果评价

考评内容	考评标准	分值（分）	自我评价（分）	小组评价（分）	教师评价（分）	实际得分（分）
实训完成情况	地图标注完整、准确	10				
	交通网络图绘制准确	20				
	配送方案完整	50				
其他	态度积极、遵守纪律、有团队协作精神	20				
合计		100				

注：实际得分＝自我评价×20%＋小组评价×30%＋教师评价×50%。

思考练习题

一、选择题

1. 联合运输指（　　）委托，由两家以上运输企业或用两种以上运输方式共同将某一批物品运送到目的地的运输方式。

A. 一次　　B. 二次　　C. 三次　　D. 多次

2. （　　）指货物由发运地到接收地，采用同一种运输方式、中途不需要中转的运输组织方式。

A. 门到门运输　　B. 中转运输　　C. 直达运输　　D. 联合运输

3. 影响农产品配送模式的因素有（　　）。

A. 成本因素　　B. 管理因素　　C. 技术因素　　D. 环境因素

4. 定时配送的时间由配送的（　　）通过协议确认。

A. 供给方　　B. 需求方　　C. 任何一方　　D. 供给与需求双方

5. 下列属于定时配送的有（　　）。

A. 日配　　　　　　　　　　　　B. 准时配送

C. 快递方式　　　　　　　　　　D. 临时配送

6. 日配是接到订货要求之后，在（　　）之内将货物送达的配送方式。

A. 12 小时　　B. 16 小时　　C. 24 小时　　D. 48 小时

7. 下列属于理货过程的是（　　）。

A. 备货　　B. 分拣　　C. 配货　　D. 送货

8. 摘果式分拣，就好像在果园中摘果子那样去拣选货物。在一般情况下，每次拣选（　　）。

A. 一种产品分给多个客户　　　　B. 多个客户的多种产品

C. 一个客户的多种产品　　　　　D. 一个客户的一种产品

9. 农产品运输的环境条件控制主要是指（　　）等的控制。

A. 温度　　B. 湿度　　C. 空气　　D. 气体成分

二、判断题（对的打“√”，错的打“×”）

1. 运输合理化的影响因素很多，起决定性作用的有五个方面的因素，称作合理运输的“五要素”：运输距离、运输环节、运输工具、运输时间、运输费用。（　　）

2. 从货物性质看，配送一般是少品种、大批量，而运输一般是多品种、少批量。（　　）

3. 中转运输是物品由生产地运达最终使用地，中途经过一次以上落地并换装的一种运输方式。（　　）

4. 从物流来讲，配送几乎包括了所有的物流功能要素，是物流的一个缩影或在某小范围中物流全部活动的体现。（　　）

5. 应急配送是完全按用户突然提出的配送要求随即进行配送的方式。一般情况下，这种配送服务实际成本较低。（　　）

6. 应当直达却选择了中转运输，应当中转运输却选择了直达运输等都属于运力选择不当引起的不合理运输。（　　）

7. 我国冷藏链物流流通储存温度多控制在0~15℃。（　　）

三、名词解释

配送　　运输　　定时配送　　摘果式分拣　　农产品冷链运输

四、简答题

1. 说说配送与运输的区别和联系。

2. 农产品配送有哪些特点？

3. 影响农产品配送模式的因素有哪些？

4. 摘果式分拣和播种式分拣的优缺点是什么？

5. 运输对农产品质量有哪些影响？

6. 农产品运输的基本要求有哪些？

五、实训题

1. 配送计划包括哪些内容？

2. 绘制摘果式分拣和播种式分拣的作业流程图。

【知识拓展：标准及相关政策法规引读】

1. GB/T 24616—2019《冷藏、冷冻食品物流包装、标志、运输和储存》
2. GB/T 36911—2018《运输包装指南》
3. GB/T 42500—2023《即时配送服务规范》
4. GB/T 25867—2010《根菜类 冷藏和冷藏运输》
5. GB/T 26432—2010《新鲜蔬菜贮藏与运输准则》
6. GB/T 26544—2011《水产品航空运输包装通用要求》
7.《鲜活农产品品种目录》（绿色通道）
8. GB/T 38375—2019《食品低温配送中心规划设计指南》
9. GB/T 39664—2020《电子商务冷链物流配送服务管理规范》

扫码查看拓展资源

模块四 农产品仓储

学习目标

知识目标

掌握农产品仓储管理的目标、合理化措施

掌握机械冷库的储藏特点及管理要点

掌握气调储藏的原理、特点及管理要点

熟悉储藏病虫害的管理要点

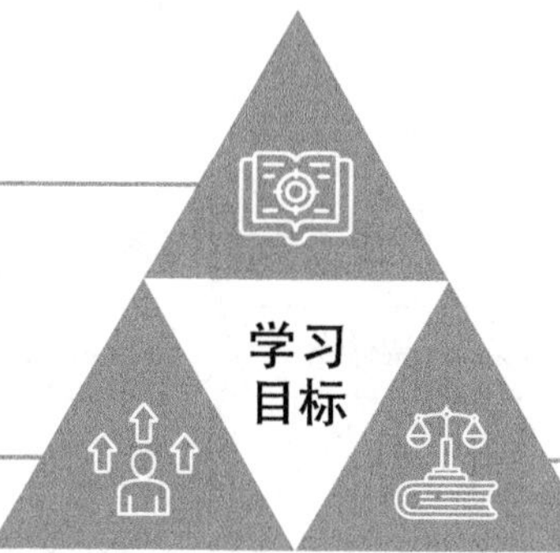

能力目标

能够进行冷库的常规管理

能够制定冷库安全管理方案

能够判别冷库类型

思政目标

增强安全与责任意识

培养科技创新兴农理念

培养可持续发展观念

内容导读

- 模块四 农产品仓储
  - 任务一 农产品仓储基础
    - 一、农产品仓储的概念
    - 二、农产品仓储的作用
    - 三、农产品仓储的分类
    - 四、农产品仓储管理的目标
    - 五、农产品仓储合理化
    - 六、农产品仓储的方法
  - 任务二 常温储藏
    - 一、简易储藏
    - 二、土窑洞储藏
    - 三、通风库储藏
    - 四、常温储藏的注意事项
  - 任务三 机械冷库储藏
    - 一、基本概念
    - 二、冷库的分类
    - 三、冷库建筑的特点
    - 四、冷库的组成
    - 五、冷库的管理
  - 任务四 气调储藏
    - 一、气调储藏的原理
    - 二、气调储藏的特点
    - 三、气调储藏的类型
    - 四、气调储藏的条件
    - 五、气调储藏的方法
    - 六、气调储藏的管理
  - 任务五 储藏病虫害管理
    - 一、农产品入库自身带入的病虫害
    - 二、仓库环境虫害
    - 三、仓库虫害管理流程
  - 思政探索
    - 一、思政目标
    - 二、思政元素
    - 三、融入路径
  - 实训项目
    - 农产品主要储藏设施性能指标调查

任务一　农产品仓储基础

国家粮食和物资储备局最新发布的调查结果显示，近年我国在粮食储存环节实现了显著的损失损耗削减，损耗率得到了有力控制。特别是在国有粮食储备体系中，储藏周期内的粮食综合损失率已成功降至1%以内，充分彰显了我国在科学储粮领域取得的重大进展与成效。

任务分析

在过去，我国粮食储存因技术手段滞后与方法不科学等原因，每年因储藏不当而损失的粮食数量惊人。如今，我国积极推广并广泛应用节粮减损技术，在全国各地国有粮库中，“四合一”储粮技术（即集成化的粮情监测、机械通风、环流熏蒸和谷物冷却技术）已成为标准配置。这一转变体现了国家对绿色储粮科技的重视，旨在通过高效的技术应用来大幅降低粮食在储存过程中的损耗，并有效提升粮食保鲜保质储存能力。

知识准备

一、农产品仓储的概念

根据《物流术语》（GB/T 18354—2021），仓库（Warehouse）指用于储存、保管物品的建筑物和场所的总称，它可以是房屋建筑物，也可以是大型容器、洞穴或者特定的场所等，其功能是存放和保护物品。库房（Storehouse）指在仓库中，用于储存、保管物品的封闭式建筑物。储存（Storing）指贮藏、保护、管理物品。仓储（Warehousing）指利用仓库及相关设施设备进行物品的入库、储存、出库的活动。

农产品仓储就是指通过仓库及相关设施设备对农产品进行储存和保管的过程。农产品仓储是社会生产力发展的必然结果，是为了解决农产品剩余或农产品生产与消费之间的时差而产生的，是商品流通的重要环节之一。

二、农产品仓储的作用

虽然农产品仓储活动一般不改变农产品本身的功能、性质和使用价值，只是保持和延续其使用价值，但是农产品仓储是农业生产的延续，是农业再生产不可缺少的环节。农产品仓储和农业生产一样创造社会价值，农产品由生产地向消费地转移，是依靠仓储活动等实现的。农产品仓储的主要作用体现在以下几个方面。

（一）空间效益

农产品生产与消费的矛盾主要表现在生产与消费地理上的分离。农产品的生产主要在农村区域，而消费农产品的人则遍及整个市场。农产品仓储企业选择靠近人们生活区的位置建立仓库，防止人们购买农产品时出现短缺现象，拉近农产品产地与市场的距离，为人们提供满意的仓储服务，体现出明显的空间效益。

（二）时间效益

由于自然条件、作物生长规律等因素的制约，农产品的生产往往具有季节性，而农产品是人们生活的必需品，人们的需求是持续的。这种生产与消费时间矛盾创造了明显的时间效益。

（三）调节供需矛盾

生产与消费的矛盾还表现在品种与数量方面。随着社会分工的进一步发展，专业化生产将越来越广，人们都把自己的资源集中到生产效率最高的项目上，人们生产的产品品种越来越集中，农产品生产者必须把农产品放到市场上进行交换来满足自己其他方面的需求，这就要求通过农产品仓储来调节生产与消费方式上的差别。

（四）规避风险

市场经济条件下的农产品价格变化莫测，经常给农产品生产经营者带来价格风险。为了对市场需求作出有效反应，农产品生产经营者须持有一定的存货来避免缺货损失。另外，为了避免战争、灾荒等意外引起的农产品匮乏，国家也要储备一些生活物资、救灾物资等。

（五）实现农产品增值

农产品仓储活动是农产品在社会再生产过程中必然出现的一种状态，农产品仓储是加快资金周转、节约流通费用、降低物流成本、提高经济效益的有效途径。做好农产品仓储可以减少农产品在仓储过程中的农产品损耗和劳动消耗，可以加速农产品的流通和资金的周转，从而节省费用，降低物流成本，挖掘“第三利润”。

三、农产品仓储的分类

农产品仓储主要是对流通中的农产品进行检验、保管、加工、集散和转换运输方式，并为解决供需之间和不同运输方式之间的矛盾，提供空间效益和时间效益，使农产品的所有权和使用价值得到保护，加速农产品流转，提高物流效率和质量，促进社会效益的提高。

（一）按农产品仓储经营主体划分

1. 农产品自营仓储

农产品自营仓储包括生产者自营仓储和流通企业自营仓储两种。生产者自营仓储是指生产者使用自有的仓库设施，对生产的农产品实施储存保管的行为。生产者自营仓储的对象一般来说品种较少，基本上以满足生产需要为原则。流通企业自营仓储则是流通企业以其拥有的仓储设施对其经营的农产品进行仓储保管的行为。

2. 农产品营业仓储

农产品营业仓储是仓库所有者以其拥有的仓储设施，向社会提供商业性仓储服务的行为。仓储经营者与存货人通过订立仓储合同的方式建立仓储关系，并依据合同约定提供服务和收取仓储费。

3. 农产品公共仓储

农产品公共仓储是公用事业的配套服务设施，为车站、码头提供农产品仓储配套服务。其主要目的是对车站和码头的农产品作业和运输起支撑和保证作用，具有内部服务的性质，处于从属地位。

4. 农产品战略储备仓储

农产品战略储备仓储是国家根据国防安全、社会稳定的需要，对战略物资实行战略储备而形成的仓储。战略储备由国家政府控制，通过立法、行政命令的方式实施，由执行战略物资储备的政府部门或机构进行运作。战略储备特别重视储备农产品的安全性，且储备时间较长。战略储备农产品主要有粮食、油料等。

（二）按农产品仓储功能划分

1. 农产品储存仓储

农产品储存仓储是指农产品较长时期存放的仓储。储存仓储一般设在较为偏远但具有较好交通运输条件的地区，储存费用低廉。农产品储存仓储的农产品品种少、存量大。由于农产品储存仓储存期长，其特别注重两个方面：一是尽可能降低仓储费用；二是加强对农产品的质量保管和养护。

2. 农产品物流中心仓储

农产品物流中心仓储是指以物流管理为目的的仓储活动，是为了有效实现物流的空间与时间效益，对物流的过程、数量、方向进行调节和控制的重要环节。一般设置在经济地区中心、交通便利、储存成本较低的口岸。农产品物流中心仓储基本上都是较大批量进货和进库，一定批量分批出库，整体吞吐能力强，所以要求机械化、信息化、自动化水平高。

3. 农产品配送仓储

农产品配送仓储也称为农产品配送中心仓储，是农产品在配送交付消费者之前所进行的短期仓储，是农产品在销售或者供生产使用前的最后储存，并进行销售或使用前的简单加工与包装等。农产品配送仓储一般设置在商品的消费经济区间内，要求能迅速地送达销售地和消费地。农产品配送仓储进库批量并不大，但批次多而且还需要进货、验货、制单、分批少量拣货和出库等操作，往往需要进行拆包、分拣、组配等作业，其主要目的是支持销售和消费。农产品配送仓储特别注重两个方面：一是配送作业的时效性与经济合理性；二是对农产品存量的有效控制。因此，农产品配送仓储十分强调物流管理信息系统的建设与完善。

4. 农产品运输转换仓储

农产品运输转换仓储指衔接铁路运输、公路运输、水路运输等不同运输方式的仓储，一般设置在不同运输方式的相接处，如港口、车站库场进行的仓储。它的目的是保证不同运输方式的高效衔接，减少运输工具的装卸和停留时间。农产品运输转换仓储具有大进大出及农产品存期短的特性，十分注重作业效率和农产品周转率，所以，农产品运输转换仓储活动需要高度机械化作业为支撑。

5. 农产品保税仓储

农产品保税仓储是指使用海关核准的保税仓库存放保税农产品的仓储行为，主要是对出口农产品或者来料加工农产品进行储存的仓库。农产品保税仓储一般设置在进出境口岸附近。保税仓储受到海关的直接监控，虽然农产品也由存货人委托保管，但保管人要对海关负责，入库或出库单据均需要由海关签署。

四、农产品仓储管理的目标

农产品仓储管理就是对仓库及仓库内储存的农产品所进行的管理，是仓储机构为了充分利用所拥有的仓储资源，提供高效的仓储服务所进行的计划、组织、指挥、控制和协调的过程。具体来说，农产品仓储管理包括仓储资源的获得、仓库管理、经营决策、商务管理、作业管理、仓储保管、安全管理、劳动人事管理、财务管理等一系列计划、组织、指挥、控制与协调等工作。农产品仓储管理的目标有以下几项。

（一）合理的资源配置

市场经济最主要的功能是通过市场的价格和供求关系调节经济资源的配置。市场配置资源以实现资源最大效益为原则。具体任务包括：根据市场供求关系确定农产品仓储建设，依据竞争优势选择农产品仓储地址，以产品的差异来决定农产品仓储专业化分工并且确定仓储功能，以确定的功能决定农产品仓储布局，根据设备利用率决定设备配置等。

（二）高效的组织结构

管理机构是开展有效仓储管理的基本条件，是一切管理活动的保证和依托。生产要素特别是人的要素只有在良好组织的基础上才能发挥其作用，实现整体力量。仓储组织机构的确定以实现仓储经营的最终目标为原则。依据管理幅度和因事设岗、责权对等的原则，建立结构简单、分工明确、互相合作和促进的管理机构和管理队伍。

（三）低成本的运作模式

农产品仓储生产包括农产品入库、堆存、出库等作业，仓储物验收、理货交接，以及仓储期间的保管照料、质量维护、安全防护等。仓储生产的组织遵循高效、低耗的原则，充分利用机械设备、先进的保管技术、有效的管理手段，实现仓储快进、快出，提高仓储利用率，降低成本，减少差、损、错事故，保持连续、稳定的生产，最终实现农产品仓储效率高、成本低的目标。

（四）高品质的质量保证

农产品仓储管理的主要目的是提供高品质的产品，这也是仓储管理的根本要求。如果不能保证质量，仓储就失去了意义。

（五）优质的服务水平

企业形象是指企业展现在社会公众面前的各种感性印象和总体评价的整合，包括企业及产品的知名度、信誉度、客户的忠诚度等。企业形象是企业的无形资产，良好的形象促进产品的销售，也为企业的发展提供良好的社会环境。

（六）高水平的经营管理

任何企业的管理都不可能一成不变，需要随着形势的发展不断变化，仓储管理也要根据仓储企业的经营目的及社会需求的变化而改变。管理也不能一步到位，一开始就设计出一整套完善的管理制度实施于企业，这不仅教条而且也不可行。仓储管理要从简单管理到复杂管理、从直观管理到系统管理，在管理实践中不断补充、修正、完善，不断提高，实

行动态的仓储管理。

（七）高素质的员工队伍

仓储管理的一项重要工作就是不断提高员工的素质，根据企业形象建设的需要加强对员工的约束和激励。员工的素质包括技术素质和精神素质，通过不断的、系统的培训和严格的考核，保证每个员工熟练掌握其应知和应会的操作、管理技术和理论知识，且要求精益求精。

（八）最大限度地满足社会需求

农产品仓储管理要遵循市场经济的原则，按市场需要提供农产品仓储产品，满足农产品品种规格、数量和质量上的需要，仓储管理者还要不断把握市场的变化发展，不断创新，提供适合经济发展的农产品仓储服务。

五、农产品仓储合理化

（一）农产品仓储合理化的标志

农产品仓储合理化指用经济合理的方式通过仓储和保管满足社会对农产品的需求。

1. 质量标志

保证农产品的质量是农产品仓储的基本功能，只有这样农产品的使用价值才能通过物流得以最终实现。农产品的时间效益和空间效益的实现都以保证质量为前提。

2. 数量标志

在保证功能实现的前提下有一个合理的数量范围。目前科学的管理方法已能在各种约束条件下对合理数量范围做出决策，但是在消耗稳定、资源及运输可控的约束条件下形成的农产品储存技术数量控制方法更为实用。

3. 时间标志

在保证功能实现的前提下，寻求一个合理的储存时间，这是和数量有关的问题，储存量越大而消耗速率越慢，则储存的时间必然长，相反则必然短。在具体衡量农产品仓储合理程度时往往用周转速度来反映时间标志，如周转天数、周转次数等。在总时间一定的前提下，个别农产品的储存时间也能反映合理程度。

4. 结构标志

这是根据不同品种农产品的储存数量的比例关系来判断储存的合理性，尤其是具有相关性的农产品之间的比例关系更能反映储存合理与否。

5. 分布标志

分布标志指不同地区农产品储存的数量比例关系，以此判断对需求的保障程度及对整个物流的影响。

6. 费用标志

仓租费、维护费、保管费、损失费、资金占用利息支出等，都能从实际费用上判断储存的合理性。

（二）农产品仓储管理的原则

1. 保证质量

保证农产品的质量是完成农产品仓储功能的根本要求，也是仓储的最终目的。

2. 保证安全

农产品安全是农产品仓储管理的最基本要求，只有满足了这点才能满足其他方面的需要，威胁农产品安全的因素主要有：治安威胁、火灾威胁、农产品的质量安全问题等。

3. 低成本

仓储过程产生的费用是整个物流费用的重要组成部分，因此为降低农产品物流成本，努力降低仓储成本是一条重要途径。

4. 规范作业

在农产品仓储业务中，需要按一定的规范对农产品进行保管，规范作业可以提高作业绩效，方便保管运作，实现合理库存。农产品仓储的主要作业规范要求包括以下几点。

（1）面向通道。为使农产品方便搬运，容易在仓库内移动，应将农产品面向通道保管，同时也便于观察和识别物品。

（2）先进先出。仓储管理中要体现存新推陈，对于易破损和易腐的农产品，应尽可能按“先进先出”的原则实施作业，以保证储存农产品的使用价值。

（3）对应出库频率。出货和进货频率高的农产品，即搬运次数高的农产品应放在靠近出入口和易于作业的地方。流动性差的农产品放在距离出入口稍远的地方，季节性农产品根据其季节特性选择放置的场所。

（4）同类归一。同种类农产品，运送到同一区域的农产品，储存要求、物品性质及保管要求相似的农产品应在同一区域储存保管，以保证农产品的质量和管理效率。

（5）重量对应。应根据农产品重量和形状等因素来安排农产品的保管位置，一般应把比较重且抗压的农产品放在货架的下层，把比较轻且容易碎的农产品放在货架的上层。

（6）形状对应。根据农产品的包装形状确定存放的位置和保管方法，包装标准化的农产品放在货架上保管，包装非标准化的货物根据对应形状进行保管。

（7）标记明确。对保管农产品的品种、数量及保管位置做明确详细的标记，以便于提高农产品存放、拣出的作业效率。

六、农产品仓储的方法

农产品具有地域性而且生产季节性较强。农产品一般含水分量比较高，对农产品的保管和维护，既要注意通风，又要注意防潮，所以对农产品保管和维护是一项比较艰难的工作。农产品仓储的方法如图 4-1 所示（详细方法见后面章节）。

专用仓库

专用仓库是专门用以储存某一类物品的仓库。由于某类物品数量较多，或物品本身具有特殊性（如对温湿度有特殊要求），或者易对与之共同储存的物品产生不良影响，所以要用专用仓库储存。如食糖仓库、卷烟仓库等就是专用仓库。

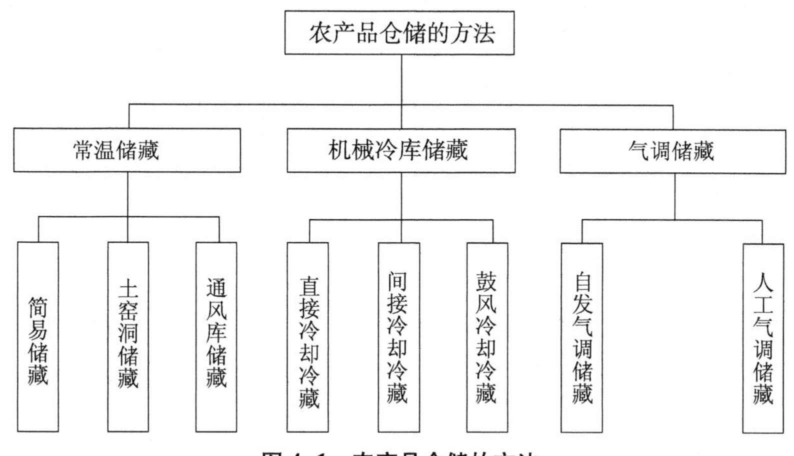

图 4-1　农产品仓储的方法

农产品仓储是社会生产力发展的必然结果，是为了解决农产品剩余或农产品生产与消费之间的时差而产生的，具有空间效益、时间效益、调节供需矛盾、规避风险和实现农产品增值等作用。按农产品仓储经营主体划分，可分为农产品自营仓储、农产品营业仓储、农产品公共仓储及农产品战略储备仓储；按农产品仓储功能划分，可分为农产品储存仓储、农产品物流中心仓储、农产品配送仓储、农产品运输转换仓储及农产品保税仓储。农产品仓储管理就是对仓库及仓库内储存的农产品进行的管理，以达到资源的配置合理、组织高效、成本低、服务好等目标。仓储管理要以保证质量、保证安全、规范作业、降低成本为原则从质量、数量、时间、结构、分布及费用上体现农产品仓储合理化。

任务二　常温储藏

阴雨天，如何晾晒、储藏水稻

今年秋收后重庆水稻种植户李大爷，遭遇连日阴雨，湿稻谷无法晾晒。为避免霉变损失，他先搭建防雨棚通风摊晾，但效果不佳。稻谷如何晾晒和储藏？

任务分析

常温储藏因其储藏场所简单和成本低廉，是农产品储藏中最常用的一种储藏方法，稻谷储藏一般采用常温储藏。南方地区由于雨水比较多，空气含水量很大，储藏的时候稻谷容易霉烂、长毛、发芽，给稻谷的品质带来影响。农民在自家的粮仓储藏稻谷时，要注意以下两点：一是稻谷下面一定要用砖和木板垫起来，以利于通风，不要把稻谷直接堆在地上。二是粮仓也要通风，防止稻谷霉烂。

我国农产品种类繁多，在选择储藏方式时要注意气候、土壤条件及所储藏农产品的种类。常温储藏的管理重点是利用自然冷源进行通风降温。

知识准备

常温储藏一般指在构造较为简单的储藏场所，利用自然温度随季节和昼夜变化的特点，通过人为措施，引入自然界的低温资源，使储藏场所的温度达到或接近产品储藏所要求温度的一类储藏方式。

一、简易储藏

简易储藏是传统的储藏方式，包括堆藏、沟藏和窖藏三种基本形式，以及由此衍生出的假植储藏和冻藏。它们的共同特点是都利用气候的自然低温冷源，虽然这种方式受季节、地区、储藏产品等因素的限制，但其储藏设施简单、操作方便、成本低，运用得当可以获得较好的储藏效果。

（一）堆藏

1. 特点与性能

堆藏是将采收的果蔬产品堆放在室内、室外平地或浅坑中的储藏方式。堆藏产品的温度主要是受气温的影响，同时也受室温的影响，所以秋季容易降温而冬季保温困难。这种储藏方式一般只适用于温暖地区的晚秋储藏和越冬储藏，在寒冷地区只作秋冬之际的短期储藏。

2. 形式与管理

通常堆藏的堆高为1～2m，宽度为1.5～2m，长度依果蔬产品的数量而定。一般在堆体表面覆盖一定的保温材料，如薄膜、秸秆、草席和泥土等。

根据堆藏的目的及气候条件，控制堆体的通风和覆盖，以维持堆内适宜的温湿度条件，防止果蔬的受热、受冻和水分过度蒸发，保证产品质量。

（二）沟藏（埋藏）

1. 特点与性能

沟藏又称埋藏，是一种地下封闭式储藏方式，产品堆放在地面以下，所以秋季降温效果较差而冬季的保温效果较好。沟藏主要是利用土壤的保温性能维持储藏环境中相对稳定的温度，同时封闭式的储藏环境具有一定的保湿和自发气调的作用，从而获得适宜的控制果蔬质量的综合环境。

2. 形式与管理

沟藏是将果蔬堆放在沟（或坑）内，上面用土壤覆盖，利用沟的深度和覆土的厚度调节产品环境的温度。用于沟藏的储藏沟，应该选择平坦干燥、地下水位较低的地方；沟以长方形为宜，长度视果蔬储藏量而定；沟的深度视当地冻土层的厚度而定，一般为1.2～

1.5m，应避免产品受冻；宽度一般为1~1.5m；沟的方向要根据当地气候条件确定，在较寒冷地区，为减少冬季寒风的直接袭击，沟的方向以南北向为宜；在较温暖地区，多为东西向，并将挖起的沟土堆放在沟的南侧，以减少阳光的照射和增大外迎风面，从而加快储藏初期的降温速度。

沟藏的产品在采收后首先要进行预贮，使其充分散除田间热，降低呼吸热，在土温和产品温度都接近贮温时，再入沟储藏。沟藏的管理主要是利用分层覆盖、通风换气和风障、荫障设置等措施，尽可能地控制储藏温度。随着外界气温的变化逐步进行覆草或覆土、设立风障和荫障、堵塞通风设施，以防降温过低而使产品受冻。为了能观察沟内产品的温度变化，可用竹筒在储藏沟中间插一支温度计，随时掌握产品的温度情况，同时在储藏沟的左右开挖排水沟，以防外界雨水的渗入，如图4-2所示。

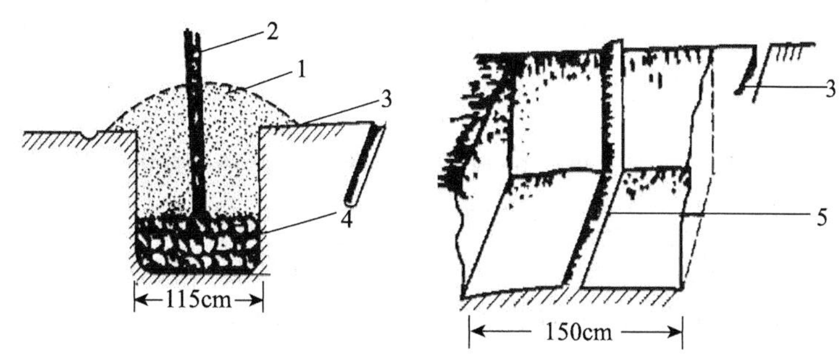

图4-2　果蔬沟藏

1—覆土；2—通风塔；3—排水沟；4—农产品；5—通风沟。

（三）窖藏

1. 特点与性能

窖藏在地面以下，受土温的影响很大，同时设有通风设施，受气温的影响也很大。其影响的程度依窖的深度、地上部分的高度、通风口的面积和通风效果而有所不同。窖藏与沟藏相比，既可利用土壤的隔热保温性及窖体的密闭性保持其稳定的温度和较高的湿度，同时又可以利用简单的通风设施来调节和控制窖内的温度和湿度，并能及时检查储藏情况，随时将产品放入或取出，操作方便。

2. 窖藏形式

窖藏的形式很多，具有代表性的主要有棚窖和井窖。

（1）棚窖。棚窖是在地面挖一长方形的窖身，以南北长为宜，并用木料、秸秆、泥土覆盖棚顶的窖型。棚窖是一种临时性的储藏场所，在我国北方地区广泛用来储藏苹果、梨、大白菜、萝卜、马铃薯等。根据入土深浅可分为半地下式［见图4-3（a）］和地下式［见图4-3（b）］两种类型。在温暖或地下水位较高的地方多用半地下式，一般入土深1.0~1.5m，地上堆的土墙高为1.0~1.5m。在寒冷地区多用地下式，宽度有2.5~3m和4~6m两种，长度根据储藏量而定。

窖内的温湿度可通过通风换气来调节，因此在窖顶开设若干个窖口（天窗），供产品出入和通风之用，大型的棚窖还常在两端或一侧开设窖门，以便果蔬下窖，并加强储藏初

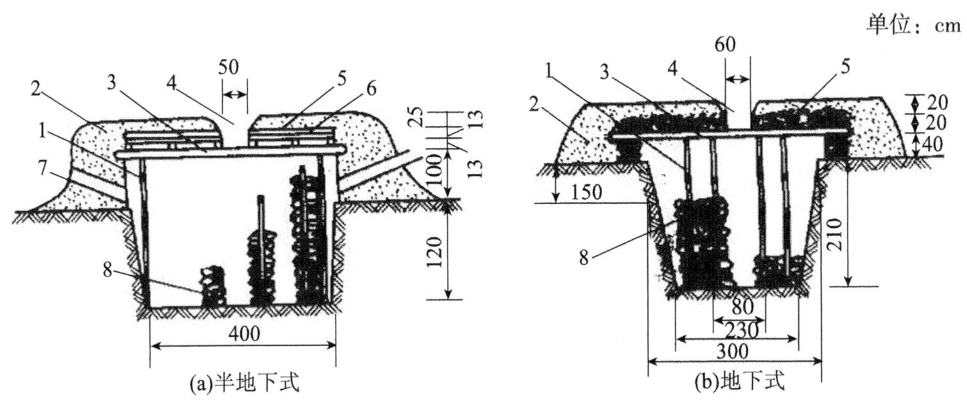

图 4-3　棚窖结构示意

1—支柱；2—覆土；3—横梁；4—天窗；5—秸秆；6—檀木；7—气孔；8—白菜。

期的通风降温作用。

（2）井窖。井窖是一种深入地下的封闭式的土窖，窖身全部在地下，窖口在地上，窖身如图 4-4（a）所示，也可以是几个连在一起，如图 4-4（b）所示。通常在地面下挖直径不大于 1m 的井筒，深可达 4m，底宽 2~3m，四川南充地区的吊井窖是目前普遍采用的井窖形式。井窖主要是通过控制窖盖的开、闭进行适当通风来管理的，将窖内的热空气和积累的 CO_2 排出，使新鲜空气进入。在窖藏期间应该根据外界气候的变化采用不同方法进行管理。

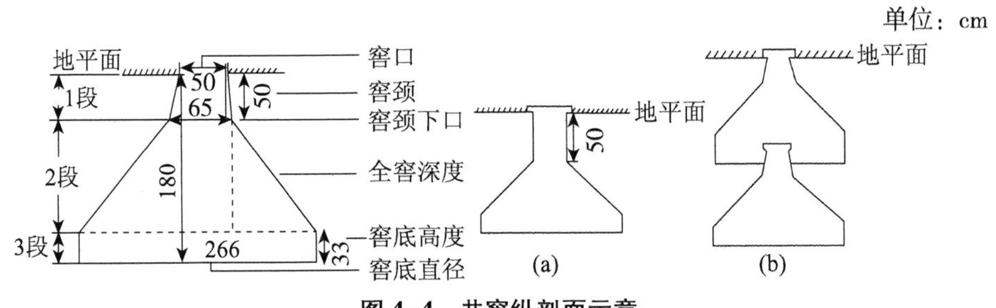

图 4-4　井窖纵剖面示意

3. 窖藏管理

入窖初期，应在夜间经常打开窖口和通风孔，加大通风换气，尽量利用外界冷空气快速降低窖内及产品温度。储藏中期，外界气温下降，应注意保温防冻，适当通风。储藏后期，外界气温回升，为了保持窖内低温环境，应严格管理井口和通风孔，同时及时检查，剔除腐烂变质产品。

（四）冻藏和假植储藏

（1）冻藏。冻藏是指利用自然低温条件，使耐低温的果蔬产品在微冻结状态下储藏的一种方式。此法主要适用于耐寒性较强的果蔬，如柿子、菠菜、芹菜、油菜等。

在入冬上冻时将收获的果蔬产品放在背阴处的浅沟内，稍加覆盖，利用自然气温下降使其冻结，在整个储藏期保持冻结状态，无须特殊管理。在上市前将其缓慢解冻，即可恢

复新鲜状态。

（2）假植储藏。假植储藏是一种抑制生长的储藏方法，是将连根收获的蔬菜集中密植于沟或窖内，使它们处在微弱的生长状态的一种储藏方式。主要用于各种绿叶菜和幼嫩蔬菜，如芹菜、油菜、甘蓝等。

假植储藏一般在气温明显下降时将蔬菜连根收获，单株或成簇假植在沟内，只能植一层，不能堆积，株行间应留有适当空隙，上盖稀疏覆盖物。这样既可使蔬菜从土壤中吸收少量水分和养分，同时又维持微弱的光合作用，防止黄化。储藏期间，土壤干燥时应及时灌水，避免蔬菜过度失水，保持蔬菜的新鲜状态，随时采收，随时供应市场消费。

二、土窑洞储藏

土窑洞储藏是北方黄土高原地区果蔬保鲜的重要储藏方式。结构合理的土窑洞加上科学管理，能充分利用自然冷源，在严寒的冬季保持较低的窑温。利用秋季夜间气温较低的特点进行通风，不仅能降低窑温，还可利用土壤比热容大的特点，使窑洞周围的土层温度逐渐降低，大量的自然冷量储蓄在窑壁周围的土层中。当春季外界温度回升或夏季外界温度较高时，可利用窑壁低温土层调节温度，提供较适宜的温度条件。因此，目前以储藏苹果为主的土窑洞储藏在我国西北黄土高原地区仍普遍应用。

（一）土窑洞的结构

生产上推广使用的土窑洞有大平窑和母子窑两种。大平窑具有结构简单、建造容易、通风流畅、降温快等特点，但储量小，管理不太方便。母子窑的储量大，管理相对方便，在翌年温度回升时能较好地保持窑内低温，但初期降温较慢，结构较复杂。

1. 大平窑

大平窑是土窑洞的一种形式，如图 4-5 所示，主要利用比较深厚的土层来稳定窑内的温度，且土层越厚，窑内温度变化就越小。所以，从保温性能、窑洞坚固性及避开崖顶的地表风化土等方面综合考虑，窑顶土层厚度至少应在 5m 以上。

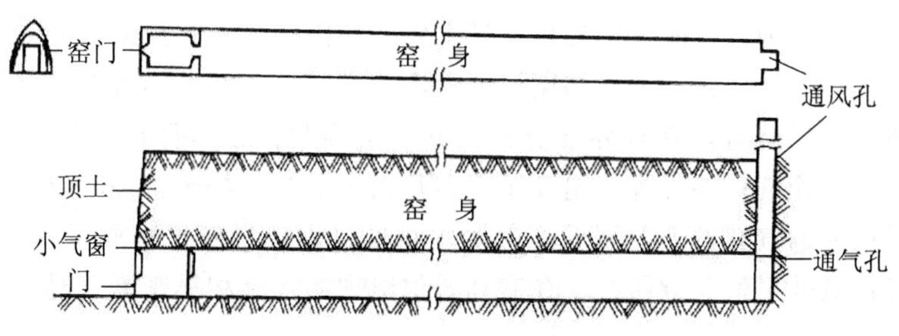

图 4-5 大平窑结构示意

2. 母子窑

母子窑又称侧窑，如图 4-6 所示。它是由大平窑发展来的，主要由母窑窑门、母窑窑身、子窑窑门、子窑窑身和母窑通气孔五部分构成。

在建造方式上，土窑洞分掏挖式和开挖式。掏挖式立窑洞的前提是窑顶上层深厚，至

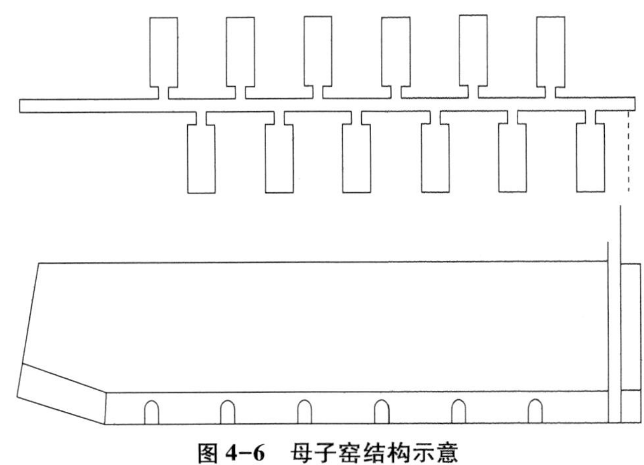

图 4-6 母子窑结构示意

少在5m以上，有时达几十米；开挖式土窑洞则通过开挖取土，砖砌建窑，深入地下，窑顶覆土或保温材料。

另外，通过在土窑洞中加装小型制冷设备改进窑洞的保鲜效果，已经初见成效。即在充分利用自然冷源的基础上，利用制冷设备使窑洞内维持低而稳定的低温条件。如红星苹果在加装小型制冷设备的土窑洞内储藏，可保鲜储藏7个月，损耗率仅为3%左右，基本保持采收时的品质，而且具有投资小、能耗低的特点。

（二）土窑洞储藏的管理

土窑洞储藏的管理主要包括温度管理、湿度管理和其他管理，而以温度管理最为重要。

1. 温度管理

（1）初期温度管理。在秋季果实入窑至窑温降至0℃左右时，称为入窑初期。在入窑初期，往往白天的外界气温高于窑温，而夜间一段时间的外界气温低于窑温。随着时间推移，外界气温逐渐降低，白天外界气温高于窑温的时间逐渐缩短，而夜间外界气温低于窑温的时间逐渐延长。另外，刚入窑的果实带来较高的田间热，呼吸强度和呼吸热也大，时常出现窑温回升现象。因此，入窑初期温度管理的主要工作就是尽可能地利用外界低温空气，对土窑进行通风降温。在外界气温开始低于窑温时，立即打开窑门（包括棉门帘）、通气孔，进行通风换气；在外界气温高于窑温并出现上升趋势时，关闭窑门、棉门帘、通气孔小气窗等所有通气孔道。总之要充分利用自然低温，尽快把窑洞温度降到一定水平，这是实现最佳储藏效果的关键所在。在遇到偶尔出现的寒流和早霜天气时，要不失时机地及时通风降温。

（2）冬季温度管理。这是指窑温降至0℃到翌年窑温回升至4℃的这个阶段。冬季，在保证储藏果蔬不受冷害和冻害的前提下，尽可能地通风降温。在保持储藏要求所需的适宜低温的同时，不断地降低窑洞四周土层的温度，加厚低温土层，尽可能将自然冷量蓄存在窑洞四周的土层中。这对翌年外界气温回升时维持窑洞内的适宜低温，起着十分重要的作用，即窑洞管理上所谓的“冬冷春用”技术。科学合理的冬季温度管理，可使窑温逐年降低，故常说旧窑洞比新窑洞储藏效果好。

（3）春夏季温度管理。这是指窑温上升至4℃以上到储藏产品全部出库为止的阶段。翌年春季，外界气温逐渐上升，由于热传导和热对流作用，当外界昼夜气温高于窑温时，窑内的土层就会吸热，并逐步使窑温升高。因此此时温度管理的主要任务就是尽量减少外界高温对窑温的不利影响，减慢窑温和窑壁土温的回升速度，使窑温尽量保持在较低的范围内。通常在外界温度高于窑温的情况下，要紧闭窑门、通气孔，封严棉门帘，防止窑内外的冷热空气对流。平时要尽量减少工作人员进出窑的次数。每次进出窑要随手关门，以减少窑内冷量的损失。在早春和出现寒流的夜晚，如遇低温冷空气便可以利用，即外界气温低于窑温时，就应抓住大好时机，及时打开窑门、通气孔、掀开棉门帘，进行通风降温。

2. 湿度管理

适合采用土窑洞储藏的果实主要有苹果、枣、梨等耐藏果品。储藏苹果时，大多数品种用薄膜包裹纸包装，因而窑洞内的相对湿度对包装内果实的影响不大。而储藏梨时，因为大部分品种的梨不适合用薄膜包裹纸包装储藏，为维持窑洞内较高的相对湿度，可在窑洞地面喷水或洒水。另外冬季可采用贮雪或贮冰的方法，该方法对提高窑内相对湿度、降低窑内温度能起到双重作用。

货品出库后，可先向窑顶及窑壁喷水，然后在地面灌水。灌水时，为避免积水侵蚀土壁，不能让水流到窑洞壁的基部。因此，在灌水前应在距窑壁约30cm处筑土埂，使灌水存积在土埂范围内。为避免因窑身的坡度使水流顺坡而下，应在两埂之间再做小堰，依次灌水，使水分均匀渗入土层中。

3. 其他管理

（1）洞的清理和消毒。果蔬保鲜储藏结束后，不仅要彻底清理窑洞内的腐烂果蔬，而且要采用物理方法或化学方法进行消毒。特别是已使用多年的旧窑洞内，如青霉菌、灰霉菌、绿霉菌及能引起核果类软腐病等的多种真菌性病原菌孢子，广泛存在于窑洞内的空气、包装物和器具上，通过消毒可大幅减少病原菌基数。一般采用化学消毒法，如用3%~5%的漂白粉溶液或1%~2%的福尔马林喷洒消毒，或燃烧硫黄产生SO_2熏蒸消毒（用量为10~15g/m^3）。如果窑洞内储藏的果蔬腐烂较为严重，可对窑洞墙壁及顶部用石灰浆加1%~2%的硫酸铜喷刷。也可利用臭氧消毒法，即用臭氧发生器使窑内浓度达到一定标准后停机封窑24~48h。

（2）封窑。当储藏果蔬全部出窑后，由于外界没有可利用的自然低温，所以要封闭窑洞各部位的孔道，窑门用土坯或砖封砌，并用秸泥抹严，使其与外界相对隔绝，减少所蓄冷量在高温季节的流失。实践证明，封窑处理要比不封窑处理的窑洞窑温低2~3℃。

三、通风库储藏

（一）通风库储藏的概念和特点

通风库储藏是利用自然低温空气通过通风换气控制贮温的一种储藏形式。通风库与窑窖相似，但与窑窖建筑相比，它有较为完善的隔热建筑和较灵敏的通风设备，操作比较方便。可充分利用冷热空气的对流进行库内外的热交换，库房设有隔热结构，保温效果好。因此，降温和保温效果比起一般的窑窖等简易储藏库大有提高。但是，通风库储藏仍然是依靠自然气温调节库内温度，在气温过高或过低的地区和季节，如果不附加其他辅助设施，也很难维持理想的储藏温度。通风库的构造与空气流动如图4-7所示。

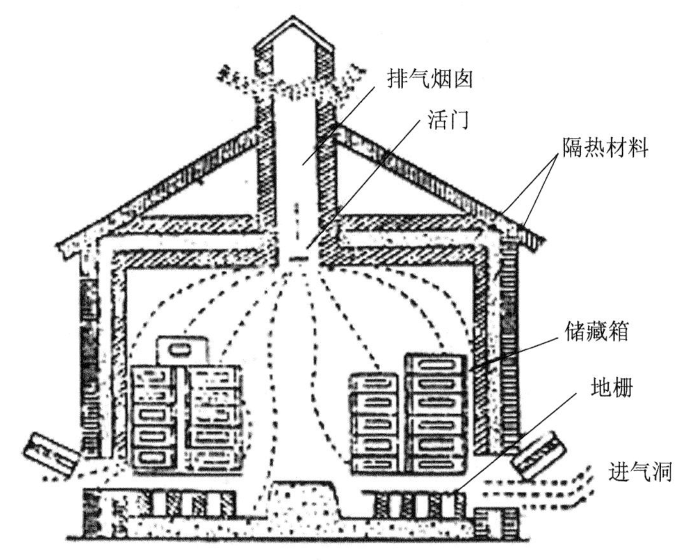

图4-7　通风库的构造与空气流动

（二）通风库的设计和建造

通风库的设计包括库址选择、库型选择、库房设计、通风系统设计和隔热结构设计五大部分。

1. 库址选择

通风库要求建在地势高，最高地下水位要低于库底1m以上，四周开阔，通风良好，空气清新，交通便利，靠近产销地，便于安全保卫，水电畅通的地方。通风库要利用自然通风进行库温调节，因此，库房的方位对能否很好地利用自然气流至关重要。

库址的朝向，在北方地区以南北向为宜，这样可以减少冬季寒风的直接袭击面，避免库温过低。在南方则以东西向为宜，这样可以减少冬季阳光对库墙的直射而影响库温，同时加大迎风面，有利于北风进入库内，降低库温。在实际生产中，一定要结合地形地势灵活选择朝向。

2. 库型选择

通风库分为地上式、地下式和半地下式三种类型，各有不同的特点。具体应根据当地的气候条件和地下水位的高低加以确定。

3. 库房设计

（1）平面设计。通风库的平面多为长方形或长条形，库房宽9~12m，长30~40m，库内高度一般在4m以上。图4-8所示为通风库平面示例（局部）。

（2）库顶设计。通风库的库顶结构有脊形顶、平顶及拱顶三种。脊形顶适合使用木结构等，但需要在顶下方单独做绝缘层，会增加造价；平顶的暴露面最小，故节省绝缘材料且绝缘效果好；拱顶的建筑费用低。

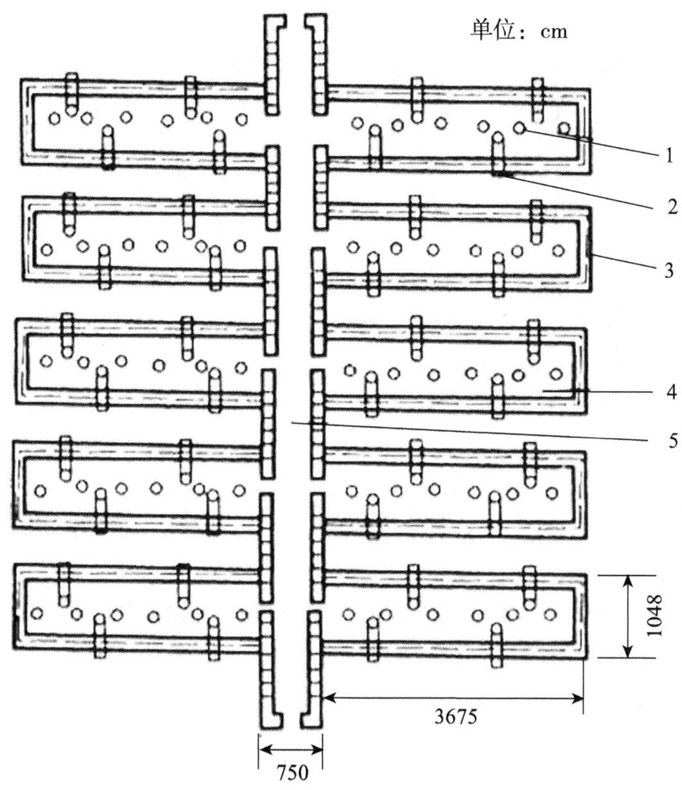

图 4-8　通风库平面示例（局部）

1—出气口；2—进气口；3—煤渣绝缘层；4—储藏库；5—缓冲走廊。

4. 通风系统设计

通风库采用导入冷空气，使之吸收库内的热量再排到库外，从而降低库温的调节温度的方式。库内储藏的果蔬所释放出的大量 CO_2、乙烯、醇类等，都要靠良好的通风系统设施来及时排除。因此，通风系统设施是通风库的结构中十分重要的组成部分，它直接决定着通风库的储藏效果。常见通风库的通风系统及排气筒结构如图 4-9 所示。

5. 隔热结构设计

通风库的四周墙壁和库顶都应具有良好的隔热效果，以隔绝库外过高或过低温度的影响，有利于维持库内稳定而适宜的低温。因此，通风库应有适当的隔热结构，其保温性能主要由库墙、库顶、门窗等部分的保温结构及其结合处的严密性综合决定，即决定于库顶和库墙采用材料的隔热性能、隔热层的厚度、暴露面的面积及四壁的严密程度。

（1）库墙。通风库一般要在库四面墙壁及顶棚上设置绝缘层来隔热，因此，通风库的墙体要做成双层墙，外墙为承重墙，使用砖、石、水泥等材料，内墙不要求承重，可采用质轻、热阻高、防水性能好的建筑材料，在内外墙间按设计要求的厚度铺设隔热材料。隔热材料的选择应根据当地气候条件及资源情况而定，其隔热能力常用导热系数表示，指隔热材料传递热量的能力，同时也可用热阻（材料阻止热传递的能力）表示。导热系数与热阻成反比，导热系数越小，热阻就越大，隔热性能就越好。

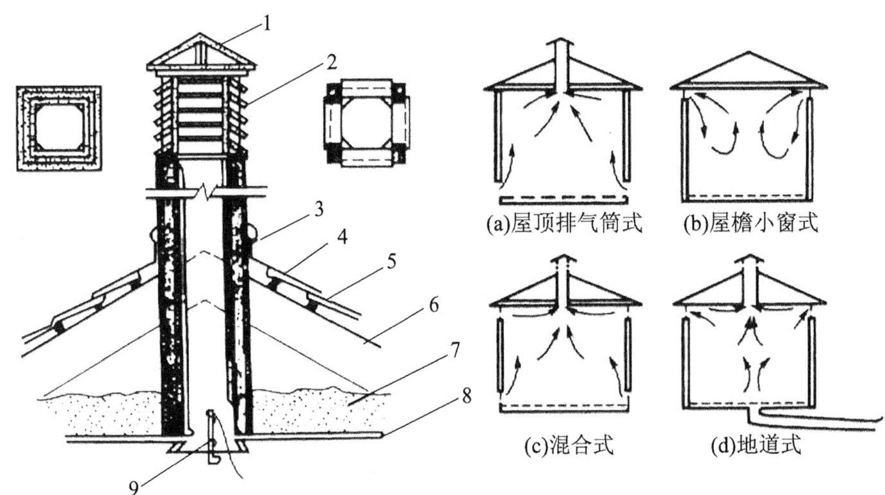

图 4-9　常见通风库的通风系统及排气筒结构

1—防风罩；2—百叶窗；3—保温通风筒；4—机瓦；5—排瓦条；6—屋架；7—隔热；8—顶；9—调节板。

（2）库顶。天花板可采用木板或其他板材，木板上方铺设隔热材料。通风库的暴露面上、墙壁转角处及天花板与墙壁交接处的漏热最大，因此，整个储藏库的隔热层要求相互连接成整体。通风库库顶结构如图 4-10 所示。

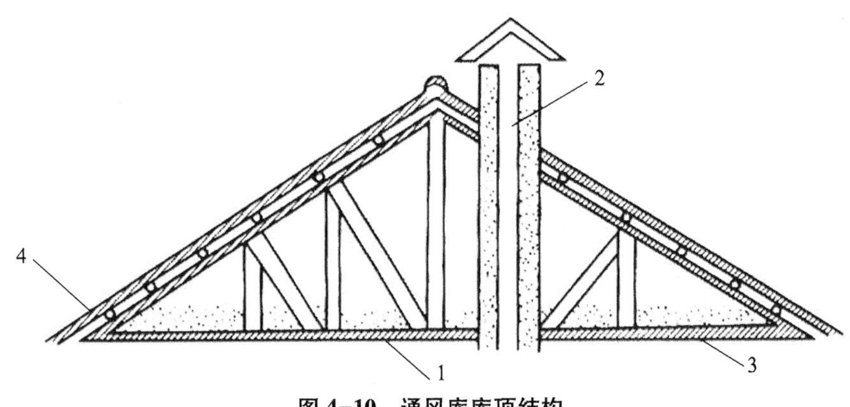

图 4-10　通风库库顶结构

1—库顶；2—排气筒；3—锯末；4—木板层（上面铺瓦）。

（3）门窗。门窗是最容易产生对流传热的地方，因此，门窗的数量应尽量少，必须设置的门上也应铺设隔热材料，并设置双重门。采光窗应采用双层玻璃，层间距为 5cm 左右。窗外再设百叶窗，以阻挡直射的阳光。通风库双重门结构如图 4-11 所示。

（三）通风库的管理技术

通风库的管理可以分为入库前、入库时和入库后 3 个阶段。

1. 入库前管理

果蔬储藏前，要彻底清扫库房，刷洗和晾晒所有设备，将门窗打开进行通风，然后进行库房消毒。用 1%～2%的福尔马林或 3%～5%的漂白粉溶液喷洒，有消毒和除异味的作用；在进行熏蒸消毒时，可将各种器具一并放入库内，密闭 24～48h，再通风排净残药。

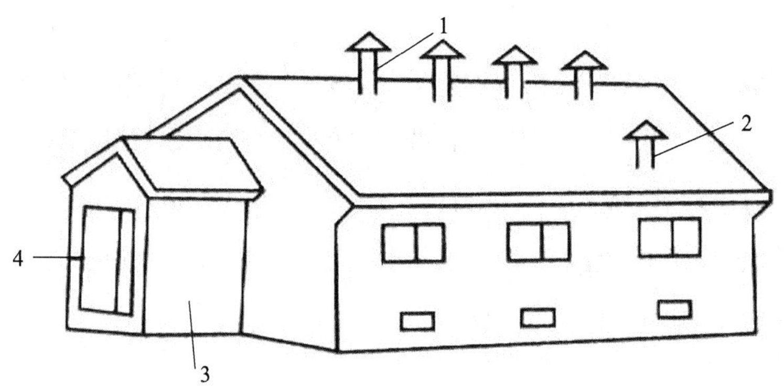

图 4-11　通风库双重门结构

1—排气筒；2—导气管；3—空气缓冲间；4—双重门外门。

库墙、库顶、架子及仓柜等用石灰浆加 1%～2%的硫酸铜溶液刷白。由于通风库储量较大，为使果蔬产品入库时尽可能获得较低的温度，应该在产品入库前对空库进行放风管理，充分利用夜间冷空气预先使库温降低，保证通风库的低温条件。

2. 入库时管理

为了保证储藏的质量，除应适时采收外，还应及时入库。果蔬采收后，应在阴凉通风处进行短时间预贮，然后在夜间温度低时入库。各种果蔬都应先用容器装盛，再在库内堆成垛，垛与垛之间或与库壁、库顶及地面间都应留有一定空间，以利空气流通。几种果蔬同时储藏时，原则上各种果蔬应分库存放，以便分别控制不同的温湿度，各种果蔬也不致互相干扰影响。

产品入库时，通常会带入一定的田间热，因此入库时间最好安排在夜间，有利于入库后立即利用夜间的低温通风降温。入库后应将所有通风设施，包括排风扇、门、窗全部打开，尽量加大通风量，使产品温度尽快降下来，以免影响储藏效果。

3. 入库后管理

储藏稳定一段时间后，应随气温、库温的变化，灵活调节通风量来控制温度，一般秋季气温较高时，可在凌晨外界气温最低时通风，而白天气温较高时则关闭所有的通风道，以维持库内的较低温度。相反，冬季严寒时，则可在午后外界气温高于库温或接近库温时通风。气温低于产品冷害温度时一般要停止通风。温度更低时，则须加强保暖措施，把所有的进排气口用稻草等隔热性能较好的材料堵塞。

通风库的温度与湿度之间的关联度比较大。通风库的通风主要服从于温度的要求，但通风不仅调节温度，也会改变库内的相对湿度。一般来说，通风量越大，库内湿度越低。所以储藏初期常会感到湿度不足，而中后期又觉湿度太高。湿度低可以喷水增湿，但湿度过高则比较麻烦，除适当加大通风量外，可辅以除湿措施，如用石灰、氯化钙等降低湿度。

四、常温储藏的注意事项

常温储藏方式都是利用自然冷源来调节温度，使库温达到或接近所要求的储藏温度。其共同的特点是结构简单、造价低廉。鉴于我国地域辽阔、果蔬种类繁多，在采用常温储藏方式时应特别注意以下几点：

（1）根据当地的气候、土壤条件及所储藏果蔬的种类，确定能否采用常温储藏。

（2）储藏初期的管理重点是通风降温管理，而入冬后要控制通风量，即各种储藏方式都有一个从降温到保温的缓慢转变过程，如堆藏和沟藏是采用分次分层覆盖的方法实现此过程；而窖藏、土窑洞储藏和通风库储藏是利用缩小通风面积和通风量来实现的。

（3）果蔬常温储藏应选择优质晚熟的耐藏品种，储藏期间应充分利用自然冷源，精细管理。

（4）储藏期间应经常检查货品并适时出库。

粮食的常规储藏

在自然气候条件下，对储藏的粮食、油料采取清洁卫生、自然通风、扒沟翻倒粮面、定期监测粮情等一般技术处理和常规管理措施的储藏方法。

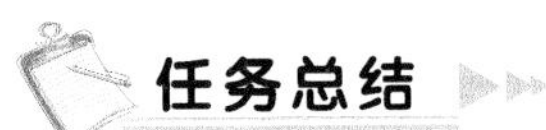

常温储藏一般指在构造较为简单的储藏场所，利用自然温度随季节和昼夜变化的特点，通过人为措施，引入自然界的低温资源，使储藏场所的温度达到或接近产品储藏所要求温度的一类储藏方式。一般包括简易储藏、土窑洞储藏、通风库储藏等。简易储藏是传统的储藏设施，包括堆藏、沟藏和窖藏三种基本形式以及由此衍生出来的假植储藏和冻藏。土窑洞储藏是北方黄土高原地区果蔬保鲜的重要储藏方式。通风库与窑窖相似，但相比窑窖建筑，它有较为完善的隔热建筑和较灵敏的通风设备，操作比较方便。可充分利用冷热空气的对流进行库内外的热交换，库房设有隔热结构，保温效果好。因此，降温和保温效果比起一般的窑窖等简易储藏库大有提高。鉴于我国地域辽阔、农产品种类繁多，在采用常温储藏方式时应特别注意以下几点：①根据当地的气候、土壤条件及所储藏农产品的种类，确定能否采用常温保鲜储藏；②储藏初期的管理重点是通风降温管理，而入冬后要控制通风量；③农产品常温储藏应选择优质晚熟的耐藏品种，储藏期间应充分利用自然冷源，精细管理；④储藏期间应经常检查货品并适时出库。

任务三　机械冷库储藏

某公司为客户代存红富士苹果100万千克，第二年3月发现苹果出现了失水问题，苹果表面，尤其是果梗附近最为严重，使客户的出口计划全部破产，造成了折合人民币400

余万元的重大损失。检查后发现，库内温度较高，波动较大，无良好的加湿措施，这是造成储藏事故的主要原因。

任务分析

随着我国经济实力的提高和社会各界对保鲜技术的巨大需求，农产品储藏保鲜业得到了迅速发展。但是，由于对机械冷库建库的要求、储藏保鲜技术规范的了解不够，以及技术人员缺乏、管理技术薄弱和操作不当等原因，储藏事故时有发生。本案例中，对果蔬冷藏储藏保鲜来说，虽然温度是第一影响因素，但相对湿度的管理也不容忽视。一般来说，果蔬失水5%以上就意味着新鲜程度的恶化，大部分果蔬储藏的相对湿度要求在85%~95%，仅凭库内、室内地面洒水，相对湿度只能维持在80%左右，难以防止果蔬失水萎蔫。因此，长时间冷藏储藏保鲜的情况下，地面洒水可以作为一种辅助手段，而要维持高湿度的储藏环境最好配备合适的加湿设备。

知识准备

机械冷库①储藏是冷藏储存的一种，是在一个适当设计的绝缘建筑或设备中借机械冷凝系统的作用，将库内的热传到库外，使库内温度降低并保持在有利于延长农产品的储存时间之内。其特点是效果好，但费用较高，一般多用于储存肉类农产品和鲜果类农产品。

一、基本概念

（1）冷库，指采用人工制冷降温并具有保冷功能的仓储建筑，包括库房、制冷机房、变配电间等。

（2）装配式冷库，指库房采用金属面绝热夹芯板等轻质复合夹芯板作为保温隔热及围护结构，并且现场组装的冷库。

（3）高层冷库，指库房建筑为 2 层及 2 层以上且建筑高度超过 24m 的冷库，库房一层室内地面与室外地坪高差不大于 1.5m 时，此高差不计入建筑高度。

（4）高架冷库，指货架高度大于 7m 且采用机械化或自动化控制的货架冷库。

（5）冷间，指冷库中采用人工制冷降温房间的统称，包括冷藏间、冰库、冷却间、冻结间、控温穿堂和控温封闭站台等。

（6）冷却间，指对产品进行冷却的房间。

（7）冻结间，对产品进行冻结的房间

（8）冷藏间，指用于储存经冷加工产品的房间。

二、冷库的分类

冷库的构造和设计符合《冷库设计标准》（GB 50072—2021）的冷库设计规范要求。

① 本任务中所提到的冷库均为机械冷库，机械冷库是相对于利用自然低温的冷库而言的。

1. 按建筑结构类别划分

（1）土建冷库。这是目前建造较多的一种冷库，可建成单层或多层。建筑物的主体一般为钢筋混凝土框架结构或者砖混结构。土建冷库的围护结构属重体性结构，热惰性较大，库外空气温度的昼夜波动和围护结构外表面受太阳辐射引起的昼夜温度波动，在围护结构中衰减较大，故围护结构内表面温度波动较小，库温易于稳定。

（2）组合板式冷库。通常为单层形式，冷库的库板结构为钢框架和轻质预制隔热板组装而成，其承重构件多采用薄壁型钢材制作。库板的芯材为发泡硬质聚氨酯或粘贴聚苯乙烯泡沫板。这些构件均是按统一标准在专业工厂成套预制的，在工地现场组装，所以施工进度快，建设周期短。

（3）山洞冷库。一般建造在石质较为坚硬、整体性好的岩层内，洞体内侧一般做衬砌或喷锚处理，洞体的岩层覆盖厚度一般不小于20m。这类冷库连续使用时间越长，其隔热效果越佳，热稳定性能越好。

2. 按冷库的设计规模划分

根据冷库的设计规模，以冷藏间或冰库的公称容积为计算标准。公称容积大于20000m^3的应为大型冷库，公称容积为5000～20000m^3的应为中型冷库；公称容积小于5000m^3的应为小型冷库。公称容积应按冷藏间或冰库的室内净面积乘以房间净高确定。

3. 按冷库的冷藏设计温度划分

根据冷藏设计温度，冷库分为高温冷库和低温冷库。一般高温冷库的冷藏设计温度在-2℃以上，果蔬储藏保鲜就是使用高温库。低温冷库的冷藏设计温度在-15℃以下。

此外，还可按冷库的使用性质，分为生产性冷库、分配性冷库和零售性冷库；按冷库的层数，分为多层冷库和单层冷库等。

资料阅读

冷库冷间设计的温度和相对湿度如表4-1所示。

三、冷库建筑的特点

（1）隔热性。冷库需要通过机械制冷，并使库内保持一定的低温。因此冷库的墙壁、地板及平顶都应设有一定厚度的隔热材料，以减少外界传入的热量。为了减少吸收太阳的辐射能，冷库外墙表面一般涂成白色或浅颜色。

（2）密封性。冷库建筑要防止水蒸气的扩散和空气的渗透。库外空气侵入时不但增加冷库的耗冷量，而且还向库房内带入水分，水分的凝结引起建筑结构特别是隔热结构受潮冻结损坏，所以要设置防潮隔热层，使冷库建筑具有良好的密封性和防潮隔气性能。

（3）抗冻性。地基受低温的影响，土壤中的水分易被冻结。因土壤冻结后体积膨胀，会引起地面破裂及整个建筑结构变形，严重的会使冷库不能使用。为此，低温冷库地基除了要有有效的隔热层外，隔热层下还必须进行处理，以防止土壤冻结。

（4）坚固性。要堆放大量的货物，又要通行各种装卸运输机械设备，平顶上还设有制冷设备或管道。因此，它的结构应坚固并具有较大的承载力。

表 4-1 冷库冷间设计的温度和相对湿度

序号	冷间名称	室温（℃）	相对湿度（%）	适用食品范围
1	冷却间	0~4	—	肉、蛋等
2	冻结间	-23~-18	—	畜禽肉、冰蛋、蔬菜等
		-30~-23	—	鱼、虾等
3	冷却物冷藏间	0	85~90	冷却后的畜禽肉
		-2~0	80~85	鲜蛋
		-1~1	90~95	冰鲜鱼、大白菜、蒜薹、洋葱、菠菜、香菜、胡萝卜、甘蓝、芹菜、莴苣等
		0~2	85~90	苹果、鸭梨等
		2~4	85~90	土豆、橘子、荔枝等
		7~13	85~95	菜椒、菜豆、黄瓜、番茄、菠萝、柑橘等
		11~16	85~90	香蕉等
4	冻结物冷藏间	-20~-15	85~90	冻畜禽肉、副产品、冰蛋、冻蔬菜、冰棒等
		-25~-18	90~95	冻鱼、虾，冷冻饮品等
5	冰库	-6~-4	—	盐水制冰的冰块

同时，冷库的建筑材料和冷库的各部分构造要有足够的抗冻性能。

总之，冷库建筑要有严格的隔热性、密封性、坚固性和抗冻性来保证建筑物的质量。

四、冷库的组成

冷库由主体建筑和附属建筑两大部分构成。

1. 主体建筑

主体建筑包括冷加工间、冷藏间和生产辅助用房。

（1）冷加工间。冷加工间主要用于农产品加工。

（2）冷藏间。①冷却物冷藏间又称高温冷藏间，指用于储藏高于冰点温度低于常温的货物的房间，主要用于储藏鲜蛋、水果、蔬菜等食品。②冻结物冷藏间又称低温冷藏间，指主要储藏冻结货物的房间，主要用于储藏冻肉、冻果蔬、冻鱼等。③冰库又称贮冰间，指用以贮存冰的房间，可解决需冰旺季和制冰能力不足的矛盾。

（3）生产辅助用房。①装卸站台，分公路站台和铁路站台两种。②穿堂，是运输作业和库房间联系的通道，一般分低温穿堂和常温穿堂。③楼梯、电梯间，多层冷库均设有楼梯、电梯间。楼梯是生产工作人员上下的通道，电梯是冷库内垂直运输货物的设施。④过磅间，是专供货物进出库时工作人员过磅计数（量）使用的房间。

2. 附属建筑

附属建筑包括生产附属用房和生活辅助用房。

生产附属用房主要是指与冷库主体建筑有着密切联系的生产用房，如制冷机房、变配电间、水泵房、挑选整理包装间。生活辅助用房主要有生产管理人员的办公室或管理室，生产人员的工间休息室、更衣室及卫生间等。

五、冷库的管理

（一）冷库管理基本要求

根据《冷库管理规范》（GB/T 30134—2013），冷库管理基本要求有以下几项。

（1）冷库管理应遵循《中华人民共和国消防法》和《冷库安全规程》（GB/T 28009—2011）等我国有关法律法规及标准规范的规定。

（2）冷库管理人员应具备一定的专业知识和技能：特种作业人员（电梯工、制冷工、叉车工、电工、压力容器操作工等）应依据《特种设备安全监察条例》及国家相关规定持证上岗；库房作业人员应具有健康合格证，经培训合格后，方能上岗。

（3）冷库生产经营企业应建立安全生产制度、岗位责任制度、各项操作规程；应建立事故应急救援预案，并定期演练。

（4）冷库生产经营企业宜建立质量管理体系、HACCP（危害分析及关键控制点）体系、职业健康安全管理体系、环境管理体系和库存管理信息系统。

（5）冷库生产经营企业应建立日常培训制度，并建立培训人员档案。

（6）冷库生产经营企业应配备与生产经营规模相适应的设备设施，并对其进行定期检查、维护，发现问题及时排除。

（7）当设备、设施或操作控制系统进行更新改造或升级时，冷库生产经营企业应对相应的维护及操作规程等及时更新完善。作业人员操作前，应接受培训。

（8）冷库生产经营企业应在厂区特定的位置设立安全标识，其安全色应符合《安全色》（GB 2893—2008）的规定。

（9）冷库生产经营企业在采用节能运行模式时，应保证食品质量和生产安全。

（10）库房中的食品应根据其储存工艺的要求，分区（间）储存。库房温、湿度应满足其在规定时间范围内的储存要求；对于气调式冷库，库内的气体成分应满足其在规定时间范围内的储存要求。

（11）食品的冷加工，应按规定的时间、温度完成其冷却/冻结加工，并应记录食品进出库的温度。对于畜禽肉的整个胴体及块状食品，应记录其中心温度。

（12）冷库生产经营企业应保持区域内清洁卫生。库房及加工间应定期消毒，冷藏间应至少每年消毒一次，所使用的消毒剂应无毒无害无污染。

（13）厂区要求。

冷库厂区内严格控制有毒有害物品，防止造成食品污染；厂区内的通道应满足交通工具畅通运行的要求；厂区主线道路的照明照度应不小于25lx，广场照明照度应不小于30lx；厂区内运输车辆的行驶速度应不超过15km/h。

（14）非作业人员未经许可不得进入作业区域。

（15）冷库内严禁烟火。

（二）冷库管理具体操作

1. 消毒

果蔬产品腐烂的主要原因是有害微生物的污染，冷藏库在使用前必须进行全面消毒。消毒前须将库内打扫干净，所有用具用 0.5%的漂白粉溶液或 2%～5%的硫酸铜溶液浸泡、刷洗、晾干，再放入库房内进行消毒。冷库消毒方法有下列几种。

（1）乳酸消毒。将浓度为 80%～90%的乳酸和水等量混合，按库容用 $1mL/m^3$ 的比例，将乳酸混合液置于瓷盆内于电炉上加热，待溶液蒸发完后，关闭电炉。闭门熏蒸 6～24h，然后开库使用。

（2）过氧乙酸消毒。将 20%的过氧乙酸按库容用 $5～10mL/m^3$ 的比例，放于容器内于电炉上加热促使其挥发熏蒸，或按以上比例配成 1%的水溶液全面喷洒。因过氧乙酸有腐蚀性，使用时应注意对器械、冷风机和人体的防护。

（3）漂白粉消毒。将含有效氯 25%～30%的漂白粉配成 10%的溶液，用上清液按库容 $40mL/m^3$ 的用量喷洒。使用时注意防护，库房必须通风换气除味。

（4）福尔马林消毒。按库容用 $15mL/m^3$ 的比例，将福尔马林放入适量高锰酸钾或生石灰，稍加些水，待发生气体时，将库门密闭熏蒸 6～12h。开库通风换气后方可使用库房。

（5）硫黄熏蒸消毒。用量为每立方米库容用硫黄 5～10g，加入适量锯末，置于陶瓷器皿中密闭熏蒸 24～48h 后，彻底通风换气后方可使用库房。

2. 入库

果蔬产品进入冷藏库之前要先预冷。由于果蔬产品收获时田间热较高，增加了冷凝系统的负荷，若较长时间达不到储藏低温，则会引起严重的腐烂败坏。进入冷藏库储藏的产品应先用适当的容器包装，在库内按一定方式堆放，尽量避免散贮方式。为使库内空气流通，以利降温和保证库内温度分布均匀，货物应离墙 30cm 以上，与顶部约留 80cm 的空间，货与货之间也应留适当空隙。

3. 温度管理

果蔬入库后应尽快达到适宜的储藏温度，在储藏期间应尽量避免库内温度波动。果蔬产品种类不同，对储藏环境的温度要求也不同。如黄瓜、四季豆、甜辣椒等蔬菜在 0～7℃就会发生冻害。冷藏库的温度要求分布均匀，可在库内不同的位置安放温度表，以便观察和记载冷藏库内各部分温度的情况，避免局部产品受害。另外，结霜会阻碍热交换，影响制冷效果，故必须及时除霜。

4. 湿度管理

储藏果蔬产品时，相对湿度要求在 85%～95%。在制冷系统运行期间，湿空气与蒸发管接触时，蒸发器很容易结霜，而经常冲霜会使冷藏库内湿度不断降低，常低于储藏果蔬对湿度的要求。因此，储藏果蔬产品时要经常检查库内相对湿度，采用地面洒水和安装喷雾设备或自动湿度调节器的措施以达到对储藏湿度的要求。

一些冷藏库出现相对湿度偏高的情况，这主要是由于冷藏库管理不善，产品出入频繁，以致库外含有较高的绝对湿度的暖空气进入库房，在较低温度下形成较高的相对湿度，甚至达到“露点”，而出现“发汗”现象，解决这一问题的关键在于改善管理。

5. 通风换气管理

果蔬产品储藏过程中，会放出 CO_2 和乙烯等气体，当这些气体浓度过高时不利于储藏。冷藏库必须适度通风换气，保证库内温度均匀分布，降低库内积累的 CO_2 和乙烯等气体的浓度，达到储藏保鲜的目的。冷藏库的通风换气要选择气温较低的早晨进行，雨天、雾天等外界湿度过大时暂缓通风，为防止通风而引起冷藏库温、湿度发生较大的变化，在通风换气的同时开动制冷机以减缓库内温湿度的变化。

6. 安全管理

随着人们对冷藏食品需求的日益增加，冷藏容量也逐年递增，与此同时，我国冷库存在的安全事故问题也频频发生。特别是火灾、氨泄漏事故等已成为当前冷库安全管理工作中需要重点关注的问题，造成这些问题的主要原因是：专职管理部门不明确，缺乏系统指导；企业对冷库安全管理不重视；制冷系统带病运转现象非常普遍。

因此，必须重新认识冷库安全管理的重要性；建立符合现代企业要求的安全管理制度；定期进行安全管理的自我检查；制定氨泄漏应急预案，并定期开展安全演习等工作，努力提高冷库行业安全管理工作的水平。

冷标委

全国物流标准化技术委员会冷链物流分技术委员会（SAC/TC269/SC5，以下简称“冷标委”）是由国家标准化行政主管部门批准成立，在全国物流标准化技术委员会（以下简称“全国物流标委会”）业务指导下的专业标准化技术组织，负责冷链物流领域内的标准化工作。

任务总结

机械冷库储藏是冷藏储存的一种，是在一个适当设计的绝缘建筑或设备中借机械冷凝系统的作用，将库内的热传到库外，使库内温度降低并保持在有利于延长农产品的储存时间之内。其特点是效果好，但费用较高，一般多用于储存肉类农产品和鲜果类农产品。机械冷库建筑要具备隔热性、密封性、抗冻性和坚固性来保证建筑物的质量，其构造和设计要符合《冷库设计标准》（GB 50072—2021）的冷库设计规范要求。管理上从消毒、入库、温度管理、湿度管理、通风换气管理、安全管理等方面入手，建立各项制度，不断提升冷库管理水平。

任务四　气调储藏

某公司建成了1500t规模的气调库，也正是这1500t规模让该公司效益实现了历史性

的突破。他们总共储藏了1300t猕猴桃，实现毛利润750万元，气调库刚投入一年就让该企业利润显著提升。什么是气调库？气调库有哪些优势？

任务分析

气调库在农业物流产业链中有着举足轻重的地位。气调储藏果蔬是目前国内外储藏果蔬的一种先进方式，气调储藏通过调低库内氧气、二氧化碳及乙烯的含量来抑制果蔬的呼吸强度，使其处于休眠状态，以保持果蔬的品质，达到长期储藏保鲜的目的。经营者把初步加工处理过的时令果蔬产品放入气调库，经过一段时间的储存，在反季节或者市价达到高峰时再投放市场，就可避免果蔬的季节性价格竞争，是解决农产品保鲜问题和使价格最优化的有效途径。

知识准备

气调储藏符合绿色环保安全高效的发展趋势。自20世纪四五十年代在美国、英国等国家开始商业运行以来，已在许多发达国家得到广泛运用，尤其是在苹果、猕猴桃等水果的长期储藏中发展迅速。我国的气调储藏开始于20世纪70年代，经过几十年的不断研究探索，气调储藏技术也有了很大发展，现已具备了自行设计、建造各种规格气调库的能力，气调储藏新鲜果蔬的数量不断增加，取得了良好效果。

一、气调储藏的原理

气调储藏是调节气体成分储藏的简称，是以改变储藏环境中的气体成分来实现长期储藏新鲜果蔬的一种方式。它在冷藏的基础上根据需求调节其气体成分浓度，如增加储藏环境中CO_2浓度和降低O_2浓度。气调储藏不但控制储藏环境的温湿度，还同时控制气体成分浓度，从而形成有利于保持新鲜果蔬品质的综合环境。

1. 抑制果蔬的生理活动

（1）抑制果蔬的呼吸作用。正常空气中O_2和CO_2的浓度分别约为20.95%和0.03%，其余的则为氮气（N_2）等。在O_2浓度降低或CO_2浓度增加，以至于改变了气体浓度组成的环境中，新鲜果蔬的呼吸作用受到抑制，从而降低呼吸强度，推迟呼吸高峰出现的时间，延缓新陈代谢速度，进而推迟果实的成熟衰老，减少营养成分和其他物质的降解和消耗，这样有利于新鲜果蔬质量的保持。

（2）抑制果蔬的乙烯生成。较低的O_2浓度和较高的CO_2浓度能抑制乙烯的生物合成、削弱乙烯生理作用的能力，有利于延长新鲜果蔬的储藏寿命。

2. 抑制微生物的生长繁殖

好气性微生物在低氧环境下，其生长繁殖就受到抑制。氧气的浓度还和某些果蔬的病害发展有关。如苹果的虎皮病，随着氧气浓度的下降而减轻。高浓度的二氧化碳也能较强地抑制果蔬某些微生物的生长繁殖。

因此，气调储藏应用于新鲜果蔬储藏是通过延缓产品的成熟衰老、抑制乙烯生成及防止病害的发生，更好地保持新鲜果蔬原有的色、香、味、质地特性和营养价值，有效地延长果蔬的储藏时间和货架寿命。实践证明，对气调环境反应良好的新鲜果蔬产品，运用气调储藏时其寿命可比机械冷库储藏增加 1 倍，甚至更多。正因为如此，近年来气调储藏发展迅速，储藏规模不断增加。

二、气调储藏的特点

气调储藏与常温储藏和冷藏相比较，具有以下特点。

1. 保鲜效果好

果蔬储藏的保鲜效果主要表现在能否维持原有品质。气调储藏能有效地抑制果蔬采后的生理衰老过程，降低果蔬产品对乙烯的敏感性，使果蔬产品很好地保持原有的新鲜品质。

2. 储藏损耗低

气调储藏严格控制库内温湿度及氧气和二氧化碳等气体成分，有效地抑制了果蔬的呼吸作用、蒸腾作用和微生物的危害，储藏期间因失水、腐烂等造成的损耗大大降低。据河南生物研究所对猕猴桃的观察，在储藏期相同的条件下，普通冷藏的损耗高达 15%~20%，而气调储藏总损失不足 4%。河北某气调库鸭梨储藏 10 个月，失水率几乎为零。

3. 货架期长

由于气调储藏能有效抑制果蔬的呼吸作用、蒸腾作用和微生物的危害，故可以延长其储藏时间。经气调储藏后的水果由于长期处于低氧和较高二氧化碳的环境，在解除气调状态后，仍有一段很长时间的“滞后效应”。据在苹果上的试验，一般认为在保持相同质量的前提下，气调储藏的货架期是冷藏的 2~3 倍。

4. 保绿效果显著

气调储藏可有效抑制叶绿素的分解，保绿效果显著。对于富含叶绿素的果蔬产品，在高 CO_2 条件下，能有效抑制其叶绿素的分解，从而保绿效果显著，且能较好地保持果蔬的酸度。

5. 产品安全性高

气调储藏属于“绿色”储藏，所以产品安全性高。在果品气调储藏过程中，由于低温、低氧和相对较高的二氧化碳的相互作用，基本可以抑制侵染性病害的发生，储藏过程中基本不用化学药物进行防腐处理。

三、气调储藏的类型

气调储藏自进入商业性应用以来，大致可分为两大类，即自发气调储藏和人工气调储藏。

1. 自发气调储藏（Modified Atmosphere Storage，MA 储藏）

MA 储藏指利用新鲜果蔬产品自身的呼吸作用降低储藏环境中的 O_2 浓度，同时提高 CO_2 浓度的一种气调储藏方法。理论上有氧呼吸过程中消耗 1%的 O_2 即可产生 1%的 CO_2，而 N_2 则保持不变，即 O_2+CO_2 的含量为 21%。生产实践中常出现的情况是消耗的 O_2 多于产出的 CO_2，即 O_2+CO_2 的含量小于 21%。自发气调方法比较简单，但达到设定的 O_2 和

CO_2 浓度水平所需的时间较长，操作上维持要求的 O_2 和 CO_2 的比例较困难，因而储藏效果不如人工气调储藏。MA 储藏的方法多种多样，在我国多用塑料袋密封储藏和硅橡胶窗储藏。

2. 人工气调储藏（Controlled Atmosphere Storage，CA 储藏）

CA 储藏指根据产品的需要和人为要求调节储藏环境中各气体成分的浓度并保持稳定的一种气调储藏方法。由于严格控制 O_2 和 CO_2 的比例且与储藏温度密切配合，故 CA 储藏比 MA 储藏先进，储藏效果好，被发达国家广泛采用，也是我国今后发展气调储藏的主要目标。

CA 储藏按人为控制气体种类的多少又可分为单指标广泛、双指标控制储藏和多指标控制储藏三种。

（1）单指标控制储藏。单指标控制储藏指对环境中的某一种气体（如 O_2 或 CO_2 等）进行控制，而对其他气体不加调节。这一方法对被控制气体浓度的要求较高，管理较简单。需要注意的是，被调节气体浓度低于或超过规定的指标时有导致伤害发生的可能。属这一类的有低 O_2（1.0%～1.5%）气调和贮前高 CO_2（10%～30%）后效应气调，后者是利用 CO_2 短时间处理后，再进行正常 CA 储藏等。

（2）双指标控制储藏。双指标控制储藏指的是对常规气调成分的 O_2 和 CO_2 两种气体均加以调节和控制的一种气调储藏方法。根据气调时 O_2 和 CO_2 浓度的不同又有三种情况：O_2 和 CO_2 的含量为 21%，O_2 和 CO_2 的含量大于 21%，O_2 和 CO_2 的含量小于 21%。新鲜果蔬气调储藏中以第三种应用最多。

（3）多指标控制储藏。多指标控制储藏指不仅控制储藏环境中的 O_2 和 CO_2 的含量，同时还对其他与储藏效果有关的气体成分［如乙烯（C_2H_4）、CO 等］进行调节。这种气调方法储藏效果好，但调控气体成分的难度较高，需要在传统气调的基础上增添相应的设备，导致投资增大，因而这一方法目前在生产上应用不多，可作为今后气调储藏发展的方向。

气调储藏经过几十年的不断研究、探索和完善，特别是 20 世纪 80 年代以后有了新的发展，开发出了一些有别于传统气调的新方法，如快速 CA 储藏、低氧 CA 储藏、低乙烯 CA 储藏、双维（动态、双变）CA 储藏等。

四、气调储藏的条件

利用气调技术储藏新鲜果蔬时，在储藏条件上除了控制气体成分外，其他方面与机械冷库储藏大同小异。就储藏温度来说，气调储藏适宜的温度略高于机械冷库储藏，幅度约为 0.5℃。新鲜果蔬气调储藏时的相对湿度要求与机械冷库储藏相同。

新鲜果蔬气调储藏时，选择适宜的 O_2、CO_2 和其他气体的浓度及配比是气调储藏成功的关键。不同的新鲜果蔬要求气体配比的差异主要取决于产品自身的生物学特性。根据对气调环境反应的不同，新鲜果蔬可分为三类：①对气调环境反应良好的种类，如苹果、猕猴桃、香蕉、蒜薹、绿叶菜类等；②对气调环境反应不明显的种类，如葡萄、柑橘、土豆、萝卜等；③介于两者之间，对气调环境反应一般的种类，如核果类水果等。只有对气调环境反应良好和一般的果蔬种类才有进行气调储藏的必要和潜力。常见新鲜果蔬气调储藏参数如表4-2所示。

表4-2　常见新鲜果蔬气调储藏参数

种类	产地	储藏参数				可能储藏期限（d）
		温度（℃）	湿度（%）	O_2浓度（%）	CO_2浓度（%）	
金冠苹果	瑞士	2~3	92	2	4	240
元帅苹果	澳大利亚	2	—	2.5	2.5	150
秦冠苹果	中国	0~1	90~95	3	3	180~220
富士苹果	中国	0~1	90~95	3	3	180
鸭梨	中国	0	90~95	7~10	0	210
猕猴桃	中国	0~1	85~90	2~10	<5	120~150
桃	日本	0~1	—	3	8	20
温州蜜柑	日本	3	85~90	10	2	180
柿子	中国	-1	90	3~5	8	90~120
甜橙	以色列	0~7	—	1	0	90
香蕉	中国	13~14	90~95	3~5	5~7	30~60
柠檬	中国	12~15	85~90	5~8	0~5	120~180
番茄	中国	10~13	80~85	2~5	2~5	20~45
青椒	中国	8~10	85~95	2~8	1~2	30~70
西兰花	中国	0~1	95~100	1~2	0~5	15~90
芹菜	中国	0~1	90~95	2~3	4~5	60~90
洋葱	中国	0~1	65~75	3~6	0~5	90~240

气调储藏在充分考虑温湿度和气体成分时，还应该综合考虑三者间的配合。一个条件的有利影响往往会因结合另一个有利条件使其进一步加强。同理，一个不适条件的危害影响会因结合另一个不适条件使其进一步加强，或者当一个条件处于不适状态时可以使另外适宜条件的作用减弱或不能表现出其有利影响。与此相反，一个不适条件的不利影响可因改变另一个条件而使之减轻或消失。因此，生产实践中必须选择三者之间的最佳配合。当一个条件发生改变后，其他的条件也应随之改变，才能仍然维持一个较适宜的综合环境。双维气调即基于此原理研究出来的气调技术。

五、气调储藏的方法

目前，农产品气调储藏运用较多。其中果蔬储藏技术可参照《水果和蔬菜　气调贮藏技术规范》（GB/T 23244—2009）、《水果和蔬菜　气调贮藏原则与技术》（SB/T 10447—2007）。

（一）气调冷藏库储藏

1. 气调冷藏库的设计与建造

气调冷藏库在设计和建造时在许多方面应遵循机械冷库的设计和建造原则，同时还要充分考虑和结合气调储藏自身的特点和需要。

（1）库体结构。库址选择时一般应考虑建在新鲜果蔬产品的产地。在生产辅助用房的基础上增加气体储藏间、气体调节和分配机房。应适当增加储藏间，满足气调储藏产品多样化（种类、品种、成熟度、储藏时间等）的要求，且单间的库容应小型化（100～200t/间），储藏库房在设计和建造时除应具备机械冷库的隔热、控温、增湿性能外，还应达到特殊的要求：气体密封性好，易于取样和观察，能脱除有害气体和自动控制等，气调冷藏库的结构如图 4-12 所示。

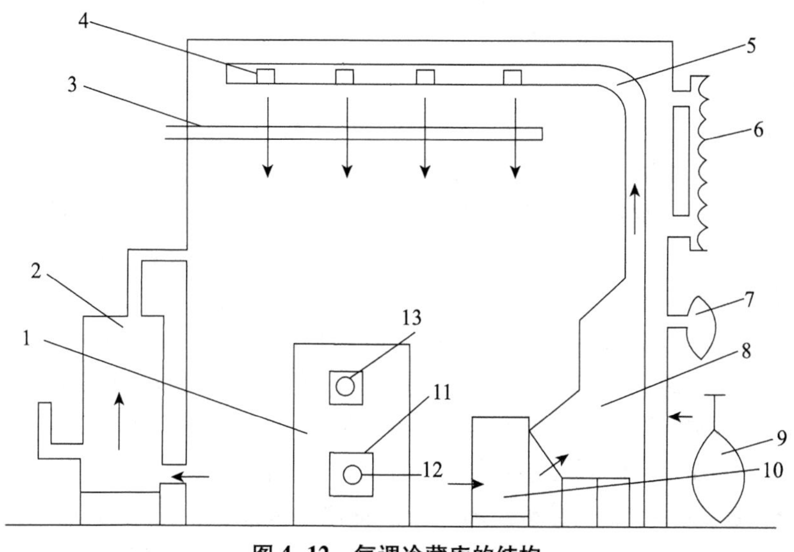

图 4-12　气调冷藏库的结构

1—气密门；2—CO_2 吸收装置；3—加热装置；4—冷气出口；5—冷风管；6—呼吸袋；7—气体分析装置；8—冷风机；9—N_2 发生器；10—空气净化器；11—气密筒；12—气密孔；13—观察窗。

（2）气密结构。气密性能是气调储藏的关键，它关系到气调冷藏库的成败和产品的储藏寿命，满足气密性要求的方法是在气调冷藏库的围护结构上敷设气密层。气密层的设置是气调储藏库设计和建造中的一大难题。选择气密层出口所用材料的原则有：①材质均匀一致，具有良好的气体阻绝性能；②材料的机械强度和韧性大，当有外力作用或温变时不会撕裂、变形、折断或穿孔；③性质稳定、耐腐蚀、无异味、无污染，对产品安全；④能抵抗微生物的侵染，易于清洗和消毒；⑤可连续施工，能把气密层制成一个整体，易于查找漏点和修补；⑥粘接牢固，能与库体粘为一体。

气调冷藏库的气密性能除取决于选用的材料外，还与施工质量密切相关。气密层巨大的表面积经常受到温度、压力及其波动的影响，若施工不当或粘接不牢时，气密层有可能被剥落而失去气密作用，尤其是当库体出现压力变化或直接导致负压时。因此，根据气调冷藏库的特点，设置气密层时多数设在围护结构的内侧，以便于检查和维修，而对于装配式气调库气密层则多采用彩镀夹心板方式设置。经试验，密封胶、聚氨酯等专用密封材料在现场施工中获得了优良的气密效果，在生产实践中得到普及。

气调冷藏库运行期间，操作人员不能进入库房对产品、设备及库体状况进行检查，因此在气调冷藏库进行设计和建造时，必须设置观察窗和取样孔（产品和气体）。观察窗可设置在气调门上，取样孔则多设置于侧墙的适当位置。观察窗和取样孔的设置增大了气密性要求的难度。

（3）压力平衡。气调冷藏库由于要进行库房内外的气体交换而存在一定的压力差，为保障气调冷藏库的安全运行，保持库内压力的相对平稳，库房设计和建造时必须设置压力平衡装置。用于压力调节的装置主要有缓冲气囊和压力平衡器。其中前者是具有伸缩功能的塑料储气袋，当库内压力波动较小时（<98Pa），通过气囊的膨胀和收缩进行调节，使库内压力不致出现太大的变化；后者为盛水的容器，当库内外压力差较大时（如>98Pa），水封即可自动鼓泡泄气（内泄或外泄）。

2. 气体调节系统

气调冷藏库具有专门的气调系统，该系统可以进行气体成分的储存、混合、分配、测试和调整等。一个完整的气调系统主要包括三大类设备。

（1）储配气设备。储配气用储气罐、瓶，配气设备有减压阀、流量计、调节控制阀、仪表和管道等。将这些设备合理连接，可以保证气调储藏期间所需各种气体的供给，并以符合储藏果蔬所需的速度和比例输送至气调冷藏库中。

（2）调气设备。调气设备包括真空泵、制氮机、降氧机、富氮脱氧机（烃类化合物燃烧系统、分子筛气调机、氨裂解系统、膜分离系统）、CO_2 洗涤器、SO_2 发生器、乙烯脱除装置等。先进调气设备的应用为迅速高效地降低 O_2 浓度、升高 CO_2 浓度、脱除乙烯和维持各气体组分在符合储藏对象要求的适宜水平上提供了保证。

（3）分析监测仪器设备。分析监测仪器设备包括采样泵、安全阀、控制阀、流量计、奥氏气体分析仪、温湿度记录仪、测 O_2 仪、测 CO_2 仪、气相色谱仪、计算机等，这些设备的应用满足了气调储藏过程中相关储藏条件的精确检测，为调配气提供依据，并对调配气进行自动监控。

此外，气调冷藏库还有湿度调节系统，这也是气调储藏的常规设施。另外，气调冷藏库内的制冷负荷要求比一般的冷库大，这是因为装货集中，要求在很短时间内将库温降到适宜储藏的温度。

（二）塑料薄膜袋（帐）气调储藏

塑料薄膜袋（帐）气调储藏是利用塑料薄膜对水蒸气和气体的低透性，包装或密封果蔬产品，构成气调储藏的封闭环境，达到改变环境中的 O_2 和 CO_2 浓度，控制水分过度蒸发，从而抑制呼吸、延缓衰老、延长储藏的目的。采用塑料薄膜进行包装封闭不仅能够延缓果蔬产品衰老、减轻某些生理病害，而且可以防止机械损伤，大大提高其商品价值。这种方法通常与普通冷藏库、通风库、土窑洞储藏相结合，还可在运输途中应用，使用方便，价格低廉，储藏效果好，是气调储藏技术的新发展。

1. 塑料薄膜袋封闭储藏

塑料薄膜袋封闭储藏简称袋封储藏，是将果蔬装入塑料薄膜袋内，扎紧袋口或热封的

一种简易气调储藏方法。袋的规格不同，小袋装产品为 0.25kg 至数千克，即小包装，薄膜厚度一般为 0.03~0.05mm，适用于短期储藏和零售保鲜；大袋装产品为 15~30kg，即大包装，薄膜厚度一般为 0.06~0.08mm，适用于运输和储藏。塑料薄膜大袋封闭包装通常采用放风管理方式，当 CO_2 浓度达到一定时，打开袋口通入新鲜空气，然后扎紧袋口封闭。这样定期放风，使袋内保持适宜的气体环境和湿度条件，有利于提高果蔬的储藏效果。

2. 塑料薄膜帐封闭储藏

塑料薄膜帐封闭储藏也称深封储藏，是利用塑料薄膜对 O_2 和 CO_2 有不同渗透性和对水透过率低的原理来抑制果蔬在储藏过程中的呼吸作用和水蒸发作用的储藏方法。一般先在储藏室地上垫上衬底薄膜，其上放枕木，然后将果蔬用容器包装后堆成垛，容器之间留通气孔隙。码好的垛则用塑料薄膜帐罩住，帐子和垫底薄膜的四边互相重叠卷起并埋入垛四周的土中，或用土、砖等压紧。封闭帐常用厚为 0.1~0.2mm、机械强度高、透明、耐热、耐低温老化的聚乙烯（PE）或聚氯乙烯（PVC）塑料薄膜，每垛储藏量一般为 500~1000 千克，垛呈长方体状。在生产过程中，对于需要快速降低 O_2 含量的塑料帐，封帐后可用机械降氧机快速实现气调条件。但由于果蔬呼吸作用仍然存在，帐内 CO_2 浓度会不断升高，应定期用专门仪器进行气体检测，以便及时调整气体成分的配比。

（三）硅窗薄膜袋（帐）气调储藏

由于塑料薄膜越薄，透气性就越好，但容易破裂；若薄膜加厚，则透气性降低。因此，塑料薄膜在使用上受到一定限制，而硅窗薄膜袋（帐）气调储藏则弥补了这一缺陷。

硅窗薄膜袋（帐）气调储藏是将果蔬储藏在镶有硅橡胶窗的聚乙烯（PE）或聚氯乙烯薄膜袋（帐）内，利用硅橡胶膜特有的透气性自动调节气体成分的一种简易气调储藏。硅橡胶膜的透气性是一般塑料薄膜的 100~400 倍，而且具有较大的 CO_2 和 O_2 的透气比。所以，利用硅橡胶膜特有的透气性能，使袋（帐）内过量的 CO_2 通过硅橡胶窗透出，而果蔬产品呼吸过程中所需的 O_2 可从硅橡胶窗缓慢透入，这样就可保持适宜的 O_2 和 N_2 含量，创造有利的气调储藏条件。

硅窗薄膜袋（帐）的大小可根据生产需要而定。但是硅橡胶窗面积是一个非常重要的因素。硅橡胶窗的面积应根据果蔬产品的种类、成熟度、储藏数量、储藏温度、要求的气体组成、硅橡胶膜厚度等许多因素来确定。

六、气调储藏的管理

气调储藏的管理在许多方面与机械冷库储藏相似，包括库房的消毒、商品入库后的堆码方式及温度、相对湿度的调节和控制等，但也存在一些不同。

1. 新鲜果蔬的原始质量

用于气调储藏的新鲜果蔬原始质量要求很高。没有储藏前优质的原始质量为基础，就不可能获得果蔬气调储藏的效果。储藏用果蔬最好在专用基地生产，且加强采前的管理。另外，要严格把握采收的成熟度，并注意采后商品化处理措施的综合应用，以利于气调效果的充分发挥。

2. 产品入库和出库

新鲜果蔬入库时要尽可能做到按品种、成熟度、产地、储藏时间要求等分库储藏，不要混储，以避免相互间的影响，应确保提供最适宜的气调储藏条件。气调条件解除后，应在尽可能短的时间内一次出库。

3. 温度、湿度管理

新鲜果蔬采收后应立即预冷，排除田间热后再入库储藏。经过预冷应使果蔬一次入库，缩短装库时间，尽早达到气调条件；另外，在封库后应避免因温差太大导致内部压力急剧下降，内部压力急剧下降会增大库房内外压力差而对库体造成伤害。储藏期间的温度管理与机械冷库储藏相同。

气调储藏过程中，由于能保持库房处于密闭状态，且一般不进行通风换气，故能使库内维持较高的相对湿度，有利于产品新鲜状态的保持。气调储藏期间可能会出现短时间的高湿度情况，一旦出现这种现象应立即进行除湿（如 CaO 吸收等）。

4. 空气洗涤

在气调储藏条件下，果蔬易挥发出有害气体和异味物质且逐渐积累，甚至达到有害的水平，而这些物质又不能通过库房内外通风换气被排除，故需要利用空气洗涤设备（如乙烯脱除装置、CO_2 洗涤器等）定期工作来保证空气的清新。

5. 气体调节

气调储藏的核心是气体组分的调节。根据新鲜果蔬的生物学特性、温度与湿度的要求决定气调的气体组分，通过调节使气体指标在尽可能短的时间内达到规定的要求，并且在整个储藏过程中维持在合理的范围内。气调储藏采取的调节气体组分的方法有调气法和气流法两类。

（1）调气法。调气法利用机器或产品自身的呼吸降低储藏环境中的 O_2 浓度，提高 CO_2 浓度或调节其他气体成分的浓度至需要的水平。具体的做法有：利用产品自身的呼吸降低 O_2 浓度，同时升高 CO_2 浓度；利用除氧机和燃烧法降低 O_2 浓度；充 N_2 降低 O_2 浓度；充 CO_2 提高 CO_2 浓度；抽真空后充 N_2 或 CO_2，以降低 O_2 浓度或同时提高 CO_2 浓度；用分子筛或活性炭吸收 O_2 降低 CO_2 浓度；抽真空后充 N_2 降低 CO_2 浓度；用生炭等吸收 CO_2 降低 CO_2 浓度等。调气法操作较复杂、烦琐，指标不易控制，所需设备较多。

（2）气流法。气流法将不同气体按配比指标人工预先混合，配制好后通过分配管道输送入气调储藏库，从储藏库输出的气体经处理调整成分后，再重新输入分配管道，注入气调储藏库，形成气体的循环。运用这一方法调节气体成分时，指标平稳、操作简单、效果好。

在气调库房运行中要定期对气体组分进行监测。不管采用何种调气方法，气调条件要尽可能与设定的要求一致，气体浓度的波动最好能控制在 0.3%以内。

6. 堆码和气体循环

要使果蔬迅速降温，产品的堆码方式非常重要。堆码粗放无序，就会产生较大的阻力，妨碍气流循环，这时即使气调储藏库的空气循环系统设计得再合理也无济于事。空气循环的基本原理是让空气沿着阻力最小的通道流动。若堆码不当，就会局部受阻，形成气流的死角，使温度上升。风道太宽也不好，因为这时气流就会短路，不利于散热降温。最

好的堆码方式是使每个包装箱周围都有气流通过，这时冷却的速度才最快，但在商业性大型气调储藏库内很难做到。

在建造气调储藏库时，一般冷却器应安装在中央通道的上方，效果很好，空气可以从库中心向墙壁、向下扩散，在产品行间循环，再回到库房中心，使之均匀降温。要达到均匀降温的目的，在产品与墙壁和产品与地坪间须留出 20~30cm 的空气通道，在产品与库顶之间所留空间一般应在 50mm 以上（视库容大小和结构而定），此外，在产品的垛与垛之间也应留出一定的间隙，以利通风降温。一般在空库情况下，每小时的换气量应达到 7.5 次左右，以利于保持库内温度均衡。

储藏箱堆码时，要求整齐、规格化，垛的大小要适宜，过大会影响通风，造成库内温度不均匀，垛太小将降低容量，会提高储藏成本。垛与库壁至少相距 20mm。垛高不能超过冷风机的出风下口。垛与垛之间要留有 20~30cm 间距，堆垛的行向应与空气流通方向一致。如果库房容积不大，也可以不分垛。每垛当中，箱与箱之间要留有 1.5~2cm 宽的间隙。库内还应留有适当宽度的通道，以利于工作人员和载重车出入。堆码时要离蒸发器 2m 的距离，因蒸发器附近的温度过低，时常会产生低温伤害。

堆码时除留出必要的通风道和通道之外，应尽可能地将库内装满，减少库内气体的自由空间，从而加快气调速度，缩短气调时间，使果蔬在尽可能短的时间内进入气调储藏状态。

7. 封库前应做的工作

（1）给水封安全阀注水，将安全阀的水封柱高调节到 245Pa。

（2）校正好遥测温度、湿度及气体成分分析的仪器。

（3）检查照明设备。

（4）给所有进出库房的水管道（如冲霜、加湿、溢流排水等）的水封注水。

8. 安全性

（1）产品安全。由于产品对低 O_2 浓度、高 CO_2 浓度等气体条件的耐受力是有限度的，产品长时间储藏在超过规定限度的气体条件下会受到伤害，导致损失。因此，气调储藏时要注意对气体成分的调节和控制，并做好记录，以防止意外情况的发生，同时有助于意外发生后原因的查明和责任的确认。另外，气调储藏期间应坚持定期通过观察窗和取样孔加强对产品质量的检查。

（2）人员安全。除了产品安全之外，工作人员的安全不可忽视。气调库房中的 O_2 浓度一般低于 10%，这样的 O_2 浓度对人的生命安全构成威胁，且危险性随 O_2 浓度降低而增大。所以，气调库房在运行期间门应上锁，工作人员不得在无安全保证下进入气调库房。解除气调条件后应进行充分彻底的通风后，工作人员才能进入库房操作。

资料阅读

某公司气调库安全管理要求

（1）在储藏间的入口和其他适宜位置设置低氧危险警示标志。

（2）严格按照管理操作规程操作气调库的设施设备。

（3）严禁人员不戴氧气防护面具进入处于气调状态的储藏间，确需短时进入操作或检查时，应做好安全措施，至少由两人共同完成。一人戴好足够氧气量的氧气防护面具进入操作，另外一人在库外监视，且入库人员的活动范围一定要在库外人员的可视范围之内。

（4）气调储藏结束时，应先打开储藏间的门，开动风机1~2h，待排除过多的CO_2，O_2含量接近大气水平时，工作人员方可不戴氧气防护面具进入。

任务总结

气调储藏是调节气体成分储藏的简称，是以改变储藏环境中的气体成分来实现长期储藏新鲜果蔬的一种方式。具有保鲜效果好、储藏损耗低、货架期长、有效抑制叶绿素的分解，保绿效果显著及“绿色”储藏，产品安全性高等特点。气调储藏自进入商业性应用以来，大致分为自发气调储藏和人工气调储藏两大类。气调冷藏库在设计和建造时在许多方面遵循机械冷库的原则，同时还要充分考虑和结合气调储藏自身的特点和需要。其管理与操作在许多方面与机械冷库储藏相似，包括库房的消毒、商品入库后的堆码方式及温度、相对湿度的调节和控制等，但也存在一些不同，尤其要加强新鲜果蔬的原始质量、空气洗涤、气体调节、封库、安全性管理等关键环节的管理。

任务五　储藏病虫害管理

任务引入

“橘子里边有条长约1cm的蛆虫，真是太恶心了。”一条关于柑橘大实蝇的信息传开后，湖北橘农和柑橘产业受了伤：产地销售基本停滞，价格急跌，湖北省橘农损失15亿元。

任务分析

柑橘大实蝇俗称“柑蛆”，又名橘大食蝇、柑橘大果蝇，是一种国际国内植物检疫性有害生物。被害果称“蛆果”。成虫产卵于柑橘幼果中，幼虫孵化后在果实内部穿食瓤瓣，常使果实未熟先黄，黄中带红，使被害果提前脱落。而且被害果实严重腐烂，使果实完全失去食用价值，严重影响产量和品质。迟发的幼虫和蛹能随果实运输，在产后物流过程中的储藏期出现，因此影响极大。

知识准备

储藏病虫害的来源，一是随着入库农产品及其包装带入仓库的害虫，二是隐藏在仓库

建筑物和仓储设备缝隙中的害虫。在产品入库自身带入的病虫害方面，其中比较复杂的为果蔬病虫害。

一、农产品入库自身带入的病虫害

下面主要以果蔬为例对农产品入库自身带入的病虫害进行分类。

（一）侵染性病害

由病原微生物侵染而引起的病害称为侵染性病害。果蔬采后侵染性病害的病原物主要为真菌和细菌，只有极个别的为线虫和病毒。水果储运期间的侵染性病害几乎全由真菌引起，这可能与水果组织多呈酸性有关。而叶用蔬菜的腐烂，细菌是主要的病源。

1. 病原菌侵染特点

病原菌的侵染过程从时间上可分为采前侵染和采后侵染，从侵染方式上则分为伤口侵染、自然孔口或穿越寄主（果蔬）表皮直接侵染。了解病原菌侵染的时间和方式对制定防病措施是极为重要的。

（1）采前侵染。有些病原菌在采前侵入果蔬体内后，经过一定程度的扩展，由于寄主具有一定程度的抗病性或环境条件不适于发病，暂不表现症状，只有当寄主采收以后，随着成熟、衰老，抗病性降低或环境条件适宜时，才继续扩展并出现症状，这种现象称为采前侵染或潜伏侵染。如板栗的黑霉病菌就是在树上或落地后侵入果实，储藏前期不表现任何症状，而储藏1~2个月后才发病，引起果实变黑腐烂；洋葱的灰霉病菌也是在田间侵入洋葱叶内，随着采收自上而下进入鳞茎，储藏期间大量发病。这类病害的防治主要应加强采前的田间管理，清除病源，减少侵染。

（2）采后侵染。引起果蔬腐烂的病原菌主要是在采后各个环节侵入的。许多病原菌采前以孢子形式存在于果面，采后环境条件适宜时孢子萌发，通过伤口或皮孔直接侵入，迅速发病，引起果实腐烂。如葡萄、草莓的灰霉菌，柑橘、苹果的青霉菌以及桃的褐腐菌等，采后均可通过伤口或皮孔直接侵入果实。因此，采后处理（药剂、辐射、热水浸泡等）是防治这类病害的主要措施。

（3）伤口侵染。果蔬表面的各种创伤都可能成为病原菌侵入的途径，如采收时造成的伤口，采后处理、加工包装以及储运装卸过程中的擦伤、碰伤、压伤、刺伤等机械伤，脱蒂、裂果、虫口等，这些都是果蔬采后病害的重要侵入方式。青霉病、绿霉病、酸腐病、黑腐病真菌以及许多细菌性软腐病细菌都是从伤口侵入的。

（4）直接侵入。病原菌直接穿透果蔬器官的角质层或细胞壁的侵入方式称为直接侵入。病原菌中有一部分能够直接侵入。其典型过程是孢子萌发产生牙管，牙管顶端膨大形成附着器并分泌新液，先把牙管固定在可侵染的寄主表面，再由附着器上产生的纤细的侵入丝穿透被害体的角质层；此后，有的菌丝加粗后在细胞间蔓延，有的穿透细胞壁而在细胞内蔓延，如炭疽病菌和灰霉菌等。

2. 发病的因素

果蔬储藏病害的发生和发展与其他植物病害一样，都是果蔬与病原菌在一定的环境条件下相互作用，最后以果蔬不能抵抗病原菌侵袭而发生病害的过程。病害的发生不能由果蔬体单独进行，而是受三个因素的影响和制约，即病原菌、寄主（果蔬）和环境条件。

（1）病原菌。病原菌是引起果蔬病害的病源，由于病原菌具有各自的生活周期，许多储藏病害都源于田间的侵染。因此，可通过加强田间的栽培管理，清除病害病叶，减少侵染源，同时，配合采后药剂处理来达到控制病害发生的目的。

（2）寄主（果蔬）。果蔬的抗性又称抗病性，指果蔬抵御病害的能力。影响果蔬抗性的因素主要有成熟度、伤口和生理病害。一般来说，未成熟的果蔬有较强的抗病性，如未成熟的苹果不会感染焦腐病和疫病，但随着果蔬成熟度增加，感病性也增强。伤口是病原菌入侵果实的主要门户，有伤的果实极易感病。果蔬产生生理病害（冷害、冻害、低 O_2 浓度或高 CO_2 浓度伤害）后对病害的抵抗力降低，也易感病，发生腐烂。

（3）环境条件。影响发病的环境条件主要是温度、湿度和气体成分。

3. 防治措施

（1）物理方法。果蔬采后病害的物理防治方法，主要包括改善储藏环境的温度和气体成分，以及储藏前处理。具体方法主要是低温储藏、控制气体成分、热处理、辐射处理等。

（2）化学防治。化学防治是一般植物病害防治的重要方法，也是果蔬采后病害防治的有效方法。物理防治只能抑制病菌的活动和病害的扩展，而化学防治对病原菌有毒杀作用，因此防治效果更为显著。例如，低温储藏果蔬，一旦离开低温条件，曾暂时被抑制的病原菌往往以加倍的速度发展和产生危害，而化学药剂处理可以弥补这一不足，尤其是对不耐低温的果蔬储藏更为重要。

（3）生物防治。生物防治主要是借助微生物及其代谢物对病害进行防治，是近年来研究较多的防病新方法，由于化学药剂对环境和农产品的污染直接影响人类的健康以及病原菌的抗药性问题对病害防治的有效性降低，世界各国都在探索能代替化学药剂的防病新技术。果蔬储藏病害的生物防治研究虽然起步较晚，但有着广阔的前景。生物防治较化学防治安全，环境污染小，一般无残毒。尤其是果蔬储藏，环境条件易控制，处理目标明确，不易受外界环境的干扰，这使生物防治在果蔬储藏中的应用更加广泛。

大量的实验证明了许多抗生素对防治柑橘的青霉病、绿霉病和蒂腐病，桃、李子和樱桃的褐腐病，以及梨、苹果的灰霉病和青霉病都有效。

（4）综合防治。果蔬产品采后病害的有效防治主要靠综合技术措施的应用，包括采前的田间管理和采后的处理。采前的田间管理包括合理的施肥、灌溉、喷药、果树的修剪、疏花疏果、套袋栽培等技术措施。适时采收对减少病原菌的潜伏侵染、提高果蔬的耐藏性十分有效。

采后的处理则包括及时预冷，病、虫、伤果的清除，愈伤、洗涤、干燥及防腐药剂的应用，包装材料的选择，低温运输，选定适合不同果蔬产品生理特性的储藏温度、湿度、气体成分，以及确立适宜的储藏时期等，这些措施对延缓衰老、减少病害、保持果蔬风味品质都非常重要。

（二）生理性病害

由于采前不适宜的生长条件或采后不适宜的储运环境引起的病害称为生理性病害或非侵染性病害。

1. 致病因素

果蔬采后的生理性病害是由采收前不适宜的生长条件或采后不适宜的储运环境引起的。其发生的原因很多，采前因素主要有营养元素过量或不足；栽培管理不当，如田间药物浓度过高等；采收成熟度不适；日灼、多雨或日照不足等。以上因素都会导致生理性病害的发生。采后因素不外乎果蔬储运中不适宜的温度、相对湿度、气体成分等，多种不利因素综合影响更易诱发和加重生理性病害的发生。

2. 防治措施

果蔬生理性病害都是环境中的非生物因素引起的，与果蔬的采前状态（如果蔬的成熟度、含水量、是否被病原物侵染）、采收和采后各种商品化的处理以及储藏过程中运输、包装等因素有密切关系，因此，必须考虑各种有关因素，对病害进行综合预防，即提高生长期的栽培管理水平，消除有害环境因素，改善储运环境条件。

（三）果蔬虫害

果蔬种植和储运过程中发生的虫害是引起采后果蔬商品质量下降和腐烂的重要原因之一。被害程度轻则果蔬表面不洁，有孔眼、疤痕，被害程度重则果肉内部蛀食一空，使其降低甚至失去食用价值和商品价值。一些害虫还可能传播病害，会造成更大损失。果蔬害虫主要在生长期侵入或潜入，而在储运期间继续为害。故应加强生长期果蔬害虫的综合防治。果蔬害虫防治的方法主要有植物检疫、农业防治、生物防治、物理及机械防治、化学防治及综合防治等措施。

二、仓库环境虫害

农产品虫害管理，是做好农产品保管养护工作的一个重要环节，农产品物流过程中发生虫害如不及时采取措施，会产生严重损失。

（一）仓库的主要害虫及特性

仓库害虫的种类很多，全世界已定名的有几百种，我国已有记载的有 200 余种。仓库害虫属于节肢动物门，大部分是鞘翅目和鳞翅目昆虫，如米象、赤拟谷盗等。

仓库害虫由于长期生活在仓库中，因此，形成了能适应仓库环境的生活习性。当然，不同的仓库害虫具有不同的特性，但大多数仓库害虫都具有以下共同的特性：①适应性强；②食性广而杂；③具有趋光性、趋温性和趋化性；④活动隐蔽；⑤繁殖能力强。

（二）影响仓库害虫生长繁殖的外界因素

1. 温度对仓库害虫的影响

温度与仓库害虫的生长繁殖关系密切。它对害虫的个体发育速度、成虫的寿命和繁殖率及害虫的食量、迁移分布和死亡速度等都有直接影响。每种害虫的生长繁殖都要求一定的温度，对多数害虫来说，8～40℃为有效温度范围，这是昆虫生长繁殖所要求的温度范围。其中 22～30℃是昆虫生活最适宜的温度区；超过上限温度或低于下限温度，对昆虫有致死作用。

2. 湿度对仓库害虫的影响

湿度直接影响昆虫的水分代谢，同时也影响昆虫食物的含水量。昆虫体内含有大量的水分，一般昆虫体内的水分含量占体重的 50%左右，与外界环境的水分保持相对平衡状态。当环境条件改变时，它必须通过获得或散失水分来调节这种平衡，以维持正常的生理活动。各种昆虫要求的湿度是不同的，在昆虫能够生存的湿度范围内，湿度的作用主要是影响生长速度和繁殖能力，一般在适宜的温度下，湿度越大，产卵量越多，繁殖能力越强。另外，还有少数仓库害虫具有很强的耐旱能力。

3. 食物对仓库害虫的影响

仓库害虫必须不断地从外界摄取食物，增加有机体内的营养成分，才能保证正常的生理活动，因此食物是仓库害虫获得生存能量的重要来源。食物直接影响害虫的生长和繁殖。各种仓库害虫在其生长发育过程中，需要一定的营养物质，不同的害虫对食物有一定的选择性。如果满足不了害虫所需的营养条件，就会使其生长发育过程迟缓。仓库害虫的繁殖能力同样受到营养条件的影响，当营养条件不能满足繁殖的需要时，害虫的生殖器官发育延迟或者退化，使繁殖能力减弱。

三、仓库虫害管理流程

仓储库存农产品常常受到仓库害虫的危害，不仅使农产品本身受损，还会使农产品包装器材、料架、苫垫物及仓库建筑物遭到破坏，造成意外的损失。防虫技术已成为现代农产品保护技术的一项重要内容。仓库害虫防治的措施：根据仓库害虫的特性，采取“以防为主，防治结合”的方针，并从多方面入手，综合防治。仓库虫害管理流程如图4-13所示。

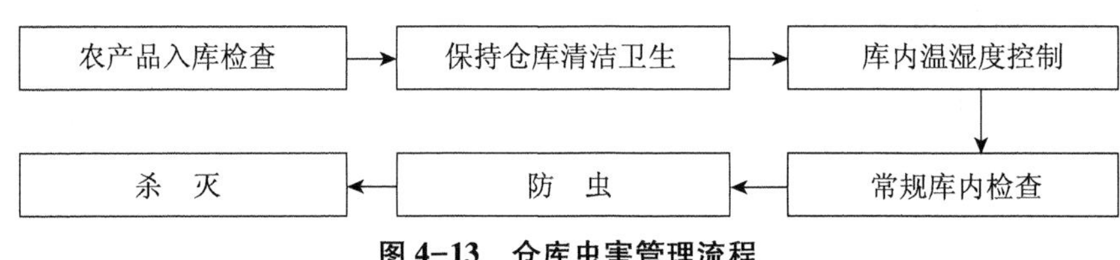

图4-13　仓库虫害管理流程

1. 农产品入库检查

（1）入库农产品的虫害检查和处理首先应检查包装，看其周围缝隙处有无虫茧形成的絮状物、害虫排泄物及蛀粉等。然后打开包装进行检查，看其是否有蛀痕和虫迹。如在入库前发现包装或农产品本身已生虫，应分开存放，进行杀虫处理，不得入库堆垛。

（2）农产品在入库前要对库房进行严格的害虫检查，摸清害虫在库内的潜伏情况，并采取相应措施进行消毒和药物杀灭。

2. 保持仓库清洁卫生

做好仓库清洁卫生，使害虫无藏身之地。实践经验证明，彻底做好仓库的清洁卫生是抑制仓库害虫滋生的有效措施。

（1）库房内要经常打扫，凡是害虫容易潜伏的地方，要特别注意清扫，各种缝隙和洞穴应采取剔、刮、填补、粉刷等措施，将其除净填平。

（2）库房四周要清除杂草，疏通沟渠，消灭积水，清除垃圾。

（3）对库内料架、垫木、包装材料等，也要保持清洁卫生。

3. 库内温湿度控制

控制库内温湿度能抑制害虫生长繁殖。仓库害虫的生长和繁殖必须具备三个条件，即适宜的温度、适宜湿度和充足的食物。库存农产品的包装及某些农产品本身就是害虫的食物，这个条件不能改变，所以只能从控制库内温湿度入手。因为大多数仓库害虫喜潮湿、温暖、黑暗，所以库房内保持干燥、明亮，使之不利于害虫的滋生。在通常情况下，升温、降温是比较困难的，而且害虫对温度的适应范围很宽，控制温度不易奏效，只有在特殊情况下，才考虑采用。

4. 常规库内检查

勤于检查，及早发现，及时处理。对库存农产品及包装应经常检查，看其有无仓库害虫滋生，一旦发现，应立即采取防治措施。

5. 防虫

防虫是利用有一定毒性和刺激性的易挥发固体药剂，将其放入农产品包装或密封料垛、料架内，使药剂挥发出刺激性气体，在农产品周围保持一定的浓度，从而起到驱避仓库害虫的作用。

6. 杀灭

在农产品仓库，一旦发现害虫，应及时采取有效措施予以杀灭。杀灭仓库害虫可采取物理或化学方法。

（1）利用光、热、射线等物理方法进行杀虫。

①灯光诱杀。多数害虫具有正趋光性，即向着光亮的地点运动集中，当害虫集中在光源处时，予以诱杀。诱虫灯一般以电灯为光源，使用 40~100W 的普通灯泡，灯下放置一盆水，诱来的害虫会落水而死。这种诱虫灯虽然简便经济，但效果不太理想。黑色荧光灯是一种紫外光灯，诱虫效果较好。

②高温杀虫。高温杀虫是利用较高的温度抑制害虫的生长、繁殖。如前所述，当环境温度上升到 40~45℃时，一般害虫的活动就会受到抑制；温度达到 45~48℃时，多数害虫将处于昏迷状态；温度升到 48℃以上时，害虫就会死亡。高温不但影响害虫的生命，而且影响虫卵的孵化率及发育。高温杀虫的具体方法有：日光暴晒、加温烘干、利用高温蒸汽等。

③低温杀虫。低温会使害虫机体的生理活动变得缓慢，新陈代谢减退，体内储备物质减少；害虫体内酶的活性受到抑制和破坏，甚至新陈代谢会完全停止；当温度降低到致死极限时，害虫机体的原生质被破坏，害虫被冻死。低温杀虫的具体方法是利用天然低温杀虫，我国北方的冬季，室外温度一般在-10℃以下，在这种低温下，害虫就会被冻死。必要时还可进行人工冷藏，利用冷冻设备将库温降到 0℃以下，就会达到杀虫的目的。

④利用 X 射线、γ 射线、微波和红外线杀虫。X 射线和 γ 射线的照射会使虫卵发育停止，不能孵化，死亡率高。同时还会使幼虫发育迟缓，甚至不能化蛹。微波和红外线的杀虫机理主要是依靠产生的大量热能，使害虫体内温度迅速上升，最后致死。

⑤气调充氮或二氧化碳杀虫。其技术要求很高，尤其是对仓库设施设备的要求很高。

（2）化学药剂杀虫法。对于已经生虫的农产品可用熏蒸剂熏蒸杀虫。熏蒸剂都是压缩气体或由液体、固体挥发成的剧毒气体。杀虫剂的蒸气通过害虫的气门及气管进入体内而引起害虫中毒死亡，杀虫剂的这种作用称为熏蒸作用，具有熏蒸作用的杀虫剂称熏蒸剂。用熏蒸的方法杀虫有成本低、效率高等优点。

资料阅读

鼠害的防治

防鼠方法最主要的是断绝食物来源，拆除库内外一切可为鼠类隐蔽的场所，经常打扫库内外环境卫生，使鼠类没有栖身和取食之处。易受鼠害的农产品的库房，其通风孔应安装铁丝网，库房门窗要严格密闭，避免留有可供鼠类出入的缝隙，库门要安装至少50cm高的挡鼠板，发现库内有鼠洞或墙壁、地面有缝隙时，应立即用石块、水泥堵严，并定期检查鼠害情况。灭鼠方法大致有三种：器械捕鼠、毒饵诱杀、粘鼠胶。

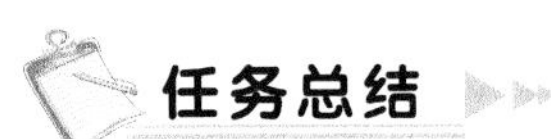

任务总结

农产品品质恶化受诸多因素的影响，但病害是最主要的原因，其次是虫害。仓库病虫害的来源，一是隐藏在仓库建筑物和仓储设备缝隙中的害虫，二是随着入库农产品及其包装带入仓库的病原菌和害虫等。病虫害防治措施主要有物理、化学、生物及综合防治。因此，要科学储藏农产品，避免储藏期间病虫害造成的巨大损失。

思政探索

一、思政目标

1. 增强安全与责任意识：强调农产品仓储过程中的公平公正，确保食品安全和质量，以保障广大人民群众的生活需求和健康权益，培养学生的社会责任感。

2. 培养科技创新兴农理念：介绍现代农业仓储技术的应用，引导学生关注农业科技的发展，培养其科技创新精神和服务乡村振兴战略的决心。

3. 培养可持续发展观念：强调绿色仓储的理念，推广节能、减排、循环利用等环保措施，培养学生绿色发展和可持续发展的价值观。

二、思政元素

社会责任　安全管理　科技创新　节约资源　保护环境　乡村振兴

三、融入路径

1. 教学内容融入：在教授农产品仓储相关专业知识的同时，将思政元素有机融入课程内容，如在讲解仓储技术时强调环保理念，在分析案例时突出仓储安全管理。

2. 实践活动体验：组织学生参观现代化农产品仓储基地，实地了解先进的仓储技术

和管理体系，亲身感受科技兴农和绿色仓储的重要性。

3. 专题研讨深化：通过课堂讨论、专题报告等形式，引导学生深入探讨农产品仓储中的社会责任问题，强化其思政素养和实践能力。

实训项目

农产品主要储藏设施性能指标调查

1. 实训背景资料

教师（或学生）联系当地大型批发企业或配送企业，访谈、考察农产品储藏状况，完成实训内容。

2. 实训目标

了解当地主要果蔬储藏库的种类、储量、储藏方法、管理技术和储藏效益，能够结合调研过程对调研结果进行分析并得出结论。

3. 调研内容

（1）储藏库的布局与结构；储藏库的排列与库间距离；工作间与走廊的布置及其面积；库房的容积。

（2）建筑材料（库顶、地面、围墙）的厚度；防潮隔热层的处理（材料、处理方法和部位）。

（3）主要设备及要求。

制冷系统：冷冻机的型号规格、制冷剂、制冷量、制冷方式（风机和排管）；制冷次数和每次时间；冲霜方法、次数。

气调系统：库房气密材料、方式；密封门的处理；降氧机型号、性能、工作原理；O_2、CO_2 和乙烯气体的调整和处理。

温湿度控制系统：仪表的型号、性能及其自动化程度。

其他设备：照明、防火设施等。

（4）储藏管理经验。

①对原料的要求（种类、产地）；质量要求（收获时期、成熟度、等级）；产品的包装用具和包装方法。

②库房的清洁与消毒；入库前的处理（预冷、挑选、分级）；入库后的堆码方式（方向、高度、距离、形式、衬垫物等）；储藏数量占库容积的百分比；如何控制温度、湿度、气体成分；检查制度、管理制度及特殊的经验；出库的时间和方法。

（5）存在问题及解决方法。

（6）经济效益分析：储藏量、进价、储藏时期、销售价、毛利、纯利。

4. 实训准备

（1）用具准备：笔记本、笔、尺子、温度计等。

（2）全班学生分组，每组成员控制在 3~5 人。

（3）以组为单位进行农产品储藏情况调研。

（4）教师进行现场指导，体现以学生为主体的教学特色。

5. 实训步骤

（1）收集相关文献资料。

（2）制定农产品储藏调研提纲及方案。

（3）设计农产品储藏调研问卷。

（4）进行农产品储藏调研。

（5）撰写农产品储藏调研报告。

6. 实训效果评价

考评内容	考评标准	分值（分）	自我评价（分）	小组评价（分）	教师评价（分）	实际得分（分）
实训完成情况	调研方案制订适宜	10				
	问卷调查设计合理	10				
	收集资料丰富	10				
	调查报告分析翔实、观点明确	50				
其他	态度积极、遵守纪律、有团队协作精神	20				
合计		100				

注：实际得分=自我评价×20%+小组评价×30%+教师评价×50%。

思考练习题

一、选择题

1. 随着交换范围的扩大，农产品仓储企业选择靠近人们生活区的位置建立仓库，拉近农产品产地与市场的距离，主要是体现仓储的（　　）。

A. 时间效益　　B. 空间效益

C. 调节供需矛盾　　D. 规避风险

2.（　　）是仓库所有者以其拥有的仓储设施，向社会提供商业性仓储服务的仓储行为，并且依据合同约定提供服务和收取仓储费。

A. 农产品自营仓储　　B. 农产品公共仓储

C. 农产品战略储备仓储　　D. 农产品营业仓储

3. 农产品仓储合理化指用经济合理的方式通过仓储和保管满足社会对农产品的需求，下列属于仓储合理化标志的有（　　）。

A. 质量标志　　B. 数量标志

C. 时间标志　　D. 结构标志

4.（　　）是根据不同品种农产品的储存数量的比例关系来判断储存的合理性，尤其

是具有相关性的农产品之间的比例关系更能反映储存合理与否。

A. 质量标志　　B. 数量标志　　C. 时间标志　　D. 结构标志

5. 下列属于农产品仓储的主要作业规范的有（　　）。

A. 面向通道　　B. 后进先出　　C. 同类归一　　D. 标记明确

6. 关于通风库的管理技术，以下不利于保持库内适宜的低温条件的是（　　）。

A. 入库前对空库进行放风管理　　B. 果蔬采后立即在白天入库

C. 入库后利用夜间低温通风降温　　D. 根据气温变化灵活调节通风量

7. 冷库主体建筑中，主要用于短期储存经冻结加工过的食品如冻肉、冻果蔬、冻鱼等的房间被称为（　　）。

A. 冷加工间　　B. 冷却物冷藏间　　C. 冻结物冷藏间　　D. 贮冰间

8. 冷库主体建筑中，专为了解决需冰旺季和制冰能力不足矛盾而设置的房间是（　　）。

A. 冷加工间　　B. 冷却物冷藏间　　C. 冻结物冷藏间　　D. 冰库

9. 果蔬采后侵染性病害主要由（　　）引起。

A. 真菌和细菌　　B. 细菌和线虫

C. 真菌、细菌和线虫　　D. 真菌、细菌、线虫和病毒

10. 果蔬生理性病害的发生，可能与（　　）等采后储运环境条件密切相关。

A. 适宜的温度和湿度控制　　B. 适宜的二氧化碳和氧气浓度

C. 长时间暴露在强光下　　D. 不适宜的温度、湿度及气体成分

二、判断题（对的打“√”，错的打“×”）

1. 根据农产品的生产季节性和消费的全年性，农产品生产经营者利用仓库储存农产品进行调节，创造了明显的空间效益。（　　）

2. 农产品自营仓储包括生产者和流通企业的自营仓储两种。生产者自营仓储是指生产者使用自有的仓库设施，对生产的农产品实施储存保管的行为。（　　）

3. 战略储备特别重视储备农产品的安全性，且储备时间较长。战略储备农产品主要有粮食、油料等。（　　）

4. 仓储结构标志指不同地区农产品储存的数量比例关系，以此判断对需求的保障程度以及对整个物流的影响。（　　）

5. 保证安全是农产品仓储管理的最基本要求，只有满足了这点才能满足其他方面的需要，威胁农产品安全的因素主要有：治安威胁、火灾威胁、农产品的污损威胁等。（　　）

6. 在农产品仓储规范作业中，应根据农产品重量和形状等因素来安排农产品的保管位置，一般应把比较重且抗压的农产品放在货架的上层，把比较轻且容易碎的农产品放在货架的下层。（　　）

7. 一般来说，未成熟的果蔬有较强的抗病性，如未成熟的苹果不会感染焦腐病和疫病，但随着果蔬成熟度增加，感病性也增强。（　　）

8. 病原菌直接穿透果蔬器官的角质层或细胞壁的侵入方式称伤口侵染。（　　）

9. 自发气调方法比较简单，但达到设定的 O_2 和 CO_2 浓度水平的所需时间较短，操作

上维持要求的 O_2 和 CO_2 的比例较困难，因而储藏效果不如人工气调储藏。(　　)

10. 由于 O_2 和 CO_2 的比例严格控制而做到与储藏温度密切配合，故 MA 储藏比 CA 储藏先进，储藏效果好，是当前发达国家采用的主要类型，也是我国今后发展气调储藏的主要目标。(　　)

三、名词解释

常温储藏　　气调储藏　　人工气调储藏　　通风库储藏

机械冷库储藏　　侵染性病害

四、简答题

1. 农产品仓储管理的目标是什么？
2. 简易储藏包括哪些方式？有何共同点？
3. 气调储藏的原理是什么？
4. 说说气调储藏的特点。

五、实训题

1. 列出通风库的管理技术要点。
2. 机械冷库的管理包括哪些方面？
3. 绘出仓库病虫害管理流程。

【知识拓展：标准及相关政策法规引读】

1. GB/T 29890—2013《粮油储藏技术规范》
2. GB 50072—2021《冷库设计标准》
3. GB/T 30134—2013《冷库管理规范》
4. GB/T 28009—2011《冷库安全规程》
5. GB 2893—2008《安全色》
6. GH/T 1403—2022《蓝莓气调贮藏技术规程》
7. GB/T 23244—2009《水果和蔬菜 气调贮藏技术规范》
8. SB/T 10447—2007《水果和蔬菜 气调贮藏原则与技术》
9. GB/T 24400—2009《食品冷库 HACCP 应用规范》

扫码查看拓展资源

模块五　粮油储运

知识目标

掌握主要粮油产品的特性

掌握主要粮油产品的储藏技术

掌握粮油运输的注意事项

熟悉粮油储藏的分类

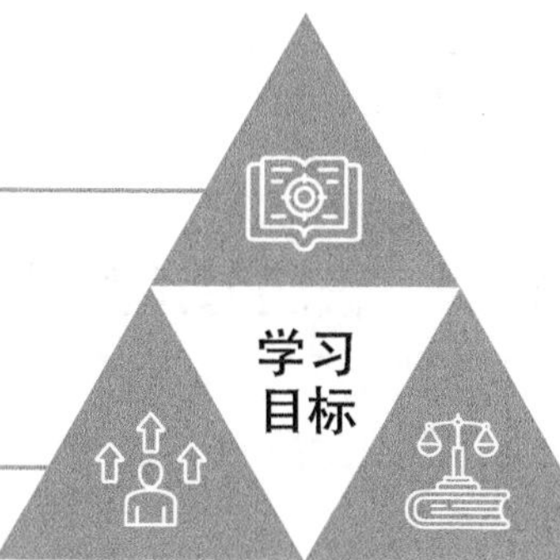

能力目标

能够进行粮库的常规管理

能够判别粮食储藏的类型

思政目标

培养节约粮食的意识

弘扬工匠精神

培养粮食安全国家战略意识

内容导读

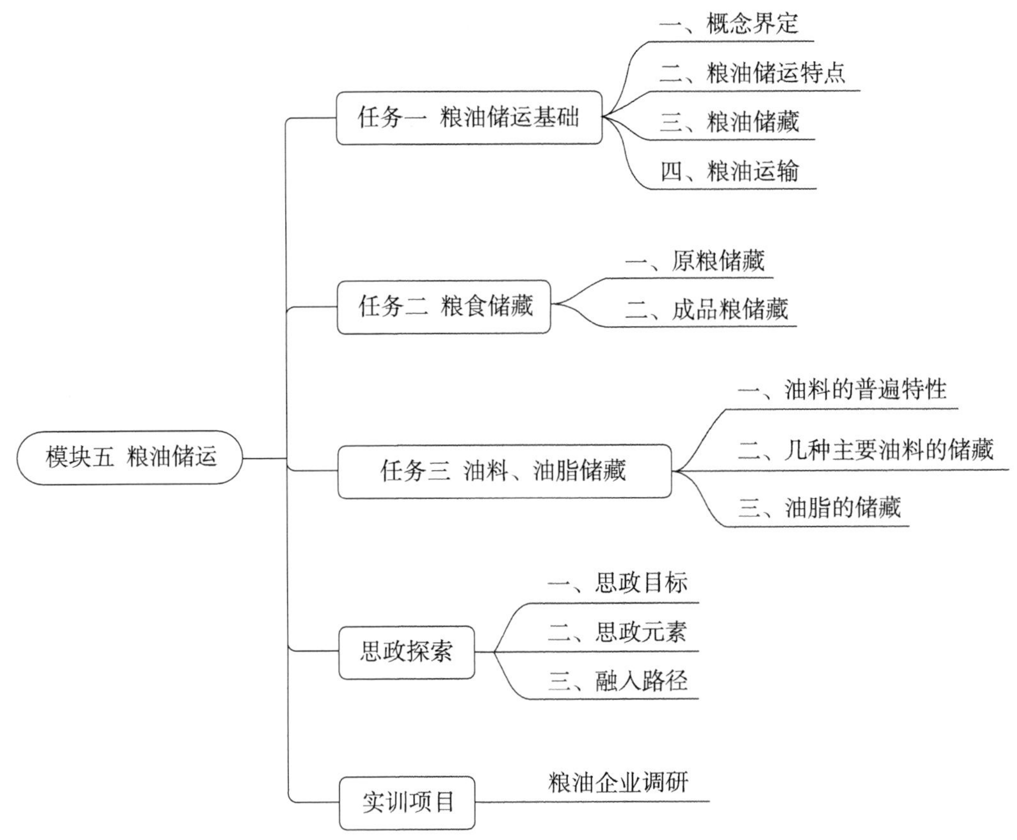

任务一 粮油储运基础

用科技手段储好粮、管好粮，实现绿色优储

走进莱西市粮食储运站的粮仓，368个智能化传感器均匀分布在各个点位，温湿度等数据即时导入后台系统，实现24h自动监测。通过增加人员巡查频次，一旦出现局部温度过高，立即采取通风降温措施。与以往采用大功率吸入式风机不同，现在引入小功率吸出式离心风机阶段性送风，可以有效避免温差过大，消除水分结露，减少粮食呼吸作用带来的粮食损耗。精心管理之下，莱西市粮食储运站储藏周期粮食综合损失率降至0.2%。

资料来源：耕好节粮减损“无形良田”，内容有删减，http：//www.lswz.gov.cn/html/zt/lswzcbkjhdz2023/2023-06/28/content_275245.shtml。

任务分析

“保障粮食和重要农产品稳定安全供给”是建设农业强国的头等大事。习近平总书记强调，“保障粮食安全，要在增产和减损两端同时发力”，全面贯彻落实新发展理念，坚持“科技兴粮”，加快升级应用新技术，实现“藏粮于技”。用科技的手段储好粮、管好粮，是保障粮食安全的重要一招。近年来，我国粮食仓储设施现代化水平不断提高，储粮技术总体处于世界较先进水平，粮食仓储正在由“安全储粮”向“绿色优储”跃升。各级粮食和储备部门在粮食仓储和科技工作中贯彻新发展理念，发挥科技支撑和创新驱动发展的作用，不断推动科学保粮、绿色储粮，更好满足人民从“吃得饱”向“吃得好”“吃得营养健康”转变的需求，不断增加绿色优质储粮供给。

知识准备

一、概念界定

（一）粮油

“粮油”是粮食、植物油料和植物油脂的简称。从生产领域进入流通领域的粮油产品就是粮油商品。

粮油从广义上来说，可以分成原粮、成品粮、油料、油脂、饲料、种子等。从狭义上讲则只包括原粮、成品粮、油料和油脂四大类。我们日常生活中常提到的，以及常见的储运工作都是狭义上的粮油储运活动。

（二）原粮

原粮又称带壳（皮）粮，是未经加工的粮食的统称，是粮食储藏的主要对象。我国常见的原粮主要有：稻谷、小麦、玉米和豆类。

原粮未去的壳对粮食有一定的保护作用。因此在储藏、运输期间抵御温、湿、虫、霉等不良影响的能力比成品粮更强，有较好的耐储性。另外，粮食种类的不同及收获时间、气候的差异也会导致原粮在储藏期间对外界温湿度的反应和对微生物与害虫的抗御能力不同，这就需要根据不同的特点因地制宜，采用不同的储藏方法，实现安全储藏。

（三）成品粮

成品粮指原粮经加工而成的符合一定标准的产品统称。常见的成品粮有大米、面粉。成品粮与原粮相比，其储藏的稳定性变差了，在防潮、防虫、防发热、防霉变等方面，成品粮对储运工作要求更加严格。而大米、面粉又是消费者日常必需的物品，需求量大且供应要有持续性，很多大米、面粉都是直接出库进行包装或简单的加工处理后就运往消费地销售，所以在库保管质量也直接影响着大米、面粉的销量与价格。

（四）油料

油料指可以加工提取油脂的原料，包括各种油料作物的果实。油料中含有大量的脂肪，一般含量在40%~50%，最少也有20%左右。我国是一个油料生产大国，常见的油料作物有油菜、花生、大豆、芝麻。其中，花生和芝麻均为高油料作物。随着含油量的增加，各种油料的储藏也变得越来越困难。综合来看，油料储藏工作可以总结为“低温、干燥、密闭”三个方面。

（五）油脂

油脂指从油料中提取出的植物性脂肪。油脂通常可以按用途、商品规格等进行分类。按用途可以将油脂分为可食用与不可食用两类；按商品规格可以分为毛油和精炼油。其中采用压榨法或浸出法从油料中提取的颜色较深、水杂较多的初制油脂为毛油，一般不能供食用。精炼油是毛油经过脱胶、脱酸、脱色、脱臭和脱蜡后获得的颜色浅、水杂少的油脂，我们日常使用的食用油均为精炼油。

二、粮油储运特点

粮油储运是我国农产品物流中重要的一部分，我国全年粮食产量在6.5亿吨以上。庞大的粮食数字背后，是我国粮油储运工作的优质保证。粮油储运是指以粮食（原粮、成品粮）、油料和油脂为主要对象的储藏和运输工作。

传统意义上，粮油是由国家进行统一收购、储藏和调配的。但随着市场经济的不断发展，企业实力的不断增强，现在的粮油储运已经不再是“国营”企业一枝独秀。社会上有很多专门从事粮油储藏和运输的企业，为缓解我国粮油储运的工作压力，提高粮油储运的工作质量起到了非常重要的作用。

粮油储运之所以在很长一段时间内没有面向全社会放开，这和粮油储运本身的特点有着很大的关系。其与普通物品储运有所不同。

（一）粮油储运的主体不同

粮油储运的主体是成熟、收获后的粮油产品。而常规意义上的物流主体是由工厂生产的产成品。大部分粮油产品是有生命的，工作人员除了需要站在物流角度考虑问题，更需要充分考虑其生长与其生物特性。

（二）粮油储运时间长

通常情况下粮油产品都要经过几个月甚至是几年的长期储存，比一般物品的储存时间要长很多。另外，粮油产品经常作为储备粮进行跨省调运，距离比较长。在国际粮油买卖中，粮油产品往往因为数量大、成本低，而采取海运的方式，因此也增加了在途时间。

（三）粮油储运“入库集中，储藏量大”

普通商品是由生产线或者由劳动者随时进行供应，因此普通商品物流不存在同类产品集中在一个或者几个时间段同时涌入物流渠道中的现象。粮油产品是“集中收获，全年需求”的生活必需品，因此粮油储运也具有“入库集中，储藏量大”的特点。

（四）粮油储运地位特殊

粮食问题是关系百姓民生的大事，绝不允许出现供应不足的现象，这与普通商品有着截然不同之处。另外，粮食自身的生物特性导致有些情况一旦出现就会带来不可挽回的损失。以玉米为例，一旦其感染了黄曲霉素，便会使玉米带毒。被误食后会给人畜生命及健康带来危害，故而感染了黄曲霉素的玉米就失去了食用和使用价值。粮油储运利害关系，由此可见一斑。

（五）工作内容复杂、严格

粮油储运对象的品种、收获季节、地理位置等因素不同，且作物自身的特性也存在差异。比如在稻谷的储藏中，温度、水分的控制是重中之重。高水分和高温是导致稻谷黄粒的“罪魁祸首”，变黄的稻谷在发芽率、黏度、酸价等方面表现欠佳，严重影响出库时的品质。在我国，由于种植稻谷的地域广泛，种植时间长，因此情况尤为复杂，要针对不同情况，因地制宜、因时制宜，严格控制入库粮的各项指标。

三、粮油储藏

（一）粮油储藏的分类

按照储藏技术的不同，可以把粮油储藏分为常规储藏、温控储藏、气控储藏、地下储藏、露天储藏五大类。

1. 常规储藏

常规储藏是在常温、常湿条件下，采用自然通风、常规密闭等方法对粮油进行储藏的方式。因为此种方式简单、硬件要求较低，所以我国有相当多的粮库采用这种储藏方式。虽然各地条件悬殊、粮库众多，各粮库的实力、技术、管理措施等存在或多或少的差异，但保管好粮食的目标是一致的，所以不论是南方、北方、大库、小库，常规储藏的基本要求大体相同。

2. 温控储藏

温控储藏指根据粮油产品的不同，在特定的温度范围内对其开展一系列的储藏工作，来有效降低虫霉等灾害的技术。常见的温控储藏分为：高温储藏和低温储藏两种。高温储藏常见于像小麦这类耐高温粮种，由于小麦的生理过程与水分有着十分密切的关系。而通过高温暴晒后，其生理活动就会十分缓慢，有关数据表明，含水量在12%以下的小麦，可以在50℃左右的库内进行密闭存放。

低温储藏同样是通过温度的降低来减缓粮粒的生理活动、杀死害虫，有效地提升保管时的稳定性。低温储藏与高温储藏相比，适用范围更加广泛。高温储藏只适用于少部分像小麦一样具备耐高温特性的品种，但更多的品种会随着温度上升而使品质下降，不适用于此法。

3. 气控储藏

粮食的气控储藏指在特定气体环境下对粮食进行储藏，在防治虫霉和保证品质方面都具有独特的效果。具体又可以分为：自然缺氧、充二氧化碳、充氮、真空、脱氧和化学储藏。气控储粮的原理是将粮食放入一个密闭环境中，通过增加空气中的二氧化碳、氮气或降低空气中的氧气含量，不同程度地抑制粮食自身的呼吸强度，防虫杀虫，抑制霉菌生长，保证粮食品质。

粮食的气控储藏与果品、蔬菜的气调储存是不同的。果品、蔬菜储藏时不适用于自然缺氧方法，而粮食则广泛应用此法。这是它们两者的主要区别。

4. 地下储藏

地下储藏在我国有着悠久的历史，早在新石器时代人们就知道将东西存在窖穴中长期储藏。粮油的地下储藏是利用地下自然的低温条件和密闭环境来达到抑制虫害和霉菌对粮油的危害及延缓储粮陈化劣变的一种方法。它的特点是：粮油保鲜期长，可抑制虫霉繁育危害，保管费用低，一般不使用药剂。

5. 露天储藏

露天储藏即粮油产品的露天堆积，露天储藏是粮油储藏中最简单也是在农村广泛使用的一种方式。露天储藏的质量与堆基也就是地坪有着直接的关系，因此做好露天储藏的防潮、防鼠、防虫、通风等工作，以及提高地坪的质量非常重要。

（二）粮油储藏流程

粮油储藏的基本流程为：收购、入库、在库、出库，如图5-1所示。

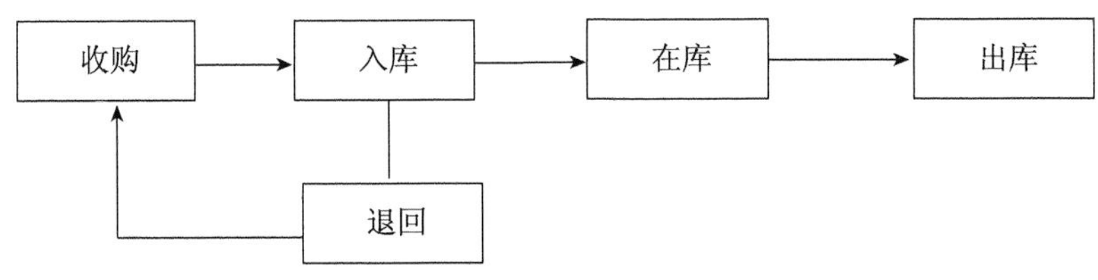

图5-1　粮油储藏的基本流程

我国储粮生态区域

根据气候环境条件，我国共划分了七个储粮生态区域。第一区，高寒干燥储粮区；第二区，低温干燥储粮区；第三区，低温高湿储粮区；第四区，中温干燥储粮区；第五区，中温高湿储粮区；第六区，中温低湿储粮区；第七区，高温高湿储粮区。

四、粮油运输

粮油的发运应认真贯彻合理运输的原则，编制运输计划时应选择合理的运输路线，选择廉价运输工具，统筹安排发运、接收站点，求得最佳运输方案。

（一）运输分类

按运输工具的不同，可以将运输分为水路运输、铁路运输、公路运输、航空运输。

（二）运输的注意事项

结合粮油产品自身的特点，在组织粮油运输时应注意以下几点。

1. 控制成本

不宜选用高成本的运输工具，由于粮油产品价格相对低廉，且运输量大，因此在选取运输方式时，能选用公路的不选用航空，能选择铁路的不选用公路，能选择水路的不选择铁路。力求粮油的发运做到“费用最省、里程合理、时间相对最短”。

2. 粮油发运应执行粮油运输计划

发运单位或部门应严格执行上级下达的、经承运部门承认的月度粮油运输计划，并按计划确定的粮食（油料）品名、数量和接收站（港）、收粮单位，均衡地组织发运。对重

点任务应优先完成。

发运准备工作包括：发运部门主动与承运部门核对运输计划，落实运输工具、装卸机械设备、劳动力、铺垫物品和加固物品。认真填写有关单据，字迹清晰，不错填、不漏填。

3. 发运前检验

发运单位必须按照国家粮食（油料）质量标准和检验方法的有关规定，对即将发运的粮食（油料）进行检验。通常情况下，发运粮食（油料）的检验包括：检质和检斤。

当执行国家储备粮油移库任务时，必须发运符合国家标准中等以上质量的粮油。铁路运输和公路运输按每车、水路运输按每船（大船按舱）填开“粮油质量检验结果证书”。

散装粮食、油料应在装运前进行称重，发运单位核对重量后才能发货，不准估量，并做好数据的记录工作。发运包装粮食、油料必须预先灌包检斤，要按规定切实装足净重量，点清件数，备好货位。检斤必须使用经计量部门检查合格的标准衡器，并按规定经常校验。

包装运输粮食或油料时，必须认真执行定量包标准。定量包的重量指粮食或油料的净重量，不含包装物重量。包装物，即皮重，应按所用包装物的实际重量计算，不准估计。

原粮运输设施、设备要求

（1）装粮车厢（舱）密封性良好，具备防潮性能，配备防尘、防蝇、防晒、防雨水等设备。铁路敞车装包装原粮时，要用篷布或防水塑料布盖好并捆绑牢固。

（2）同一运输工具必须装载同一种类的原粮。如因特殊情况必须拼装，要采取相应隔离措施，做出明显标识。

（3）装粮车、船必须有铺垫物（铁路K17、L18型等原粮散运专用车除外），铺垫物宜用麻袋片或塑料编织片等不易吸潮的材料。

（4）水路运输时，原粮装船后要将舱盖关闭严密并施封。

4. 装车

（1）发运装载要求。粮食发运时，一车一船（大船按舱）必须装载同一品名、同一等级、同一质量的定量包。如因特殊情况必须拼装，要采取相应隔离措施，做出明显标识，并在“发货明细表”和运单上注明，同时电告接收单位。

在粮食发运过程中应积极开展粮食的散装运输，不但可以节省包装、运输成本等，更能提高装卸效率，降低工作强度，有效地缩短粮食发运时间。

（2）发运单位须设专职或兼职的监装人员。发运粮食时，监装人员必须到现场监装。

（3）装车、船的其他注意事项：①作业过程中必须轻拿轻放，严禁野蛮装卸。②用输送机装粮包时高度要适宜，并由专人堆码，不得抛、摔粮包。③用吊杆吊装粮包，要使用网兜，不准吊麻袋“马耳”。粮包要包口朝里，堆码整齐，禁止乱扔。④装车、船作业中遇到破包、漏包时，必须调换或修补后，方可装上车、船。⑤提倡推行“两靠两不靠”装车法。铁路敞车装包装粮食，车顶部必须起脊，并用绳网加固；铁路敞车散运粮食，要用缝好包口的定量包（不少于120包）压顶起脊，苫盖好篷布并捆绑牢固。为防止雨季淋湿霉坏粮食，运距在500千米及以上的，每车必须苫盖三块质量完好的篷布。⑥铁路篷车装包装粮食，粮包要与车门保持一定的距离，关严门窗并施封。⑦装船后要将舱盖关闭严密并施封。

为什么新仓不能进新粮

因为新收获的粮食未完成后熟，在储藏初期极不稳定，加上对刚建成的新仓性能不甚了解，储粮危险性较大。因此，新仓建成后，应首选一些已完成后熟的耐储粮食进行保管，等到对新仓房性能有所了解后再改储其他品种。小麦的耐储性最好，建议将小麦作为北方库点的首储品种，早籼稻的水分低、好保管，建议将早籼稻作为南方地区的首储品种。平时所讲的“新仓进新粮”应当是指度过夏季或储存半年、稳定性较高的粮食，并非指新收获的粮食。

任务总结

“粮油”是粮食、植物油料和植物油脂的简称，包括原粮、成品粮、油料和油脂等。粮油储运在储运的主体、储运时间、储运量、储运工作要求等方面与其他商品储运相比，有其明显的特征。按照储藏技术的不同，可以把粮油储藏分为常规储藏、温控储藏、气控储藏、地下储藏、露天储藏五大类。粮油储藏的基本流程分四个方面，即收购、入库、在库、出库。粮油的运输应认真贯彻合理运输的原则，编制运输计划时应选择合理运输路线、廉价运输工具，统筹安排发运、接收站点，求得最佳运输方案。按运输工具不同，可以分为水路运输、铁路运输、公路运输、航空运输。运输中注意不宜选用高成本的运输工具，严格执行粮油运输计划，并按照国家有关规定进行发运前检验和运装，保障粮油运输的顺利进行，从科学的角度全新认识粮油储运工作。

任务二　粮食储藏

来自国家统计局2023年粮食产量数据的公告，全国粮食播种面积118969千公顷

（178453 万亩），比 2022 年增加 636 千公顷（955 万亩），增长 0.5%。其中谷物播种面积 99926 千公顷（149890 万亩），比 2022 年增加 658 千公顷（986 万亩），增长 0.7%。全国粮食总产量 69541 万吨（13908 亿斤），比 2022 年增加 888 万吨（178 亿斤），增长 1.3%。其中谷物产量 64143 万吨（12829 亿斤），比 2022 年增加 819 万吨（164 亿斤），增长 1.3%。

任务分析

虽然我国连续几年粮食产量都保持增长的态势，但是作为人口大国，摆在我们面前的粮食问题依旧相当严峻。一方面，人口的非均衡增长造成了粮食分配与消费的结构性失衡；另一方面，粮食的浪费也加剧了粮食问题的严重性。据统计，我国每年损耗的粮食为 5%~10%，高于联合国粮农组织规定的 5%的损失上限。而这些损失有大部分是因为收获时处理不当、保管方法不当、管理不合理、采取措施不及时等，粮食在储藏过程中受到虫害、鼠害，发生霉变、陈化等现象，最终影响粮食的品质，造成浪费。

如果能把浪费的粮食减少一半，那么每年能节省下来的粮食将超 1000 亿千克，相当于又增加了一千多万亩的“无形粮田”。因此，掌握粮食的储藏方法，熟悉粮食出现问题的处理方法，是保证粮食安全储藏、减少粮食在储藏过程中浪费现象的重要途径。

知识准备

粮食的储藏对象主要包括原粮与成品粮，成品粮由于经过了加工，没有了外壳保护，所以相比较来说，原粮的储藏更加简单、成本要求更加低廉。由于成本高、技术性强等原因，气控储藏、温控储藏等特殊储藏技术多用在大米、面粉等成品粮的储藏工作中。

一、原粮储藏

粮油产品是粮油储运活动的主体，因此掌握其特性非常有助于优质储运工作的开展。以原粮中的小麦为例，正常情况下小麦在库中储存 3~5 年，仍能保持良好的品质。从产品的特性出发，选用正确的方式进行储藏是保证产品在库品质的根本途径。

（一）稻谷

1. 稻谷特性

（1）不耐高温。稻谷的胶体结构疏松，对高温的抵抗力较弱，在烈日下暴晒或在高温下烘干，都会增加其爆腰率和变色程度，降低食用品质和加工的工艺品质，高温对稻谷品质的影响如表 5-1 所示。

（2）易陈化。稻谷即使没有发热，也非在高温环境下储藏，随着保管时间延长，也会出现陈化现象。这是因为稻谷中的淀粉酶和过氧化氢酶的活性均会随着时间延长而明显下降。有试验表明，稻谷中的过氧化氢酶在经过夏季后活性明显减退，储藏 3 年的稻谷中，过氧化氢酶活性下降了 80%。而淀粉酶活性则在 2 年后就降至测不出的程度。

表 5-1　　高温对稻谷品质的影响

水分（%）	脂肪酸含量（KOH mg/100g 干重）				3 个月后的出米等级（加工成白粳米）		
	储藏前	3 个月后			15℃	25℃	35℃
		15℃	25℃	35℃			
13.2	13.8	21.1	21.7	23.7	上白	近上	上中
15.2	14.6	22.1	23.3	23.3	上白	上中	中
17.2	16.9	24.4	23.5	44.5	上中	中	中次
19.6	18.9	24.6	46.8	43.3	上中	中次	次

（3）耐储藏。稻谷籽实由内外稃包裹，稃壳外面披有茸毛，有些品种的稻谷稃壳尖端延长为芒。这些特征使稻谷的粮堆通常较松散，空隙比其他谷物大，因此粮堆通气性好。稻谷内外稃坚硬且结合紧密，使稻谷吸湿性也强于其他谷类。

（4）易发热、结露、生霉、发芽。新收获的稻谷，生理活性强，早中稻入库后积热难散，在 1~2 周内上层粮温会出现超过仓温 10~15℃的情况。如果没有及时降温，在气候转换季节往往粮堆会因为室内外温差较大而引起上层粮食出现结露现象，导致稻谷生霉和发芽。在南方，这种霉变现象常称为“气顶霉变”。

（5）散落性差。稻谷表面粗糙，散落性比一般谷类要差。一般稻谷的静止角在 33°~45°，对仓壁压力较小，适宜高堆，能有效地提高仓容利用率。

2. 稻谷储藏技术

由于稻谷具备不耐高温、易发热、易结露、易生霉和易发芽等特性，抑制稻谷的呼吸活动，避免外界环境对粮堆温湿度的影响，是避免上述现象的关键所在，因此稻谷的储藏多采取密闭、“双低”或“三低”储藏方法。稻谷的储藏管理工作，最重要的是从湿度和温度两个方面对稻谷进行不间断的监测，结合监测结果，采取恰当的管理措施，一般用常规的储藏方法。

3. 稻谷的储藏方式

在我国，稻谷的常规储藏主要是通过密闭储藏，也有通过“双低”或“三低”的管理进行储藏的方式。常见的密闭储藏稻谷的方式主要有全仓式密闭、塑料薄膜盖顶密闭等。全仓式密闭的方式要求仓库有良好的隔热性，将仓库门窗紧闭后实现密闭储藏。塑料薄膜盖顶密闭的方式一般用在隔热性能不好的仓房内。将塑料薄膜覆盖在扒平的粮堆顶部，然后将薄膜塞入仓房墙壁上的塑料槽内，用橡胶管压入槽内或灌满蜡液，使其完全封闭。另外，盖顶用的塑料薄膜，应无缝隙和孔洞，以防受外界环境影响，达不到密闭的效果。用密闭方式储藏粮食需要注意的是，入库的粮食本身水分、温度、有无虫害等指标应达到相应的标准，否则密封后的粮堆，不便于工作人员观察，不能及时发现问题，密闭的环境也会加快粮食发热、生霉的速度，造成较大的损失。

“双低”“三低”储藏是源自气控储藏的方法。所谓的“双低”指低氧、低药量（化学防治所使用的药剂通常指磷化铝。）；“三低”指低氧、低药量和低温。通过“双低”或“三低”储藏的方法可以起到抑制霉菌生长和杀虫的作用。

通常要想实现“双低”或“三低”储藏，需要具备密闭的仓库或能实现密闭环境的条件；能形成低氧环境的粮种或除氧剂；具备必要的药剂（如磷化铝）；有隔热仓或隔热材料；有造成低温的设备、工艺（如制冷和通风的机械、通风降温的库内构造）；有测定空气含量的仪器。

此种储藏方法并非只适用于稻谷储藏，其他一些能实现低氧环境或者能耐低温的粮食也可以采用此法进行保管。

4. 稻谷储藏注意事项

（1）稻谷的水分控制。

①入库前控水。没有达到安全水分标准的稻谷直接入库后，容易发生发热、生霉、发芽等现象，影响储藏质量，降低了稻谷的加工品质和发芽率。而粮食收获时间段很短，大量粮食收购上来后，很少有粮库能组织足够的人力、物力进行粮食的晾晒工作。因此，控制稻谷的水分应从收获后就开始。

②库内控水。通常稻谷入库后的控水方法有通风储藏和低温储藏两种。

通风储藏即借助机械在气温较高、湿度较低时进行通风，达到降湿的目的。采用通风储藏的稻谷，散装时不应高堆（以不超过 3m 为宜），入库后扒平粮面，及时翻动粮堆，进行散热、排湿；包装好的稻谷应堆通风垛，底下做好衬垫，便于湿气排放。此种方法投入少、成本低，且绿色环保，是常规储藏普遍采用的方法。

低温储藏利用低温抑制呼吸作用和虫害的原理来储藏稻谷。采用此种方法储藏的稻谷即使水分较高，也由于低温的原因，能达到比较好的储藏效果。

（2）稻谷的库内降温。

稻谷由于温湿度等原因易出现入库后发热的现象，因此及时的通风、降温是非常必要的。一般库内可以采用通风机等机械和库内其他的通风设施对粮食进行通风，合理的通风也是粮堆降温的有效途径。为了避免粮温过高导致粮食入库后出现“发热、结露”等情况，还可以令稻谷“低温入库”，该方式更有利于长期的储藏。

（二）小麦

1. 小麦的特性

（1）耐热性好。小麦的抗温变能力比其他谷类要好，由于小麦的蛋白质和呼吸酶具有较高的抗热性，小麦在一定的高温储藏后都不会损坏和影响其加工的面粉品质。我国各地常利用小麦耐高温的特性，采用高温密闭杀虫来防止病虫害。但小麦耐高温特性与水分含量有很密切的关系。水分越高，高温后小麦加工的品质就越差。换言之小麦水分越低，其耐高温性就越强。

（2）吸湿性强。小麦经过脱粒后，粮食外部没有了保护，而其自身又含有大量亲水物质，因此极易吸收空气中的水分。在储运期间很容易受到库内、车内空气湿度的影响而变质。小麦吸湿后，麦粒体积胀大，粒面变粗糙，容量减轻，散落性降低，淀粉、蛋白质发生水解，使用价值降低，容易遭受微生物侵害，引起霉变。因此做好防潮、干燥工作，是小麦储运活动中一个非常重要的工作内容。

（3）后熟期长。小麦具有明显的后熟作用和较长的后熟期。所谓的后熟期指种子离开母体后，经过一段时间的储藏达到生理上完全成熟的时期。一般小麦的后熟期约为 2 个月，有的品种也可达到3个月。后熟期中，小麦呼吸量大、新陈代谢快，会放出大量的湿热气体，这些气体移动至粮堆上层便出现了“出汗”“乱温”等现象，容易引起粮食的结露、发热、霉变等不良变化。因此，如何安全度过后熟期是小麦储藏活动的一项重要工作。

（4）易受虫害。小麦因为失去了外壳的保护，表面组织疏松、营养物质丰富，更易受到病虫害的侵袭。除了少数豆类专食性虫种外，几乎所有的储粮害虫均能对小麦的储藏构成危害。

2. 小麦的储藏技术

（1）常规储藏。常规储藏小麦的方法与稻谷类似，主要也是采取控水的措施，清除杂质，及时通风，按时监测，保证小麦的品质。

（2）热密闭储藏。因为小麦具有较好的耐热性，所以在小麦储藏时可以充分利用此特性，将低水分的高温小麦入库密闭存放数天后，再通过通风的方式将粮温降至适当温度的方法进行储藏。这样的方式不但可以提高小麦的加工口感，更重要的是经过热密闭储藏的小麦，虫霉的繁殖会减弱甚至停止，是小麦储藏中常见的绿色防治病虫害的方法之一。

（3）冷密闭储藏。除了热密闭储藏外，冷密闭储藏也是我国一些地区储藏小麦的方法之一。利用自然的低温或者低温库，对小麦进行除杂、翻仓、冷冻，使小麦降温后将其堆垛密闭储藏。该方法同样也可以保证小麦品质长年不变。

在进行冷密闭储藏时应注意以下几个问题：仓房保温性能，只有仓房具备良好的保温性能才能保证库内低温状态的长期保持。可以利用仓房自身结构进行保温，也可以通过覆盖保温板来实现保温效果。粮食入仓时应做到“粮冷、库冷、覆盖物冷”，并在底层铺上一层防潮垫，以防潮气从地面进来以致粮食结露。冷密闭储藏的小麦，应选择杂质少、水分低、无虫无霉的小麦。高水分小麦入库时应严格控制温度，以免由于低温破坏了粮种发芽率。在天气转暖时，冷密闭储藏的小麦会因为仓房温度上升而出现温度升高的情况，应适时地开窗通风，降低温度。

（4）“双低”或“三低”储藏。具体做法与稻谷相同。

（三）玉米

1. 玉米的特性

（1）含水量高，成熟度不均。玉米主产区在我国北方，每年收获时已至晚秋，天气转凉，阳光也不再强烈，玉米外层又有苞叶包裹，日照不充分。因此，玉米在收获时均含水量较大。新收获的玉米水分往往在20%～35%。另外，玉米的胚部较大且组织疏松，所以玉米胚有很强的吸湿性。其呼吸作用也是小麦的9～12倍。如果不及时处理呼吸作用释放出的水分与热气，则很容易发生霉变。因此玉米的储藏以控水为首要工作任务。

常采用的控水方法有：田间扒皮晒穗、通风棚降水、脱粒晾晒、烘干控水等。采取控水措施时应该注意：①扒皮应本着“熟一块，扒一块”的做法。通常在同一块地上，需要有超过90%的果穗进入蜡熟中、末期才能开始扒皮工作。太早扒皮会影响产量，太迟则会影响控水效果。②扒皮时间不同，水分不同应分开堆放。避免出现因水分不均、干燥不彻底而引起的发热、霉变等情况。③在晾晒过程中，应勤翻动，摊薄粮食，加快水分散发，但由于玉米颗粒含水量高，在翻动过程中还应注意机械损伤。④机械烘干控水时，注意烘

干温度，温度过高会影响玉米品质和发芽率，温度过低则达不到控水的目的。

（2）由于玉米授粉时间长，顶部和基部授粉时间不能一致，导致同一果穗上的顶部与基部成熟度也不尽相同。未成熟的籽粒未经干燥，在脱粒时易受损伤。受损粒则更易吸附空气中的水分和细菌，形成霉变。

（3）胚部脂肪多，易酸败。玉米胚部富含脂肪，在储藏期间胚部易受到虫害侵袭，酸败也首先从胚部开始。有数据表明，随着温度、湿度的提升，胚部与胚乳酸度明显上升。当在温度为25℃、湿度为90%的条件下，胚乳酸度为31.0，胚部酸度则高达633.0。

（4）胚部带菌量大，易霉变。玉米营养丰富的胚部，给细菌提供了良好的生存环境。不同粮种带菌数比较如表5-2所示。遇到湿热条件，细菌则大量繁殖，开始霉变，也正因如此玉米胚部极易发生霉变。

表5-2　　不同粮种带菌数比较

	黄曲霉群		青霉群		镰刀菌	
	粮食表面	粮食内部	粮食表面	粮食内部	粮食表面	粮食内部
玉米	13.42	25.05	12.38	9.19	36.78	31.06
大米	0.11	1.5	0.16	2.5	1.83	17.8
稻谷	0.08	—	0.53	23.5	24.62	—
小麦	0.04	4.05	0.07	6.46	0.02	10.17

玉米是我国主要的粮食作物之一，耐储性较差，是较难保管的粮种之一，通常不适宜长期储藏。玉米具有成熟度不均匀、原始含水量高等特点，另外，玉米的未熟粒和破损粒较多，极易遭受虫霉侵害；玉米胚部大、吸湿性强、呼吸旺盛。据验证，正常玉米的呼吸强度比正常小麦的呼吸强度高数倍。其胚部含脂肪多，容易酸败，在储藏期间胚部极易遭受虫霉侵害。玉米胚部带菌量大，容易霉变，吸湿后，在适宜的温度下，霉菌大量生长繁殖，开始霉变，因此，其耐储性较差。

2. 玉米的储藏技术

（1）脱粒储藏。脱粒储藏是玉米常见的储藏方法，通常的做法有常规储藏、低温储藏和通风储藏三种。

①常规储藏。常规储藏时，玉米与稻谷、小麦的储藏方法大体相同，但是玉米还应做好“五分开”，即水分高低分开、质量好次分开、虫粮与无虫粮分开、新粮与陈粮分开及色泽不同分开。做到“五分开”能够使玉米储藏工作更具有针对性，有效地节省不必要的劳动，提高储藏的品质。

②低温储藏。低温储藏时通常采取自然低温入库或者机械低温入库两种方式，自然低温入库应做适当的压盖密闭，保证玉米储藏品质。

③通风储藏。通风储藏可以分为包装自然通风和散装机械通风两种，包装后的玉米可堆成“非”字、半“非”字或“井”字形垛，选择气温适中、湿度较低时打开门窗大力通风，在气温升高前做好隔热、防潮工作，可以较长时间保持玉米的低温状态，有利于维

持储藏期间玉米的品质。

（2）穗藏。穗藏指带穗玉米的储藏，又称果穗储藏，是我国农民普遍采用的比较经济有效的储藏少量玉米的方法。

穗藏方法有很多优点。首先，穗藏玉米有着较大的空隙，非常适合通风干燥和玉米的散热。所以，即使是高水分玉米也可以通过这种方式储藏，不必晾晒到安全水分以下。其次，对于穗藏的玉米籽粒而言，易受损和虫霉侵害的胚部还埋藏在穗轴内，玉米粒顶部为坚硬的角质层，对虫霉侵害有一定的防护作用，故也能提高玉米的耐储性，较长期地保持发芽力和应有的品质。

虽然穗藏优点很多，但由于穗藏的体积大，占用仓容较多，运输途中也会浪费较多的运力，不适合大宗玉米的储藏和运输。另外，穗藏的玉米在急需时需要先进行脱粒，相对于脱粒储藏增加了工作量。最后，穗藏会使计量、测温、验质等工作出现误差，增加保管的工作难度。

二、成品粮储藏

成品粮储藏通常是为了满足市场需求而进行的短期储藏，在大中城市消费相对集中的地区，为了保证市场供应，需要有足够的成品粮库存。如何保证成品粮储藏安全，并且延缓其变质和陈化，需要仓库进行严格的监控，采取一系列的措施才能实现。

（一）大米

1. 大米的特性

（1）干燥大米易爆腰。米粒在干燥过程中，内部水分逐渐向外部转移，内外干湿不一致。而米粒腰部皮薄，腹面组织松散，当体积收缩程度不同时就会产生爆腰，从而降低了大米的食用品质。

（2）无皮层保护，大米的储藏稳定性差。由于没有了颖壳和种皮的保护，大米的胚乳直接与空气接触。胚乳中的营养物质成为细菌繁殖和吸附水汽的良好载体，因此大米更容易吸湿和发生霉变。在高温环境下，大米的呼吸作用比稻谷更强，更易引起粮堆的发热，引发霉变和湿热无法散发等情况，最终影响大米的品质。

2. 大米的储藏技术

大米失去了外壳的保护更加不耐储藏，并且不易干燥。因此在大米储藏过程中，应注意做到防潮与控温两点。具体的做法有以下几点。

（1）常规储藏。常规储藏的大米，在常温常湿下存放容易受自然温湿度变化的影响，大米中水分含量增加、温度变化过大，不利于大米的储藏。因此，常规储藏大米，需要采取必要的防潮、隔热技术。

首先，在储藏方式的选取上，大米储藏应采用防潮、隔热、通风效果好的房式仓密闭储藏。如果有条件也可以采用低温仓进行大米的过夏储藏，提高大米储藏的安全性。其次，在大米储藏时，应密切关注大米的变化，及时发现霉变、虫害、陈化等现象，采取应对措施。最后，适时通风降温、降湿。

（2）气控储藏。大米气控储藏常见的形式有三种：自然缺氧、充氮气储藏、充二氧化碳储藏。其中，自然缺氧的方式操作相对方便易行，是大多数仓库气控储藏的首选方法。

采用自然缺氧方法储藏的大米需要控制适当的含水量，因为水分过高或者过低都不能达到快速缺氧、驱虫祛霉的目的。通常情况下，粳米含水量控制在15%～16%，籼米控制在13%～14%较为适宜。

充氮气储藏的大米主要为粳米，含水量在16%左右。粮温越高或者所充氮气浓度越高，降氧的速度就越快，粮温与降氧速度的关系如表5-3所示。一般情况下，充氮气浓度达到98%以上就能起到杀虫保质的效果。充氮气的粳米需要散装储藏，因为包装垛藏式储藏，大米间空隙小，不利于氮气的充满，影响储藏品质。

表5-3　　粮温与降氧速度的关系

品种	含水量	粮温	绝氧天数
粳米	15.1%～15.5%	20℃以下	±114天
粳米	15.1%～15.5%	20～30℃	±45天
粳米	15.1%～15.5%	30℃以上	±22天

大米在充二氧化碳气体储藏时氧气含量下降不如充氮气快。试验数据表明，氧气的下降速度和二氧化碳气体浓度呈负相关关系，即二氧化碳浓度越高，粮堆中氧气含量下降越慢。二氧化碳储藏对抑制大米和微生物的呼吸作用具有良好的效果，二氧化碳浓度在90%以上时，大米处于休眠状态。

（3）温控储藏。大米自身不耐热的特性，使低温储藏成为大米温控储藏的方式。常见的温控储藏包括自然低温储藏和机械低温储藏两种。自然低温指利用自然天气的低温，对大米进行通风，达到降湿、降温的目的，在气温上升前对粮食进行防潮、隔热处理，并密闭储藏的一种形式。一般大米可以通过仓内冷却、转仓冷却和出仓冷却三种方式达到通风、降温的效果。但应注意，自然低温储藏对大米的水分有较为严格的要求，水分越高粮食的耐低温能力越弱。

机械低温储藏可以分为低温库（15℃）储藏和准低温库（18℃）储藏，这种方式常见于大中城市，是储藏粳米度夏的主要措施。无论是散装大米还是包装后的大米均可采用，温度可控，具有降温速度快等特点。为了预防机械故障等突发情况，低温库和准低温库中均应备有备用制冷机械。由于造价较高，一般籼米不采用此法。

要想保持大米好的品质，低温储藏的效果最好，其后依次是“充二氧化碳”“充氮气”“自然缺氧”和“常规储藏”。低温储藏中以机械低温储藏效果最好，但成本较高，对企业实力有一定的要求。

（二）面粉

1. 面粉的特性

（1）吸湿能力强。面粉颗粒细小，极容易吸附空气中的水汽，吸湿后结块或成团，影响面粉质量。另外水分的聚集也会使面粉更易被霉菌侵染，发霉变质，不能食用。

（2）热传导慢。面粉细小的颗粒阻碍了其间气体的流动，使面粉的热传导变慢。一方面，面粉发热后降温会比较缓慢。另一方面，面粉升温速度也同样会比较慢。有数据表明，小麦与面粉同时转入低温仓库内，小麦温度降至仓温需要2~3天，面粉则需要4~6天。

2. 面粉的储藏技术

面粉是直接食用的成品粮，吸附能力强，又容易受到虫害侵食。因此在储藏过程中需要注意仓内环境、储藏设备和包装物的干燥、密闭及卫生安全，切不可和有异味的物品放在一起储藏，避免面粉吸附异味，影响品质和口感。由于面粉储藏相对困难，所以粮库需要严格掌控面粉的存量，并在储存过程中密切监测有关数据，做到科学储藏。

（1）常见措施。

①合理堆放。面粉在储藏过程中，合理地堆放是非常必要的一项措施。根据季节、面粉加工完成的时间、面粉湿度和温度的不同，仓库应分类进行堆放。低温季节入库的低水分面粉，可以采用大垛储藏，而高温季节的高水分面粉，则要采用小垛堆放储藏。不同批次、温湿度的面粉也不应混放，以免水分、温湿度出现分层，不利于管理。

②密闭储藏。面粉由于颗粒细小、导热性差，极易吸潮和结块。因此，面粉进仓前应在仓内地面铺上严密的防潮隔热材料，待面粉入仓后可采取全仓密闭或者是粮堆密闭的方式进行储藏。另外，密闭储藏的面粉应采用低温入仓的方式，这样可以有效延长安全储藏的时间。

③严防虫害。面粉可以受到除部分豆类专食虫类外所有虫害的侵袭，一旦生虫，较难清除。熏蒸后，不但虫尸留在面粉里，而且残留药物也会影响面粉品质和食用安全。因此，防虫是面粉储藏中非常重要的一项工作。

（2）面粉储藏方式。

①自然低温、干燥储藏。通常情况下，含水量在安全标准以下的面粉，在冬季进仓以降温降湿，在春暖前密封粮垛或整个仓房，来延缓粮温上升，以达到安全度夏的目的。但自然低温的常规储藏，不能有效控制面粉温度变化和虫霉的繁殖，因此，不利于长时间储存。

②“气控”“温控”储藏。面粉和大米一样，可以通过“气控”和“温控”的储藏方式进行长时间储藏。在低温缺氧的状态下，虫霉活动得到了有效的抑制，面粉的品质保持时间也得到了延长。“气控”“温控”储藏是面粉储藏比较好的方法，但“气控”储藏下面粉的品质，不如“温控”储藏的好。

资料阅读

大米的入仓要求

1. 大米入仓前的准备

应对仓房、设备等进行检查；粮仓及货位应清扫干净，清除仓内的残留粮粒、灰尘和杂物，填堵所有孔、洞、缝隙并覆以必要的隔热材料；应保证仓房、门窗结构完好，所有设备运行良好；在仓房、包装器材等中发现有虫情时，应实施杀虫措施并做好隔离防护工作；大米包装袋应符合《粮食包装 麻袋》（GB/T 24904—2010）和《塑料编织袋通用技

术要求》（GB/T 8946—2013）的规定。

2. 入仓大米的质量要求

入仓大米的质量应符合《大米》（GB/T 1354—2018）的要求；低温库或准低温库储藏的大米不宜直接入低温库，应先进缓冲仓，入库大米温度与缓冲仓温度差值宜控制在10℃以内。

粮食储藏是解决粮食问题的重要保障。储藏环节应采取合理的措施，积极应对储藏过程中出现的问题，提高粮食储藏的稳定性，减少粮食在这一环节中的浪费，也是缓解粮食分配与消费的结构性失衡问题行之有效的办法。原粮作为成品粮加工的原材料和种粮，虽然因为有外壳的保护储藏起来相对容易，但也马虎不得。成品粮作为直接入口的产品，其安全性是关系民生的大事，更是不能掉以轻心。粮食的储藏重点在于“温度”“湿度”“水分”的控制，无论采用哪种方式，想要保证粮食的品质，都应该从这三个方面入手。但由于每种粮食的特性不同，采用温湿度及水分控制的方法和管理方式也不尽相同。因此，掌握各种原粮、成品粮的储藏方法和储藏管理是非常必要的。

任务三　油料、油脂储藏

山东某村王大爷，辛勤劳作一年喜获花生丰收，然而因缺乏科学储藏方法，大量花生在未经妥善处理和储存的情况下遭受霉变、虫蛀等，损失惨重，这一现实案例突出了花生储藏技术的重要性。

任务分析

正确的花生储藏不仅能有效防止因湿度过高导致的霉变，还能延缓油脂氧化速度，保持花生原有营养价值和商品品质，从而确保农户的辛勤付出转化为实实在在的经济效益。油料、油脂的储藏不仅可以解决供需矛盾，更能提高人们的生活质量和安全。日本曾经发生过油炸方便面中毒事件，就是因为油炸方便面中的油脂变质导致的恶性中毒事件。通过对油料、油脂的有效管理，实现其安全储藏，以达到减少浪费、满足市场需要的目的。但如何进行管理，什么样的储藏技术能保证油料、油脂产品的质量并实现长期储藏，是我们接下来要学习的重点内容。

知识准备

一、油料的普遍特性

（1）易变质。油料由于脂肪含量高，受到高温、高湿等环境的影响，油料中的不饱和脂肪酸极易被氧化，在储藏期间酸败变质，不易保管。

（2）易发热、霉变。油料脂肪含量高，吸热后不易散热，而且有些油料，如芝麻等，颗粒细小，籽粒中含水量大，收获后生理活动旺盛，稍有不注意就会出现“发热”的情况。高温聚集在料堆中不能及时散去，便会发生霉变。

（3）稳定性差，水分集中。油料中的脂肪不含水分，大部分的水分都集中在外围的蛋白质亲水物质中，因此油料的水分相对集中。高水分含量使油料的稳定性相对较差，易发生各种化学反应，造成油料的品质改变。

（4）不耐高温。油料中的脂肪，是热的不良导体，在高温环境下易发生化学反应，使油料中的脂肪与蛋白质乳化状态被破坏，出现“走油”的浸油现象。

（5）籽粒易被破坏。柔软、饱满的油料籽粒，易受到机械损伤。损伤后的籽粒易吸附水汽结潮，也易受到虫霉的侵害。

（6）吸湿性好。大多数油料都有着较好的吸湿性。但有些油料因为籽粒大、缝隙多等特点也具有较好的降湿性。

二、几种主要油料的储藏

（一）大豆

我国是大豆生产大国，大豆在我国也有数千年的栽培史，大豆中含有将近20%的脂肪，属于低含油量油料。大豆主要集中种植在我国东北和黄河中下游、淮河流域。

1. 大豆的特性

（1）不耐高温。大豆在高温条件下，可引起浸油、赤变、生霉、酸败等反应，发芽率也大大降低，甚至丧失。因此，在晾晒大豆时应非常注意，不可在烈日下长时间暴晒。

（2）抗虫性好。大豆种皮坚硬，散落性好，除印度谷蛾、地中海粉螟和粉斑螟蛾外，不受一般虫害影响。

（3）易吸湿、生霉。大豆中蛋白质含量高，占40%左右，远在脂肪含量之上。蛋白质中的亲水物质是大豆吸湿的主要原因，因此大豆的吸湿性非常强。有试验表明，当环境温度过高时，大豆的吸湿性可优于玉米和小麦。大豆吸湿后体积膨大，呼吸强度增强，生理活性增加，出现发热情况，导致霉变。

另外，大豆的安全水分与温度有着密切的联系，随着储藏温度的上升，对大豆的安全水分要求也就越严格。过夏的大豆一般要求安全水分应控制在12.5%以下。对高水分大豆应进行及时处理，达到安全水平后才可入库。

（4）易浸油、赤变。大豆储藏过程中，温度与水分是导致浸油、赤变的主要因素。当水分超过13%，温度超过25℃时，大豆就会发生赤变反应，进而出现浸油。降低了加工

品质，严重的，可使加工出的油脂变质、有毒。

2. 大豆的储藏技术

大豆应储藏在清洁、干燥、防雨、防潮、防虫、防鼠、无异味的仓库内，不得与有毒有害物质或水分较高的物质混存。

（1）常规储藏技术。

大豆储藏期限与水分含量的关系如表 5-4 所示。

表 5-4　　大豆储藏期限与水分含量的关系

水分含量	16%	15%	14%	13%	12%	12%以下
储藏期限	4 个月	5 个月	6 个月	7 个月	可过夏	长期

①通风干燥。大豆的含水量与大豆的储藏时间有着密切的联系，水分越低，大豆的安全储藏期限就越长，反之则越短。因此，大豆的常规储藏中，通风干燥是必不可少的一项重要工作。

通常情况下，大豆储藏时安全水分含量应控制在 12%以下，一般认为水分含量低于 12.5%的为安全，水分含量为 12.5%～13.5%的为半安全，当水分含量高于 13.5%时为不安全。高水分大豆只能进行短期储藏，否则会很快变质。当水分含量超过 12.5%时，对大豆采取相应的降水措施后，才能入库储藏。

常见的大豆降水措施有三种，分别是晾晒、机械烘干和整仓通风。大豆和小麦、稻谷不同，在进行晾晒降水时，不能采用阳光直射的方式。普遍采用带荚晾晒的方法晾晒大豆，这种方法可以有效地防止大豆在暴晒后出现脱皮、爆裂和破损等现象，有利于保护大豆的颜色、光泽、发芽率和品质，能有效延缓和减轻大豆“走油”、酸败与赤变。但由于大豆是不耐高温的油料，在晾晒时还要避免长时间高温，否则会引起大豆的脱皮、横断，影响品质。

机械烘干大豆可以达到快速降水的效果，且不受天气因素的影响，烘干过程又兼具除陈杂的工作，是大豆干燥降水的一种常用方法。但若操作不当，会令大豆产生焦斑、裂皮和破碎粒等现象，而且光泽度下降，脂肪酸增加。另外，烘干大豆时也应注意温度和水分，通常水分高比水分低、温度高比温度低时烘干出的大豆更容易变质。

整仓通风，由于其效果好、操作简单、节约能源、节省劳动力和费用，能保持大豆品质等优点，成了仓库企业通常采用的一种降水除湿的方法。采用此方法时，应在每天温度高、湿度低时打开库内门窗进行通风作业，当夜晚来临或温度下降前关好门窗。经过间断式的多次通风，库内大豆达到安全水分标准。在每年气温回升前，将大豆盖好，待温度升高后能保持较长时间低温储藏的效果。

②清除杂质。清除杂质是大豆储藏中很重要的一项工作，因为大豆水分含量高，质地较柔软，易受到机械损伤出现破损粒。破损粒的蛋白质与脂肪外露，更易吸潮、生虫和霉变。因此在晾晒与烘干过程中，清除杂质是大豆储藏工作的重要部分。

③通风散热。由于大豆含有较高的脂肪，导热性差且不耐高温。尤其是收获后的大

豆，水分充足，呼吸等生理活动旺盛，极易散发热量。因此，及时通风散热是非常必要的。通风散热可以通过自然开窗通风或者机械通风等方式实现，但通风时应注意外界温湿度与库内温湿度的变化，避免结露。通风后，用塑料薄膜苫盖严实，做到密闭储藏。

（2）低温密闭储藏。

低温密闭储藏是"温控"储藏的一种，较低的温度可以有效减少大豆呼吸作用，降低虫霉的活性和浸油、赤变等变质现象，延长大豆的安全储藏期。与小麦等粮食低温储藏相同，大豆的低温密闭储藏也可以通过自然低温与机械制冷两种方式实现。由于大豆多产自我国黄河以北地区，因此收获后的大豆可以利用冬季较低的温度降温，入库后密闭储藏，较长时间内可以保持料堆的低温环境。但由于大豆含水量较高，过低的温度会使大豆丧失发芽的能力，所以低温密闭储藏大豆时，温度的控制还应该结合大豆的含水量来综合管理。

大豆储存品质指标

大豆储存品质指标如表5-5所示。

表5-5　　大豆储存品质指标

项目	宜存	轻度不宜存	重度不宜存
色泽、气味	正常	正常	基本正常
脂肪酸含量（KOH）（mg/g）	≤3.5	>3.5~5	>5
蛋白质溶解比率（%）	≥75	60~<75	<60

（二）花生

带壳的花生果实称为花生果，去掉外壳后的果仁称为花生仁。花生仁含油量在40%~50%，属高含油量油料，除了能榨油，花生仁也是食品工业非常重要的一种原料。虽然花生果有外壳的保护，储藏性更加稳定，花生仁皮薄、肉嫩、含油量高，储藏稳定性较差。但由于花生果的体积大、堆垛性差，储藏起来需要占用大量的仓储空间，我国国家粮库一般都以储存花生仁为主。

1. 花生的储藏特性

花生的储藏特性包括：吸湿性强、不易干燥；易生虫、霉变；易酸败，不耐高温；易受冻等。

2. 花生的储藏技术

（1）花生果的储藏。

①花生果的常规储藏。适时收获，尽可能做到适时早收，以免受冻；及时干燥，花生收获后及时进行干燥处理，是保证花生免受冻害的有效方法；控制水分，长期储藏的花生果在冬季应将水分控制在12%以下，春秋控制在11%以下，夏季控制在10%以下；防虫防

鼠，花生果和花生仁都易受到虫、鼠的危害，所以仓库应密切注视堆垛表层。应在害虫繁殖季节，加强虫害的预防，利用化学熏蒸等方法，防治花生的虫害。

②花生果的特殊储藏。常见花生果的特殊储藏有温控和气调两种方式。利用低温进行花生果的储藏，可以采用自然低温和机械降温两种方式。低温环境有利于花生果的长期储藏，降低了虫害、霉菌的生长速度，减少了常规储藏中出现的虫霉侵害问题。气调储藏利用除氧剂起到快速降氧的效果，从而延缓游离脂肪酸的产生，降低脂肪氧化速度，防止酸败。低氧环境也有利于减缓花生的生理活动，防治害虫，抑制霉菌生长。除氧剂密封储藏，操作简单，费用低廉，容易推广，能保证花生果的安全储藏，是一种比较理想的储藏花生果的方法。

（2）花生仁的储藏。

①花生仁的常规储藏与花生果的基本要求相同，由于花生仁属于高含油量油料，在通风降湿时不能直接暴晒，日光直射温度不宜超过25℃。最好采用隔阳晾晒的方法，多次间隔进行晾晒降水，避免花生仁发生浸油、变色和破损等现象。花生仁的特殊储藏可以采用低温密闭方式储藏，在低温密闭条件下，花生仁能非常好地保持原有品质，经长期储藏而不酸败、变质。花生仁储藏方式与质量变化对比如表5-6所示。

表5-6 花生仁储藏方式与质量变化对比

	水分（%）		害虫（头/kg）	含油量（%）	色泽	气味
	入库	出库				
密闭	7.2	8.15	无	49.2	正常	正常
通风	6.91	8.3	30	48.4	红色	稍带哈喇味

②花生仁的气调储藏与花生果有一定的区别，花生果多采用除氧剂来降低料堆内的含氧量。而花生仁的气调储藏是采用充氮气的方法，使花生仁达到缺氧的状态，来抑制其生理活动与虫霉的生长，实现了防虫防霉的效果。用此种方法储藏的花生仁，过夏后仍能保持酸价、色泽、品质等方面不变。

三、油脂的储藏

（一）油脂的储藏特性

油脂在储藏特性上与前面所提到的粮食均有着很大的不同，但温度和水分还是两个很重要的因素。由于油脂中含有大量的不饱和脂肪酸，在储藏过程中容易发生氧化反应，氧化反应的结果会使油脂中的游离脂肪酸增高，油脂也因此失去了原有的味道，产生酸败。在油脂储运工作中，预防和减缓油脂的酸败是主要任务。具体看来油脂储藏特性有：水分高，易致酸败；高温加速氧化；杂质易吸收水分；易在空气中氧化；紫外线和金属物会加速它的氧化。

（二）油脂的储藏技术

储藏技术与油脂长期安全储藏有着非常密切的关系，受阳光照射或者敞口储藏油脂等不妥的储藏方式都可以加速油脂的变质，使油脂丧失食用价值。而先进的储藏技术，比如低温、脱氧储藏油脂，则可有效减缓油脂的氧化活动，延长储藏期。因此，采用合适的储藏技术是油脂安全储藏的重要保障。

1. 常规储藏

油脂在储藏期间的变质速度取决于其内部的化学物质的氧化速度、杂质数量与种类及氧化反应发生的化学环境条件，油脂内的微生物活动也是引起油脂变质的一个重要原因。

因为常规储藏技术简单、投入成本低等特点，被很多油库采用。这种方法指在常温、常压的状态下，对油脂进行储藏。在储藏活动中，应注意温度、水分、湿度、杂质、日光、包装物等因素对油脂的影响，以降低油脂氧化速度，延长储藏期。主要的工作内容有以下几个方面。

（1）防日晒，防高温。由于油脂储藏的稳定性可受到日光和高温的影响，因此在储藏油脂的库内应采用适当的避光措施。应对门窗进行必要的遮挡，油库四周可种植高大的绿叶树木遮阳。若采用露天堆场进行油脂的存放，须在堆场上搭建雨棚来遮阳挡雨。

（2）防潮。油脂不耐高水分，且含杂质较高的油脂更易吸附潮气。因此在储藏时，应注意油脂的防潮。保证仓库内干燥、避光、通风、不透雨、不渗水。天气晴朗，库外温湿度低时，应开窗通风；在阴雨天，应密闭储藏。

（3）防氧化。油脂应采用严密的装具进行储藏，有效隔绝空气中的氧气和杂质进入油脂，以防加速其内部不饱和脂肪酸的氧化反应。通常仓库内的油脂都使用铁桶或钢桶盛装。如果油脂质量好、杂质少，在储藏期间应尽量减少倒桶或转罐等作业，以保证油脂的品质。

（4）做好安全工作。油脂属于易燃、易爆物品，尤其是在常规条件下储藏的油脂，易受大气中温湿度的影响。应注意做好防渗漏、防火灾、防装具爆裂等安全工作。库区内应禁明火，并定期检查储油桶或油罐是否渗漏，及时发现隐患，及时进行补修。

（5）定期检查。储藏过程中的油脂应定期进行检查，及时发现油脂变质、酸败等问题。尤其对于杂质多、水分高的油脂，更应加强检查工作。定期检查能有效发现油脂发生的变化，在油脂质变刚刚开始时采取有效措施，可将损失降到最低。

2. 抗氧化剂储藏

抗氧化剂储藏指利用向油脂中加入抗氧化剂的方法，降低油脂发生氧化反应的速度，延缓酸败的发生。抗氧化剂又称为阻氧剂，是一种能抑制或延缓油脂酸败的物质，往往具有增效剂和稳定剂的作用。这种物质无毒、无色，不会影响油脂的品质和口感。抗氧化剂可以分为“人工”和“天然”两种，其中生育酚（维生素E）、柠檬酸、类胡萝卜素等属于天然抗氧化剂，丁基羟基茴香醚（BHA）、二丁基羟基甲苯（BHT）等属于人工合成的抗氧化剂。

在使用抗氧化剂进行储藏时应注意，抗氧化剂应在油脂新鲜时注入，而且要先将金属钝化剂加入，使金属装具内表面的金属物质钝化，才能获得应有的效果；当油脂已经出现过氧化值升高，并已达到一定程度，再加抗氧化剂则无法达到应有的效果。

3. 除氧剂储藏

除氧剂储藏是一种利用除氧剂与氧气结合发生反应，消耗空气中的氧气，从而达到低

氧环境的一种储藏方法。油脂由于可以和空气中的氧气结合，加速酸败，因此将除氧剂和油脂密封在一起进行油脂的储藏，可以保证其品质长期不变。

4. 铝膜隔氧储藏

利用不透气的铝膜隔离油罐内的油脂，使其不与氧气接触，进行缺氧储藏的方法称为铝膜隔氧储藏。采用这种方法储藏油脂，由于装入油罐时，油脂将铝膜以下的空气从罐顶压出，使铝膜下形成缺氧或基本缺氧的状态，从而能够防止油脂氧化变质，保持其原有品质，确保油脂安全储藏。

5. 满罐储藏

在特制的罐体内，将油脂装满进行储藏的方法称为满罐储藏。采用这种储藏油脂的方法，在注入油脂时，应按进油时温度与体积补偿可适应的温差范围来计算进油量，进油后抽去罐内剩余空气，使罐体自动变形，成为满罐状态，在储藏期间有效隔绝空气，保证品质。

6. 充惰性气体储藏

充惰性气体储藏指将惰性气体充入油罐，排除罐内其他气体，有效达到隔绝油脂与氧气接触的目的，是另外一种油脂储藏方法。

7. 低温储藏

油脂的变质与温度有着密切的关系，通常在低温的冬季油脂几乎不会变质，而夏季则多发生酸败。因此，长期使油脂保存在一个低温的环境下，非常有利于其品质的保持。有数据显示，常年令油脂在12~14℃下进行储藏，可使油脂在入库9年后保持酸价只有少量提升，大大延长了油脂的保质期，增加了油脂的储藏稳定性。

酸　败

酸败俗称哈喇，指油脂在储藏时由于与空气等作用发生氧化而进一步分解产生异臭味的现象。该过程中，油脂被氧化而生成一部分游离脂肪酸和中等分子量的醛类（如庚醛、壬醛等）。

任务总结

油脂在储藏期间酸价上升、出现酸败是其主要的变质现象。因此，在储藏期间，应注意温度和水分的管理控制，降低油料、油脂酸价升高和发生酸败的诱因。与粮食不同的是，油脂较不易受到虫霉的侵害，但光照可以影响其品质和储藏稳定性。因此，密封、隔水、隔热、避光是油脂储藏最基本，也是最有效和必需的措施。除此以外，低温、气调等储藏方法也可以应用于油脂的储藏。对于高水分、含杂质高的油脂，仓储企业可以进行简单的降水与除杂处理，这样有利于油脂在储藏期的稳定性。另外，储藏前清洁、检修装具，妥善灌装油脂，合理堆放油桶，加强常规检查，清除处理油脚，严格先进先出，加强库内安全管理也是油脂储藏工作中应注意的内容。

思政探索

一、思政目标

1. 培养节约粮食的意识：通过学习粮食储藏知识，让学生深刻认识到粮食的珍贵，树立珍惜粮食、反对浪费的社会责任感。

2. 弘扬工匠精神：粮食储藏涉及科学技术和精细管理，要求储粮人员具备严谨认真的态度和精湛的专业技能，引导学生理解和尊重一线劳动者，培养敬业奉献的职业道德。

3. 培养粮食安全国家战略的意识：粮食安全关乎国家安全和社会稳定，教育学生理解粮食储藏在保障国家粮食安全中的关键作用，增强学生的国家安全意识和忧患意识。

二、思政元素

粮食安全与国家战略　科技创新精神　工匠精神　勤俭节约　精细化管理

三、融入路径

1. 课堂教学融入：在讲述粮食储藏知识的过程中，适时穿插粮食安全的重要性、粮食储藏工作者的辛勤付出以及科技创新在粮食储藏中的应用等思政元素，使学生在学习专业知识的同时接受思政教育。

2. 实践教学融入：组织学生参观粮库，让学生亲身体验粮食储藏的实际操作过程，通过实地考察了解粮食储藏的艰辛与挑战，加深对粮食安全的认识和对粮食储藏工作者的尊重。

3. 课外宣传活动：组织学生参与粮食节约宣传活动，通过制作海报、宣传册、公益广告等方式，让学生在实际行动中深化对粮食安全和节约粮食的认识，培养他们的社会责任感。

实训项目

粮油企业调研

1. 实训背景资料

不同地区的粮油储藏企业，由于所处的自然环境、人文环境、市场环境等因素的不同，在储藏对象、流程及特殊情况处理办法方面，均有其各自的特点。本次实训以调查当地的粮库企业为内容，完成调研报告。

2. 实训目标

让学生进一步深入了解粮库管理规程及主要粮食储藏流程，并能掌握一些在实践工作中总结出的粮食储藏工作经验和技巧。

3. 实训准备

学生分组，以小组为单位对该企业进行实地考察。

4. 实训步骤

（1）当地环境背景资料调查。

（2）企业背景资料调查。

（3）学生组内讨论，拟订问题。

（4）实地考察参观。

（5）讨论并总结。

（6）形成一份调研报告。

5. 实训效果评价

考评内容	考评标准	分值（分）	自我评价（分）	小组评价（分）	教师评价（分）	实际得分（分）
实训完成情况	背景资料准确，背景资料能涵盖当地基本的环境情况	15				
	能准确描述该企业的基本情况	15				
	问卷的问题设计合理，问卷回收比例高	25				
	总结字数应在 1000 字以上，总结的数据、内容真实详尽，总结能明确反映出组内考察的成果	30				
其他	态度积极，遵守纪律，有团队协作精神	15				
合计		100				

注：实际得分 = 自我评价×20%+小组评价×30%+教师评价×50%。

思考练习题

一、选择题

1. 粮油从狭义上讲只包括（　　）。

A. 原粮　　B. 成品粮　　C. 油料和油脂　　D. 小麦

2. 我国常见的原粮主要有稻谷、玉米、（　　）。

A. 大米　　B. 面粉　　C. 小麦　　D. 豆类

3. 常见的成品粮有（　　）。

A. 大米　　B. 面粉　　C. 小麦　　D. 豆类

4. 玉米常用的控水方法有（　　）。

A. 田间扒皮晾晒　B. 带皮烘干降水　C. 脱粒晾晒　　D. 整仓通风

5. 油料中含有大量的（　　），也是油脂的主要来源，一般含量在40%~50%，最少也有20%左右。

A. 脂肪　　B. 蛋白质　　C. 氨基酸　　D. 水

6. 稻谷、小麦等粮食采用“三低”“双低”的方法储藏，“三低”指的是（　　）。

A. 低氧　　B. 低药量　　C. 低温　　D. 低湿

7. 花生仁在通风降湿过程中不能直接暴晒，日光直射的温度也不宜超过（　　）。

A. 20℃　　B. 25℃　　C. 14℃　　D. 30℃

8. （　　）是油脂储藏中主要的变质现象。

A. 出汗　　B. 发热　　C. 酸败　　D. 爆腰

9. 大部分粮油作物是有生命的，工作人员除了需要站在物流角度考虑问题外，更需要充分考虑（　　）。

A. 产量　　B. 质量　　C. 分布　　D. 其生长与生物特性

10. 大米自身不耐热的特性，使（　　）成为大米温控储藏的方式。

A. 高温储藏　　B. 密封储藏　　C. 低温储藏　　D. 常温储藏

二、判断题（对的打“√”，错的打“×”）

1. 玉米胚部脂肪多，易酸败。（　　）

2. 发运前的粮食按照国家有关规定，必须达到标准才能出库。通常情况下，发运粮食的检验包括：检色和检斤两种。（　　）

3. 在我国，稻谷的常规储藏主要是通过密闭储藏，也有通过“双低”或“三低”的管理进行储藏的方式。所谓的“双低”指低氧、低湿。（　　）

4. 后熟期中，小麦呼吸量大、新陈代谢快，会放出大量的湿热气体，这些气体移动至粮堆上层便出现了“出汗”“乱温”等现象，容易引起粮食的结露、发热、霉变等不良变化。（　　）

5. 通常情况下，花生果的酸败主要与水分、气体有着直接的关系。（　　）

6. 花生水分越高，温度越高，则酸败越快、越严重。（　　）

7. 紫外线具有较高的能量，有利于油脂中饱和脂肪酸的氧化活动，促进油脂酸败。（　　）

8. 抗氧化剂又称为阻氧剂，是一种能抑制或延缓油脂酸败的物质，往往具有增效剂和稳定剂的作用。（　　）

三、名词解释

原粮　　酸败　　温控储藏

四、简答题

1. 油脂酸败的主要现象是什么？

2. 如何给新入库的稻谷降温？

3. 稻谷储藏与小麦储藏技术存在哪些区别？为什么？

五、实训题

1. 写出油脂常规储藏的主要工作内容。

2. 粮油运输的注意事项有哪些？

【知识拓展：标准及相关政策法规引读】

1. GB/T 29890—2013《粮油储藏技术规范》
2. GB 22508—2016《食品安全国家标准 原粮储运卫生规范》
3. GB/T 42228—2022《粮食储藏 大米安全储藏技术规范》
4. GB/T 31785—2015《大豆储存品质判定规则》
5. GB/T 20569—2006《稻谷储存品质判定规则》
6. GB/T 22497—2008《粮油储藏 熏蒸剂使用准则》
7. GB/T 24904—2010《粮食包装 麻袋》
8. GB/T 29374—2022《粮油储藏 谷物冷却机应用技术规程》
9. GB 50320—2014《粮食平房仓设计规范》
10. GB/T 21015—2023《稻谷干燥技术规范》
11. GB/T 26879—2011《粮油储藏 平房仓隔热技术规范》
12. GB/T 37710—2019《粮食物流名词术语》
13. LS/T 1232—2023《粮油储藏 简易仓囤储粮通风技术规程》
14. SN/T 1882. 2—2007《进出口粮食储运卫生规范 第 2 部分：粮食运输》
15. LS/T 1201—2020《磷化氢熏蒸技术规程》
16. LS/T 1213—2022《二氧化碳气调储粮技术规程》

扫码查看拓展资源

模块六　果蔬储运

学习目标

知识目标

掌握常见果品储藏条件、储藏方式

了解不同果蔬特性

了解果蔬采收对储藏的影响

熟悉果蔬储藏前处理的各环节具体措施

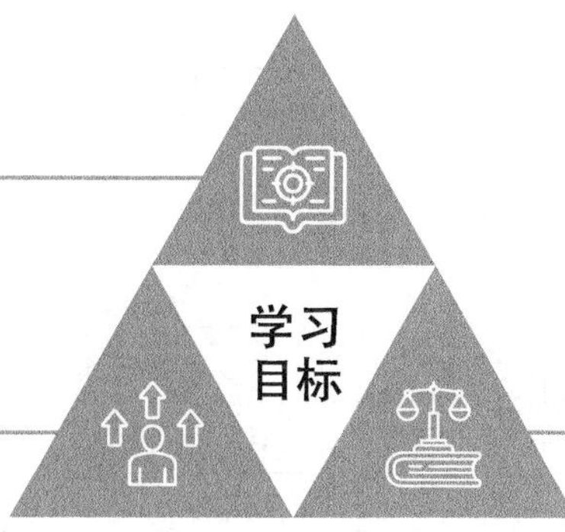

能力目标

能够进行果蔬的常规储藏管理

能够针对不同果品和蔬菜选择正确的储藏条件和储藏方式

思政目标

进行爱农教育

培养标准和规范的意识

培养质量安全责任的意识

内容导读

- 模块六 果蔬储运
  - 任务一 果蔬储藏基础
    - 一、果蔬分类
    - 二、果蔬的化学成分
    - 三、影响果蔬储运的因素
    - 四、果蔬的采收对质量的影响
    - 五、果蔬储藏前的处理
    - 六、果蔬运输
  - 任务二 常见果品储藏
    - 一、苹果储藏
    - 二、柑橘类储藏
    - 三、葡萄储藏
    - 四、香蕉储藏
    - 五、核果类储藏
    - 六、板栗储藏
    - 七、柿子储藏
    - 八、草莓储藏
  - 任务三 常见蔬菜储藏
    - 一、萝卜与胡萝卜储藏（根菜类蔬菜）
    - 二、大白菜储藏（白菜类蔬菜）
    - 三、番茄储藏（茄果类蔬菜）
    - 四、冬瓜和南瓜储藏（瓜类蔬菜）
  - 思政探索
    - 一、思政目标
    - 二、思政元素
    - 三、融入路径
  - 实训项目
    - 果蔬储藏方案设计

任务一 果蔬储藏基础

某小型农场在收获季节，大批量采摘了新鲜黄瓜后，由于缺乏预冷处理设施，直接将其存放在常温仓库。采摘后的黄瓜依然保持着较高的田间热，呼吸作用旺盛，释放出大量

的热量和水分，促进了微生物的繁殖。经过一晚，黄瓜表皮开始出现水渍并逐渐软化，两天后发现大部分黄瓜已霉变、腐烂，整批黄瓜因未能及时预冷保鲜而损失殆尽，给农场带来了不小的经济损失。这也警示我们，农产品采后处理环节的重要性不容忽视。

任务分析

水果蔬菜从表面上看，似乎在被采摘后就停止了生长，但实际上它们仍然有呼吸作用。同时水果蔬菜生产存在着强烈的季节性和地域性，水果蔬菜本身具有含水量高、组织脆嫩、采后是活体、极易受机械损伤而腐烂变质等特点，其腐烂率一直居高不下。如果保鲜做得不好的话，水果、蔬菜的营养成分和食用质量也在逐渐下降。要降低果蔬物流损耗，第一步就是厘清果蔬生鲜产品的特性，根据产品特性建立相应的果蔬物流体系，降低物流成本。

知识准备

蔬菜和果品，尤其是蔬菜，是人们日常生活中必需的、重要的副食品，它们所含的营养成分对人体有特殊的食用意义，新鲜果蔬富含多种维生素和矿物质。因此，食用果蔬不仅能使人体摄取较多的维生素以预防维生素缺乏症，而且大量的钠、钾、钙等矿物元素的存在使果蔬成为碱性食物，在人体的生理活动中起着调节体液酸碱平衡的作用。

一、果蔬分类

（一）蔬菜的分类

1. 按食用器官分类

蔬菜按其供食用的器官可分为根菜类、茎菜类、叶菜类、花菜类、果菜类及苗菜类。

2. 按农业生物学分类

这种分类方法是按蔬菜的农业生物学特性，根据栽培技术和蔬菜的生长发育习性进行分类的，通常分为根茎类、白菜类、甘蓝类、绿叶菜类、葱蒜类、茄果类、瓜类、豆类、水生蔬菜类、新鲜食用菌类、多年生和杂类蔬菜等。

（二）果品的分类

1. 按果实构造分类

按果实构造不同，果品分为仁果类、核果类、浆果类、坚果类、柑橘类、复果类和瓜类七类。

2. 按商业经营习惯分类

按我国商业经营果品的习惯，把果品分为鲜果、干果、瓜类及它们的加工制品四大类，统称为果品。

果蔬产品采收及采后的商品化处理直接影响采后产品的储运损耗、品质保存和储藏寿命。由于果蔬产品生产季节性强，采收期相对集中，而且脆嫩多汁，易于损伤腐烂，往往由于采收或采后处理不当造成大量损失，收获后的果蔬产品要储藏保鲜，必须经过一些必要的处理环节，才能达到较好的储运效果。

二、果蔬的化学成分

果蔬中含有多种化学成分，它们的含量及其组成比例直接决定着果蔬的质量、风味特点以及营养价值，并且与果蔬的储藏、运输和加工等也有密切的关系。

果蔬的营养化学成分，包含在果蔬细胞液中的有糖、有机酸、含氮物、果胶、色素、多酚类化合物、芳香物质、矿物质和水分等；组成果蔬细胞壁的有纤维素、半纤维素和原果胶等。前者决定着果蔬的营养价值。而作为鲜摘食品的果蔬还普遍含有多种酶，这对果蔬的储藏性及食用品质有着重要的影响。

（一）水

果蔬中含有大量的水，不同果蔬含水量如表6-1所示，尤其是新鲜果品，由于水分占的比例很大，故有“水果”之称。水是保证和维持食品质量的重要成分。含水量是衡量果蔬新鲜程度的一个重要质量特征，某些果蔬含水量的增减还会引起质量的变化。新鲜果蔬只有当含水量充足时才具有鲜嫩多汁的食用品质，如果失去正常的含水量，组织细胞的膨压减少，就会使果蔬变得萎蔫，从而降低新鲜度。

表6-1　　不同果蔬含水量

类别	含水量（%）
鲜菜	65~96
鲜果（不含瓜类）	73~90
干果	约20
籽仁	3~4
新鲜瓜类	约95

（二）矿物质

果蔬中的矿物质是人体所需矿物质的重要来源，其一般含量（以灰分计）为0.2%~3.4%，如表6-2所示。

表6-2　　果蔬中的矿物质含量

蔬菜类	矿物质含量（以灰分计%）	果品类	矿物质含量（以灰分计%）
根菜类	0.6~1.1	仁果类	0.2~0.9
茎菜类	0.3~2.8	核果类	0.4~1.8
叶菜类	0.5~2.3	浆果类	0.2~2.9
花菜类	0.7~1.2	柑橘类	0.3~0.9
果菜类	0.3~1.7	坚果类	1.1~3.4
		瓜类	0.2~0.4

（三）维生素

果蔬中含有丰富的维生素 C 和胡萝卜素，另外还含有少量的 B 族维生素，如维生素 B_1、维生素 B_2、维生素 B_5 和维生素 B_6 等，新鲜的果蔬是人们日常生活中摄取维生素 C 和维生素 A 最主要的来源。

（四）碳水化合物

果蔬的干物质中最主要的成分是碳水化合物，包括糖、淀粉、纤维素和半纤维素等。

三、影响果蔬储运的因素

果蔬的储运与温度、湿度、气体成分和震动影响等因素有很大的关系。但是果蔬在采收前的各种因素，如类别、品种、技术水平、栽培条件和植物生长调节剂的应用等，对果蔬的生长发育、营养成分以及生理性状的形成都有重大影响。

（一）影响水果储运的因素

影响水果储运的因素很多，主要包括栽培条件、树体情况和果实自身情况，也分外部因素、内部因素和生理因素，如表 6-3 所示。

表 6-3　　影响水果储运的因素

影响因素	影响情况
栽培条件	①果实种植土壤的物理性质、化学性质，土壤肥力，水分和温度变化等对果实的生长和发育都有很大的影响，也间接地影响其品质和储藏性，一般要求土壤酸度在 pH 6~7
	②每年的气候不尽相同，它对果实的生长发育影响极大。气温较高有利于果实的品质提高，光照多不仅有利于苹果等果实花青色素和维生素 C 的增加，而且多数果实也较耐储藏
	③果树生长的地理条件对各品种果实的耐藏性有很大的影响。相同品种的果实在高纬度地区生长比低纬度地区生长的耐储力要好
树体情况	①相同种类不同品种果实之间的储藏性差异较大，如晚熟品种表现出较强的储藏能力，而早熟品种则常常不耐藏
	②树龄和树势。如幼树的果实不耐储藏
果实自身情况	①果实的大小与储藏能力有关，一般大型果实不如中小型果实耐储藏
	②果实采收时的成熟度，充分成熟时采收，既保证产品质量，也有利于长期储藏
	③果实果肉中的细胞数与其品质和耐储力有很大的关系，细胞多耐储藏

（二）影响蔬菜耐储力的因素

蔬菜的耐储力大多较差。叶菜类蔬菜由于叶片面积大，组织幼嫩，保持结构差，其蒸腾作用、呼吸作用都很强，采后很容易失水、萎蔫、败坏，而不耐储藏。果菜类中，在幼嫩时收获的蔬菜，如黄瓜、丝瓜等，也不耐储藏。而在完熟时收获的蔬菜，如南瓜、冬瓜、葫芦等具有粗厚的蜡质表皮，能较强地保持性能，耐储力佳。对于根菜类蔬菜，如马铃薯、洋葱、大蒜等内含丰富的营养物质，在收获之后有一段休眠期，此时呼吸代谢活动降到最低，具有抵抗外界不良条件的能力，故比较耐储藏。

（三）果蔬耐藏的特征

不同果蔬品种的储藏性特点完全不同，果蔬耐藏的特点如表6-4所示。

表6-4　果蔬耐藏的特点

耐藏果蔬品种的特点	不耐藏果蔬品种的特点
①呼吸强度较弱，呼吸高峰出现较迟	①呼吸旺盛，营养物质消耗快
②外皮组织致密坚硬，抗机械损伤及微生物侵染性强	②外皮柔软，蒸腾作用强，易失水
③外层表面有较厚的蜡质保护膜，蒸腾作用弱	③易遭机械损伤及微生物侵染，易腐烂
④营养物质含量高，可维持较长时间的呼吸代谢	④易发生生理病害
⑤生理病害抗性强	⑤内部易软化、纤维化、木质化
⑥有较长的休眠期	

四、果蔬的采收对质量的影响

采收是影响果蔬储藏成败的关键环节。采收速度要尽可能快，力求做到将采收对果蔬的损伤降到最低。在采收过程中，最主要的是果蔬成熟度和采收方法，它们与果品蔬菜的产量、品质和商品价值有密切的关系。

果蔬产品一定要在其适宜的成熟度时采收，采收过早或过晚对产品品质和储藏性均会有不利影响。采收过早，不仅产品的大小和重量达不到标准，而且产品的风味、色泽等也不好，储藏性也差；采收过晚，产品已经过熟，开始衰老，不耐储藏和运输。应该根据产品的特性并考虑产品的采收用途、储藏期的长短、储藏方法和设备条件等因素，确定产品的采收时间。柑橘、葡萄等，可以在充分成熟时采收，这有利于保证质量和提高其耐储力；香蕉、菠萝、苹果和梨等，在果实已达到一定大小，质量已有一定保证的情况下，尽可能提早采收，这有利于延迟呼吸高峰的到来，有利于长期储运。

五、果蔬储藏前的处理

果蔬储藏前的处理指果蔬产品采后为保持和改进产品质量所采取的一系列措施，主要包括整理与挑选、分级、防腐、包装等环节，使果蔬产品做到清洁、整齐、美观，有利于销售和食用，提高其耐储力和商品价值。

（一）整理与挑选

整理与挑选是采后的第一步，其目的是剔除有机械伤、病虫危害、外观畸形等不符合商业要求的产品，以便改进产品的外观，改善商品形象，便于包装储运，有利于销售和食用。

果蔬产品从田间收获后，往往带有残叶、泥土、病虫污染等，须进行适当的处理。因为带有残叶、泥土、病虫污染的产品，不仅没有商品价值，而且严重影响产品的外观和质量，更重要的是携带大量生物孢子和虫卵等有害物质，因而成为采后病虫害感染的传播

源，引起果蔬采后的大量腐烂损失。清除残枝败叶、泥土等只是整理的第一步，有的产品还须进一步的修整，并去除不可食用的部分，如根、叶、老化部分等。

挑选是在整理的基础上，进一步剔除受病虫侵染和受机械损伤的产品。在果蔬产品的挑选过程中，必须轻拿轻放，剔除受伤商品，同时防止对产品造成新的机械伤害。

（二）分级

果蔬产品在生长发育和采收过程中，由于受多种因素的影响，其大小、形状、色泽、成熟度、病虫伤害、机械损伤等状况差异甚大。按照不同销售市场所要求的分级标准，对果蔬进行大小或品质分级，使其商品标准化，或者商品性状大体趋于一致，这有利于果蔬按质论价、优质优价，产品的市场定位更加准确清晰。

国外果蔬分级有国际标准、国家标准、协会标准和行业标准四种。目前已有 37 种产品有了国际标准，是欧盟国家水果和蔬菜进出口的强制性标准。我国目前一般是在果形、新鲜度、颜色、品质、病虫害和机械伤等方面已符合要求的基础上，再按大小进行手工分级，即根据果实横径的最大部分直径，分为若干等级。

（三）防腐

新鲜水果和蔬菜采收后仍然进行着复杂的生理变化、生物变化和物理变化，果蔬的细胞和组织继续进行呼吸和蒸腾作用，很容易产生皱缩、失重、萎蔫、变质等现象，影响果蔬的品质和销售。目前，在我国每年约有 8000 万吨蔬菜、水果腐烂，果蔬采后损失率达 20%~40%，损失总价值近 800 亿元。新鲜果蔬的防腐保鲜，成了减少损失的必要程序。目前，使用最普遍也最经济且简单易行的，就是新鲜果蔬表面防腐处理。果蔬保鲜剂按其作用和使用方法可分为乙烯脱除剂、防腐保鲜剂、涂被保鲜剂、气体发生剂、气体调节剂、生理活性调节剂、湿度调节剂等。

（四）包装

果蔬产品多脆嫩多汁，极易遭受损伤。为保障产品在运输、储藏、销售中免受伤害，对其进行包装是必不可少的。果蔬产品包装是标准化、商品化，以及保证安全运输和储藏的重要措施。合理的包装，可以使果蔬产品在运输中保持良好的状态，减少因互相摩擦、碰撞、挤压而造成的机械损伤，减少病害蔓延和水分蒸发，避免果蔬产品散堆发热而引起腐烂变质，包装可以使果蔬产品在流通中保持良好的稳定性，提高商品率和卫生质量。

（五）灭虫

进出口水果蔬菜时，植物检疫部门经常要求对水果蔬菜进行灭虫处理。常用的灭虫方法有如下几种。

1. 熏蒸剂处理

常用的熏蒸剂有二溴乙烷和溴甲烷，可用于专门的固定熏蒸室中，也可在临时性封闭环境中使用。用量为 $18\sim20g/m^3$，熏蒸 2~4h，可有效地消灭果实上绝大部分的果蝇。温度较低时，则适当提高熏蒸剂浓度。

2. 低温处理

许多害虫都不能忍耐低温，故可用低温方法消灭害虫。

3. 高温处理

长期以来，使用热蒸汽作为地中海实蝇的检疫处理。对杧果用 43℃ 热蒸汽处理 8h，可控制墨西哥果蝇。热水处理也可用于防治水果害虫，香蕉在52℃热水中浸泡20min，可控制香蕉上的橘小实蝇和地中海实蝇。

4. 辐射处理

射线辐射可减少果实害虫的危害，如用250Gy辐射杧果可杀死其内部的害虫。

（六）涂蜡

涂蜡是人为地在果蔬产品表面涂一层蜡质。果蔬产品表面有一层天然的蜡质保护层，往往在采后处理或清洗中受到破坏。为果蔬产品涂蜡，可以增加产品的光泽而改善外观，提高商品质量；堵塞表皮上的部分自然开孔，降低蒸腾作用，减少水分损失，保持新鲜；阻碍气体交换，抑制呼吸作用，延缓后熟和减少养分消耗；抑制微生物的入侵，减少腐烂病害等。

涂蜡的方法大体分为浸涂法、刷涂法、喷涂法、泡沫法和雾化法五种。涂蜡要做到涂被厚度均匀、适量，安全、无毒，成本低廉、材料易得，便于推广。值得注意的是，涂蜡处理只是产品采后一定期限内商品化处理的一种辅助措施，只能在上市前进行或在短期储藏、运输时使用，否则会给产品的品质带来不良影响。

（七）预冷

1. 预冷的概念和作用

预冷是将新鲜采收的产品在运输、储藏或加工以前迅速除去田间热，将其温度降低到适宜温度的过程。当水果和蔬菜收获以后，特别是在温度较高的天气下采收后，带有大量的田间热，再加之采收对产品的刺激，呼吸作用很旺盛，释放出大量的呼吸热，对保持其品质十分不利。预冷的目的是在运输或储藏前使产品尽快降温，以便更好地保持水果和蔬菜的生鲜品质，提高储藏性。预冷可以降低产品的生理活性，减少营养损失和水分损失，延长储藏寿命，改善储后品质，减少储藏病害。

预冷与一般冷却的主要区别在于降温的快慢上。预冷要求尽快降温，必须在收获后24h之内达到降温要求，而且降温越快效果越好。多数果蔬产品收获时的温度接近气温，其呼吸旺盛，后熟衰老变化速度快，同时易腐烂变质。

2. 预冷方式

产品的冷却速度取决于下面四个因素：①冷却介质与产品的接触面积；②产品与冷却介质的温差；③冷却介质的周转率；④冷却介质的种类。预冷的方式有多种，一般分为自然降温冷却和人工预冷。人工预冷中有水冷却、空气冷却、真空预冷、包装加冰冷却等方式。各种方式都有其优缺点，其中以空气冷却最为常用。预冷时应根据产品种类、数量和包装状况来决定采用何种方式和设施。

（1）自然降温冷却。自然降温冷却是最简便易行的预冷方法，就是将产品放在阴凉通风的地方使其自然散热。我国北方许多地区用地沟、窑洞、棚窖和通风库储藏产品。采收后在阴凉处放置一夜，利用夜间低温，使之自然冷却并于翌日气温升高前入储。这种方法虽然简单，但冷却需要的时间长，受环境条件影响大，而且难以达到产品需要的预冷温度。

（2）水冷却。水冷却是以冷水为介质的一种预冷方式，水比空气的比热容大，当果蔬产品表面与冷水充分接触，产品内部的热量可迅速传至体表而被水吸收。将果蔬浸在冷水

中或者用冷水冲淋，均可达到降温的目的。冷却水有低温水（一般在0~3℃）和自来水两种，前者冷却效果好，后者生产费用低。目前使用的水冷却的装置有喷淋式和浸渍式，即流水系统方式和传送带系统方式。

（3）空气冷却。空气冷却是使冷空气迅速流经产品周围使之冷却的一种预冷方式，分为冷库空气冷却和强制通风冷却。冷库空气冷却是将收获后的果蔬产品直接放在冷藏库内预冷，由空气自然对流或风机送入冷风使之在果蔬产品包装箱的周围循环，箱内产品外层和内部产生温度差，再通过对流和传导逐渐使箱内产品温度降低。这种方法制冷量小，风量也小，冷却速度慢，但操作简单，冷却和储藏同时进行。当冷却效果不佳时，可以使用有强力风扇的预冷间。可用于苹果、梨、柑橘等耐藏产品的冷却。但对易变质腐烂的产品则不宜使用，因为冷却速度慢，会影响储藏效果。冷库空气冷却时产品容易失水，库内保持95%或以上的相对湿度可以减少失水量。

（4）真空预冷。真空预冷是将果蔬放在真空室内，迅速抽出空气至一定真空度，使产品体内的水在真空负压下蒸发而冷却降温。在真空预冷中，大约温度每降低5.6℃失水量为1%，但由于被冷却产品的各部分几乎是等量失水，故一般情况下产品不会出现萎蔫现象。这种方式的特点是降温速度快、冷却效果好、操作方便。不同种类的果蔬真空预冷的效果差异很大。生菜、菠菜、莴苣等叶菜适合用真空预冷，纸箱包装的生菜用真空预冷，在25~30min内可以从21℃下降至2℃，包心不紧的生菜只需15min。但一些体表面积小的产品（如多种水果、根茎类蔬菜、番茄等果蔬）由于散热慢，不宜采用真空预冷。真空预冷对产品的包装有特殊要求，包装容器要求能够通风。

（5）包装加冰冷却。包装加冰冷却是在装有产品的包装容器内加入细碎的冰块，一般采用顶端加冰。它适用于那些与冰接触不会产生伤害的产品或需要在田间立即进行预冷的产品，如菠菜、花椰菜、抱子甘蓝、萝卜、葱等。如果要将产品的温度从35℃降到2℃，所需加冰量应占产品总重的38%。

总之，在选择预冷方式时，必须考虑现有的设备、成本、包装类型、距离销售市场的远近以及产品本身的特性。在预冷期间要定期测量产品的温度，以判断冷却的程度，防止温度过低产生冷害或冻害，造成产品在运输、储藏或销售过程中变质腐烂。

（八）愈伤处理

果蔬产品在收获、分级、包装、运输及装卸等操作过程中常常会造成机械损伤，伤口感染病菌而使产品在储运期间腐烂变质，造成严重损失。为了减少产品储藏中由于机械损伤造成的腐烂损失，需要通过愈伤处理，使轻度受损伤的果蔬产品伤口愈合。

1. 愈伤的条件

果蔬产品愈伤要求一定的温度、湿度和通气条件，其中温度对愈伤的影响最大。在适宜的温度下，伤口愈合快而且愈合面比较平整；低温下伤口愈合缓慢，有时可能不等伤口愈合已遭受病菌侵害；温度过高对愈伤也并非有利，高温促使伤部迅速失水，由于组织干缩而影响伤口愈合。愈伤温度因产品种类而有所不同，马铃薯在21~27℃下愈伤最快，甘薯的愈伤温度为32~35℃。就大多数种类的果蔬产品而言，愈伤的条件：温度在25~30℃，相对湿度为85%~90%，并且通气条件良好，环境中有充足的氧气。

2. 产品种类及成熟度对愈伤的影响

果蔬产品愈伤的难易程度在种类间差异很大。仁果类、瓜类水果，瓜类、根茎类蔬菜一般具有较强的愈伤能力；柑橘类、核果类水果，果菜类蔬菜的愈伤能力较差；浆果类水果、叶菜类蔬菜受伤后一般不形成愈伤组织。因此，愈伤处理只能针对有愈伤能力的产品。

（九）晾晒

采收下来的果实，经初选及药剂处理后，置于阴凉或太阳下，在干燥、通风良好的地方进行短期放置，使其外层组织失掉部分水分，以增进产品储藏性的处理称为晾晒。晾晒处理也称储前干燥，或者萎蔫处理。这种处理主要用于柑橘类水果，以及白菜类、甘蓝类、葱蒜类蔬菜。柑橘类水果在储藏后期易出现枯水现象，即枯水病，特别是宽皮橘类表现得更加突出。如果将柑橘类水果在储前晾晒一段时间，使其失重3%~5%，就可明显减少枯水病的发生，果实腐烂率也相应降低。

六、果蔬运输

运输能调剂果蔬产品的市场供应，是果蔬产品生产与消费的桥梁，也是商品经济发展必不可少的重要环节。依据现代消费水平，水果约有90%、蔬菜约有70%须经中长途运输后以供消费。运输震动强度、环境温度、湿度、空气成分以及产品包装、堆码、装卸等因素都对运输效果产生重要影响。根据果蔬特性选择合适的运输方式和运输技术才能保证运输质量。特别注意以下几点内容。

（1）产品质量应符合运输标准，成熟度和包装应符合规定，并且产品新鲜、清洁且未受损伤。

（2）组织快装快运，现卸现提，尽可能缩短运输和送货时间。

（3）产品堆码应安全稳当，码垛不可过高，防止运输中移动或倾倒。垛间应留有适当空隙，以利通风。

（4）装卸产品应避免撞击、挤压和跌落等。

（5）利用敞篷车船运输时，产品堆上应覆盖防水布、芦席或棉被，以防日晒雨淋或产品受冻。

（6）车船装载果蔬产品之前应认真清扫，彻底消毒，确保卫生。

（7）不同种类的果蔬产品最好不要混装。

（8）若运输距离在一天之内，可不配置制冷设备；对于长距离运输，最好用保温车船。采用保温车船运输果蔬产品时，装载前应进行预冷。

资料阅读

关于果蔬产品采后生理的几个概念

预贮指将药物处理过的果实，放置在阴凉干燥、通风良好的场所做的短期储藏，有愈伤、软化、降低褐斑病和枯水病发病率的作用。

采收成熟度——园艺产品应达到完熟，即达到最佳食用状态。大部分果品都要在此成熟度采收，如苹果、葡萄等。

呼吸跃变（呼吸高峰）——当果实成熟到一定程度时，呼吸速率降低后突然增高，最后又下降，此时果实便进入完全成熟期。这个呼吸高峰便称为呼吸跃变。用乙烯人工处理可以诱导呼吸跃变。

休眠期——植物体或其器官在发育的过程中，生长和代谢出现暂时停顿的时期。通常是由内部生理原因决定的，种子、茎、芽都可处于休眠状态。

任务总结

果蔬含有多种化学成分，其含量及其组成比例直接决定着果蔬的、风味特点和营养价值，并且与果蔬的储藏、运输加工等也有密切的关系。果蔬储藏前的处理指果蔬产品采后为保持和改进产品质量所采取的一系列措施，主要包括整理、挑选、分级、预冷、包装等环节，使果蔬产品做到清洁、整齐、美观，有利于销售和食用，提高其耐储藏性和商品价值。同时，根据果蔬特性选择合适的运输方式和运输技术才能保证运输质量，运输震动强度、环境温度、湿度、空气成分以及产品包装、堆码和装卸等因素都会对运输效果产生重要影响。

任务二　常见果品储藏

任务引入

某果品批发商在夏季购入大批量蜜瓜，因仓库制冷设备故障，且通风设施不完善，导致蜜瓜长期处于高温高湿环境中。此外，蜜瓜堆放密集，不利于散热和空气流通，使部分蜜瓜在运输过程中受到挤压产生的微小伤口处迅速滋生细菌。短短一周内，蜜瓜表皮开始出现斑点，内部肉质发软并发霉，最终近半数蜜瓜发生腐烂变质，造成重大经济损失。

任务分析

批发商由于对果品商品化处理及储存管理重视不够造成重大经济损失。究其原因，一是管理问题，出现冷库设备故障，无法提供适宜的低温环境，加速了蜜瓜的新陈代谢和腐烂速度。储存蜜瓜的理想温度应在 7～10℃，以延缓其呼吸作用和衰老过程，防止水分过度蒸发与营养成分流失。二是高温高湿环境，高温可刺激蜜瓜内部微生物活性增强，加快腐烂进程；高湿则促使病菌繁殖，易于引发蜜瓜表面霉变和内部软化腐烂。三是通风不良与堆放过密，蜜瓜堆放过于紧密，阻碍了空气流通，使局部区域形成厌氧环境，不仅有利于病菌滋生，还会因堆压造成的物理损伤加速腐烂范围扩散。四是运输过程中的机械损伤，蜜瓜在运输过程中如有碰撞、挤压等机械损伤，会破坏表皮保护层，使病菌易从伤口入侵，进而诱发内部腐烂。这些因素相互交织共同促成了蜜瓜的快速变质和腐烂。

知识准备

果品种类繁多，生长发育特性各异。其中很多特性都与采后成熟衰老变化密切相关，因而对储藏产生一定的影响。

一、苹果储藏

苹果是世界上重要的落叶果树，与柑橘、葡萄、香蕉共同称为世界四大果品，是我国第一大果品，也是内销外贸的大宗果品。苹果储藏性比较好，市场需求量大，以鲜销为主，是周年供应市场的主要果品。因此，做好苹果的储藏保鲜，对促进生产发展、繁荣市场以及扩大外贸出口具有重要意义。

（一）储藏特性

苹果的品种很多，目前全国主栽品种有十几个。各品种由于遗传性所决定的储藏性和商品性状存在着明显差异，果实的商品性状（如色泽、风味、质地、形状等）对其商品价值及销售影响很大。苹果主要品种理化指标如表6-5所示。

表6-5　苹果主要品种理化指标

品种	果实硬度（kg/cm^2）≥	可溶性固形物（%）≥	品种	果实硬度（kg/cm^2）≥	可溶性固形物（%）≥
富士系	7.0	13	秦冠	7.0	13
嘎拉系	6.5	12	国光	7.0	13
藤牧1号	5.5	11	花冠	6.5	13
元帅系	6.8	11.5	红将军	6.5	13
华夏	6.0	11.5	珊夏	6.0	12
粉红佳人	7.5	13	金冠	7.0	13
澳洲青苹	7.0	12	王林	6.5	13
乔纳金	6.5	13			

苹果属典型的呼吸跃变型果实，成熟时乙烯生成量很大，由此而导致储藏环境中有较多的乙烯积累，储藏中采用通风换气或者脱除技术降低储藏环境中的乙烯很有必要。另外，采收成熟度对苹果储藏的影响很大，对计划长期储藏的苹果，应在呼吸跃变启动之前采收。在储藏过程中，通过降温和调节气体成分，可推迟呼吸跃变发生，延长储藏期。

（二）储藏条件

（1）温度。适宜的储藏温度可以将苹果的代谢消耗降到最低，但又不至于造成低温伤害。大部分苹果品种的适宜冷藏温度在-1~0℃，气调储藏的温度可以比冷藏储藏的温度高0.5~1℃。适宜的低温可以减轻苹果的虎皮病、斑点病、衰老褐变等生理病害，也可以

在一定程度上抑制病原菌的活动，减轻微生物病害。有些品种对温度比较敏感，长期在0℃下储藏会发生果心、果肉褐变等生理病害。因此，其储藏温度宜在2~4℃。不同品种苹果储藏的适宜温度、预期储藏寿命如表6-6所示。

表6-6　　不同品种苹果储藏的适宜温度、预期储藏寿命

品种	储藏适宜温度（℃）	预期储藏寿命（天）	品种	储藏适宜温度（℃）	预期储藏寿命（天）
元帅	-1~0	180	澳洲苹果	0	180~240
红星	-1~0	180	旭	0~1	120~150
红冠	-1~0	180	嘎拉	0~1	120~150
金冠	-1~0	180	津轻	1~3	60~90
花冠	-0.5~0	180	粉红佳人	0	180~210
大国光	0~2	210	陆奥	0~2	120~150
秦冠	0~1	180	藤牧1号	0~1	120~150
钱香蕉	-1~1	180~210	红将军	0~1	120~150
寒富	-1~-0.5	180~210	珊夏	0~1	120~150
富士	-1~-0.5	180~210	王林	0~1	180~210
乔纳金	-1~0	180			

（2）湿度。苹果的储藏时间比较长，要求储藏环境湿度必须高。当相对湿度达到85%~95%时，才能减少水分蒸发，保持果实的新鲜、饱满状态。当苹果的失水率达到5%~6%时，果皮就会出现皱缩，影响外观质量，加快果实有氧呼吸和成熟衰老。湿度太大又会促进病原菌的活动，导致一些生理病害，有时甚至会导致裂果。低温库内湿度应保持在90%~95%，常温库储藏或者采用自发气调储藏方式时，库内湿度可保持在85%~90%，以降低腐烂损失。

（3）气体控制。储藏环境中的O_2、CO_2和乙烯含量，对苹果储藏效果有显著影响。对于大多数苹果品种而言，2%~5%的O_2浓度和3%~5%的CO_2浓度是比较适宜的气体组合。个别对CO_2敏感的品种（如红富士）应将CO_2浓度控制在3%以下，以免造成CO_2伤害。在储藏环境中，为避免乙烯加速果品衰老，除了采取降温、降O_2浓度、提高CO_2浓度等方法外，还可用降压或活性炭、$KMnO_2$载体等吸附的方法。大型现代化气调库一般都装有乙烯脱除机，将乙烯浓度控制在10μL/L以下。

（三）储藏方式

（1）窖藏。棚窖分地下式和半地下式。冬季较寒冷的地区多采用地下式，而冬季不太寒冷的河北、山东等地多采取半地下式。窑窖储藏苹果可提供较理想的温度、湿度条件，既可筐装、箱装堆码，也可散放堆藏。

从苹果入库到封库前的储藏初期，要打开窑门和通风孔，充分利用夜间低温降低窑温

和土温，至窖温降到0℃时止。储藏中期，窖温降到0℃左右时的重点工作是防冻，第一年春季气温回升前，严密封闭窖门和通气孔，避免外面热空气进入窖内。

（2）沟藏。首先从沟的一端开始一层层摆果，厚度为60~70cm。入沟后在上方搭好屋脊状支架，盖上稻草、玉米秸或苇席等遮阴、防寒、保温。在整个储藏期间，根据气候状况和苹果储藏特性，做好初期、中期和后期管理工作。

（3）通风库储藏。通风库储藏苹果最好装筐、装箱堆码，筐、箱等容器的保护可以减少苹果挤压碰撞，容器周围的空隙还有利于通风。通风库储藏温度在-1~0℃，相对湿度维持在85%~90%，尽可能使库温接近或达到苹果储藏要求的温度水平。库址要选在地势高、干燥、通风良好、无污染源、交通方便的地方。地下水位一般要求距地面1m以上。库的类型有地上式、地下式、半地下式3种类型。长江以南多为地上式，长江以北多为半地下式和地下式。

（4）机械冷藏库储藏。采收后的果实经分级挑选后入库3~5天内应迅速冷却到-1~1℃。低温是保证苹果储藏时间和品质的重要条件，但低温也会使苹果出现冻害，果实的冻结温度为-2℃左右，温度过低易引发生理病害。苹果冷藏以中熟品种为宜。由于冷库是天花板及侧壁制冷的，因此，对堆垛在最上部的苹果应有覆盖物，以免冻害。同时，堆垛不应与库壁靠近，应保持30cm左右的距离。冷库的空气相对湿度较低，应注意补湿，以减缓果实水分的蒸发散失。冷库的管道系统结霜会影响导热能力，应定期升温除霜。通风宜在夜间温度低时进行，若库内二氧化碳积累过多，可装置空气净化器，也可用7%的烧碱水吸收。苹果出库后应逐渐升温，快速升温会降低果实品质。因为果实骤遇高温，表面产生许多水珠，容易造成腐烂，同时色泽极易发暗，果肉易软。

（5）塑料薄膜袋储藏。在气温较高的地区或每袋储果量较多时，应选用较薄的塑料薄膜，反之则厚些。在储藏数量大时，可将塑料袋装入果箱或果筐码垛储藏。此法用于冷藏条件下，效果最佳。储藏中、后期可每周测定一次氧气和二氧化碳浓度。如发现袋内CO_2浓度高于7%（富士苹果CO_2不得高于3%）或O_2浓度低于2%时，要开袋口放气。整个储藏期要尽力保持库温在-1~0℃，尽量控制温度的变化幅度不要太大。

（6）塑料薄膜帐储藏。在冷库用塑料薄膜帐将果垛封闭起来储藏苹果，目前在生产上应用很普遍。薄膜帐一般选用0.1~0.2mm的高压聚氯乙烯薄膜黏合成长方形帐，大小可根据储藏量来决定。控制帐内O_2浓度可采用快速降氧、自然降氧和半自然降氧等方法。

（7）硅窗气调储藏。在大帐壁的中下部粘贴硅橡胶扩散窗，可以自然调节帐内的气体成分，使用和管理更为简便。硅窗的面积是根据储藏量和要求的气体比例，经过实验和计算确定。例如储藏1t金冠苹果，为使O_2浓度维持在2%~3%、CO_2浓度在3%~5%，大约5℃条件下，硅窗面积为0.6m×0.6m较为适宜。

（8）气调库储藏。气调库是密闭条件很好的冷藏库，设有调控气体成分、温度等机械设备和仪表，管理方便，容易达到储藏要求。

（四）储藏技术要点

（1）选择品种。选择商品性状好、耐储藏的中晚熟品种。

（2）适时采收。根据品种特性、储藏条件、预计储藏期而确定适宜的采收期。常温储藏期或计划储藏期较长时，可适当早采；低温储藏期或气调储藏期、计划储藏期较短时，

可适当晚采。采收时尽量避免机械损伤，并严格剔除被病虫、冰雹、日灼等伤害的果实。

（3）产品处理。产品处理主要包括分级和包装等。严格按照市场要求的质量标准进行分级，出口苹果必须按照国际标准或者协议标准进行分级。包装采用定量的小木箱、塑料箱、瓦楞纸箱包装，每箱装 10kg 左右。机械化程度较高的仓库，可用容量大约 300kg 的大木箱包装，出库时再用纸箱分装。堆垛时要注意堆码稳固、整齐，并留有一定的散热空隙。

（4）储藏管理。在各种储藏方式中，首先做好温度和湿度的管理，使二者尽可能达到或者接近储藏要求的适宜水平。对于人工气调储藏和自发气调储藏，除了温度和湿度条件外，还应根据品种特性和储藏条件控制适宜的 O_2 浓度、CO_2 浓度和储藏期。

（5）产地选择。选择优生区域、田间栽培管理水平高、盛果期果园的苹果，是提高储藏效果的重要先天性条件。

二、柑橘类储藏

柑橘是我国的主要水果之一，南方各省普遍有栽培。柑橘的采收期因地区、气候条件和品种等情况而异。通过储藏保鲜结合种植不同成熟期的品种，可显著延长鲜果供应期。

（一）储藏特性

成熟期晚、果心小而充实、果皮细密光滑、海绵组织厚而且致密、呼吸强度低的品种较耐储藏，反之则不耐储藏。一般来说，柠檬、柚类最耐储藏，其次为橙类、柑类、橘类，甜橙比宽皮柑橘类耐储藏，晚熟品种比早熟品种耐储藏。

（二）储藏条件

（1）温度。甜橙采用 1~3℃、蕉柑适宜 7~9℃的储藏温度，椪柑适宜 10~12℃的储藏温度。

（2）湿度。不同种类的柑橘湿度要求稍有差异，一般保持在 90%~95%。橙类一般适宜储藏在比较高的相对湿度中，如四川南充用地窖储藏甜橙，相对湿度在 95%以上，湖南黔阳用地下仓库储藏甜橙，相对湿度一般保持在 95%左右，均获得较好的储藏效果。对于宽皮橘类果实，由于在高湿环境中容易出现枯水现象，故一般应采用较低的相对湿度。

（三）储藏方式

（1）常温储藏。常温储藏是我国目前柑橘较为普遍的储藏方式，包括通风库储藏、窖藏等。

（2）低温储藏。低温储藏主要为机械冷风储藏库储藏，一般温州蜜橘储藏时间可达 120d（11 月中旬~次年 3 月上旬），总的损耗率分别比室内常温储藏下降 7.5%。低温储藏要注意温度、湿度、通风换气三大因素。

（3）塑料袋包装气调储藏。实践证明，甜橙、柠檬和沙田柚适合用塑料包装储藏。用此法储藏失重较少，好果率大幅增加，新鲜度和饱满度显著提高。

（四）储藏技术要点

（1）适时采收。用于长期储藏的果实，以果面基本转黄、果实较坚实时采收为宜。成熟度过高或过低的果实不耐储藏。雨、雾、露水未干或中午光照强烈时均不宜采收。

（2）晾果。在储藏前将果实在冷凉、通风的场所放置几天，使果实散失部分水分，白皮层因失水收缩而紧贴橘瓣，白皮层与油皮层之间变得松弛，增强了白皮层对橘瓣的保护功能。晾果最好在冷凉、通风的室内或凉棚内进行，温度控制在7~10℃，相对湿度在80%~85%，空气流通的条件下晾7~10d，果实失重率达到3%~5%即可。

（3）药剂处理。采收后应马上进行药剂防腐处理，浸药处理越迟，防腐效果越差。

蒲江柑橘预贮或预冷

当采用常温储藏时，应将果实进行预贮，预贮间温度宜控制在9~11℃，预贮时间长短根据采后天气确定，一般为5 ~7d，多雨年份为10 ~15d，以预贮后的果皮略具弹性，失重率在2%~5%为宜。当采用低温储藏时，应先将果实进行预冷处理，预冷温度一般控制在3~9℃，预冷结束后果心温度比目标储藏温度高3~5℃为宜，预冷时间宜控制在24h内。

三、葡萄储藏

葡萄是世界四大果品之一，在我国新疆、河北、山西、山东、河南、陕西、安徽、江苏等地都有种植。

（一）储藏特性

葡萄品种很多，耐藏性差异较大。一般晚熟品种强于早中熟品种，深色品种强于浅色品种。晚熟、果皮厚韧、果肉致密、果面富集蜡质、穗轴木质化程度高、果刷粗长、糖酸含量高，是耐储运品种应具有的性状。龙眼、玫瑰香、红宝石、粉红太妃、和田红、美洲、红香蜜等品种储藏性均较好，果粒大、抗病性强的黑奥林、夕阳红、巨峰、先锋、京优等储藏性中等，而无核白、木纳格等品种在储运中果皮极易擦伤褐变、果梗断裂、果粒脱落，储藏性较差。

（二）储藏条件

（1）温度。稳定的储温是葡萄储运保鲜的关键。葡萄果粒在高温条件下容易腐烂，穗轴和果梗易失水萎蔫，甚至变干、果粒脱落。大多数葡萄品种的适宜储藏温度为0~1℃。

（2）湿度。适宜湿度是防止葡萄失水、干缩和脱粒的关键。高湿度有利于葡萄保水、保绿，却易引起霉菌滋生，导致果实腐烂；低湿可抑制霉菌，但易引起果皮皱缩、穗轴和果梗干枯。故低温、高湿、结合防腐剂处理是葡萄储运保鲜的主要措施。生产上常用纸箱或木箱内衬塑料袋包装储藏葡萄，控制相对湿度在90%~98%，以袋内不结露为最佳。

（3）气体。一般认为气体条件为O_2浓度达2%~4%、CO_2浓度达3%~5%时对大多数葡萄品种具有良好的储藏效果。

（三）储藏方式

（1）窖藏。葡萄采收预冷后，待窖温降到5℃以下入窖储藏。入窖前1周，燃烧硫黄对窖内进行熏蒸灭菌，用量为$20g/m^3$。入窖后改用$2\sim3g/m^3$硫黄熏蒸30min，每隔10~20d熏蒸1次，硫黄用量可适当减少。当窖温降至0℃，可每月熏蒸1次。入窖初期窖温

较高，应加强通风换气，白天关闭进、排气孔，夜间全部打开，待窖温降至0℃，封闭所有气孔，使窖温保持在0~2℃，窖内湿度为85%~90%。此法可使葡萄储藏2~3个月，损耗一般不超过10%。

（2）气调储藏。葡萄气调储藏时，应控制适宜的温度和湿度条件，在低温、高湿环境下，大多数品种的气体指标为O_2浓度2%~4%、CO_2浓度3%~5%。储藏期间维持库温在-1~0℃，相对湿度为90%~95%。

（3）机械冷藏库储藏。葡萄采收后迅速预冷至5℃左右，然后入库堆码储藏。入库后要迅速降温，力争3日内将库温降至0℃，降温速度越快越有利于储藏。随后在整个储藏期间保持库温为0~1℃，库内相对湿度为90%~95%。

（四）储藏技术要点

（1）适时采收。在气候条件和生产条件允许的情况下，采收期应尽可能延迟，充分成熟的葡萄含糖量高、着色好，果皮厚、韧性强，果实表面蜡质充分形成，能耐久藏。葡萄采收宜在天气晴朗、气温较低的清晨或傍晚进行。适宜采收期的具体指标按照GB/T 16862—2008执行。

（2）预冷。葡萄采后带有大量田间热，不经预冷就放入保鲜剂封袋，袋内将出现大量结露使袋底积水。故葡萄装入内衬有0.03~0.05mm厚的PVC（聚氯乙烯）袋或PE（聚乙烯）袋的箱后，5~10kg/箱，入库后应敞口，待果温降至0℃，放保鲜剂封口。快速预冷对任何品种均有益，如巨峰预冷超过24h，储藏期间易出现干梗脱粒，超过48h更严重，故预冷时间以不超过12h为宜。而欧洲晚熟葡萄品种预冷时间可延长至2~3日。有研究指出，采后经过6~12h将果温从27℃降至0.5℃效果最好。为实现快速预冷，应在葡萄入库前1周开机，使库温降至0℃。此外，葡萄入库时应分批入库，以防库温骤然上升和降温缓慢。

（3）防腐处理。防腐处理是葡萄储运保鲜的关键技术之一。保鲜技术按照GB/T 16862—2008执行。目前国内外使用的葡萄保鲜剂主要有仲丁胺、SO_2等。

四、香蕉储藏

香蕉属热带水果，在我国的水果生产中占有重要的位置。香蕉生产的最大特点是周年生产，四季收获，因此香蕉的保鲜问题是运销而非长期储藏。

（一）储藏特性

香蕉是典型的呼吸跃变型果实。随着呼吸跃变的到来，果实会发生一系列明显的生理性变化：果实变软，果皮褪绿变黄，这是由于叶绿素分解后，原来已存在的类胡萝卜素的颜色显现出来并成为优势颜色。一般气温高于25℃的常温运输，运输时间较长（大于6d）时，宜在密封包装内放入乙烯吸附剂和二氧化碳吸附剂，短期储运（小于6d），不用放入乙烯及二氧化碳吸附剂。

（二）储藏条件

香蕉对低温十分敏感，11℃是冷害的临界温度。香蕉冷害的典型症状是果皮变得暗无光泽，呈暗灰色，严重时则变为灰黑色，催熟后果肉不能变软，果实不能正常成熟，冷害是香蕉夏季低温运输或秋冬季北运过程不可忽视的问题。一般认为11~13℃是广东香蕉的最适储温，适于香蕉储藏的湿度条件是相对湿度为85%~95%。

（三）储藏方式

（1）低温储藏。低温储藏运输是香蕉最常用、效果最好的方式，已成为一种常规的商业流通技术。我国香蕉有一部分采用机械保温车和加冰保温车运输，机械保温车可严格控制温度，但加冰保温车不能严格控温，如果加冰量过多，香蕉易发生冷害。香蕉低温储藏运输的适宜温度是11~13℃，低于11℃会发生冷害。

（2）常温储藏。香蕉常温储藏运输一般只可用于短期或短途的储运，并要注意防热防冻。在常温下，配合使用乙烯吸收剂，可显著延长储运时间。

（3）气调储藏。香蕉气调储藏适宜的气体比例是O_2浓度为2%~5%、CO_2浓度为2%~5%。

（四）储藏技术要点

（1）采收。香蕉的成熟度习惯上用饱满度来判断。在发育初期，果实棱角明显，果面低陷，随着生长，棱角逐渐变钝，果身渐圆而饱满。储运的香蕉要在7~8成饱满度时采收，销地远时采收的饱满度低，销地近时采收的饱满度高。饱满度低的果实后熟慢，储藏寿命长。

（2）去轴落梳。香蕉果穗运到加工场地过秤后，摘去果穗顶端残存的花柱和花被，然后用锋利弧形刀将果穗的果梳逐一分离。目前我国大陆远销香蕉，或催熟高品质的香蕉，都是采用去轴落梳的方法，即用锋利弧形刀，在果梳与果轴连接处垂直切下，将果梳分离而不带果轴。此法因伤口较小，加上防腐剂的处理，故保鲜效果更好。

（3）清洗。由于香蕉在生长期间可能已附生大量的微生物，这些微生物可能会导致香蕉在储运期间腐烂。因此，去轴落梳后的香蕉在包装前要进行清洗，清洗时可加入一定量的次氯酸钠溶液，同时除去果穗上的残花。

五、核果类储藏

桃、李、杏和樱桃都属于核果类果实。核果类果实色鲜味美，成熟期早，对调节晚春和伏夏的市场供应起到了重要作用。这类果实成熟期正值一年中气温较高的季节，果实采收后呼吸十分旺盛，很快进入完熟衰老阶段，因此一般只做短期储藏。

（一）储藏特性

核果类果实不同品种的耐藏性差异很大。一般早熟品种不耐储运，中晚熟品种耐储运性较好。如桃的早熟品种五月鲜、水蜜桃等不耐储藏；晚熟品种肥城桃、深州蜜桃、陕西冬桃等则较耐储运。另外，大久保、白凤、山白、燕红等品种也有较好的耐藏性。离核品种、软溶质品种等的耐藏性差。李、杏和樱桃的耐藏性与桃类似。

（二）储藏技术要点

（1）采收。影响核果类储藏效果的因素很多，其中采收期是影响的主要因素之一。采收过早，产量低，果实成熟后风味差且易受冷害；采收过晚，果实过软易受机械伤，腐烂严重，难以储藏。因此，掌握适宜的采收期既能让果实生长充分，基本体现出本品种的色、香、味等品质，又能保持果实肉质紧密，这是延长储藏寿命的关键措施。一般用于储运的桃应在七八成熟时采收。

（2）预冷。核果类果实采收季节气温高，高温下果实软化腐烂很快，故采后应尽快除去田间热。一般在采后 12h 内、最迟 24h 内将果实冷却到 5℃以下，可有效地抑制桃褐腐病和软腐病的发生。迅速预冷能更好地保持果实硬度，减少失重，控制储期病害。

（3）包装。桃包装容器不宜过大，以防震动、碰撞与摩擦。一般是用浅而小的纸箱盛装，箱内加衬软物或隔板，每箱可装桃 5～10kg，也可在箱内铺设 0.02mm 厚的低密度聚乙烯袋，袋中加乙烯吸收剂后封口。樱桃适合装入 0.06～0.08mm 厚的聚氯乙烯薄膜袋中，每袋装果 2～2.5kg，扎紧袋口置于小型纸箱中储藏。

（4）间歇升温控制冷害。间歇升温处理可以分解排除冷害条件下积累的有毒物质，并补充冷害中消耗的物质，修补冷害对膜、细胞器和代谢途径的伤害，从而推迟冷害的发生。对低温敏感的核果类果实在储藏 15～20 日后进行升温处理，可有效防止冷害。

六、板栗储藏

板栗营养丰富，种仁肥厚甘美，是我国特产干果和传统的出口果品。板栗采收季节气温较高，自身含水量高，淀粉酶、水解酶活性强，呼吸作用十分旺盛，导致果实内淀粉糖化，以及生虫、发霉、变质现象发生。

（一）储藏品种

嫁接板栗的耐藏性优于实生板栗，北方品种的耐藏性优于南方品种，中晚熟品种又较早熟品种耐储藏。我国板栗以山东薄壳栗、山东红栗、湖南和河南油栗等品种最耐储藏。板栗质量等级参照 GB/T 22346—2023。

（二）储藏条件

板栗适宜的储藏条件为 0℃，相对湿度为 90%～95%；适宜的气调储藏指标为 O_2 浓度为 3%～5%、CO_2 浓度为 10%以下。

（三）储藏方式

（1）简易储藏法。一般选用坛、缸、罐、木桶、竹篓等为容器，将处理好的栗果装至七八成满，上面盖适量干草、松针等，也有的内装填充物，如木屑、沙等，调到适当的含水量，放在阴凉处，保持较低和稳定的温度；还要将其中腐烂变质的果实剔除。由于简易储藏所需费用较少，操作简单可行，很适合用于农家储藏。

（2）冷藏。低温冷藏能显著抑制板栗的代谢活力，有利于板栗的长期保鲜。一般库温控制在 0～5℃，湿度为 90%以上。在库温-2℃、相对湿度 90%～95%的条件下，更加有利于提高板栗长期保鲜的效果。

七、柿子储藏

（一）储藏特性

柿子属于呼吸跃变型果实。硬柿采收后经过一定时间可以自然软化，软化一旦发生就无法控制。柿子对乙烯十分敏感。因此，柿子可采用气调储藏，并及时脱除储藏环境中的乙烯。

（二）储藏条件

（1）温度。柿子的储藏温度以0℃为宜，温度变幅应控制在±0.5℃。

（2）湿度。空气湿度对柿子储藏很重要，适宜湿度为85%~90%。

（3）气体。柿子对乙烯非常敏感，受乙烯影响易软化。柿子气调储藏的适宜气体组合为O_2浓度2%~5%和CO_2浓度3%~8%，CO_2伤害值是20%。

（三）储藏方式

（1）室内堆藏法。选择通风、阴凉、干燥的空屋，打扫干净后铺10~20cm厚的稻草，然后将选好的柿果轻轻摆于稻草上，可摆3~4层。储藏期间应注意检查，发现烂果及时捡出。

（2）露天架藏法。选择阴凉且昼夜温差变化不大的地方，用木柱搭架，架高1m，架面大小依储量而定，架上先铺一层竹箔或玉米秆，再铺10~15cm厚的稻草，将柿果仔细摆放在草上，堆码厚度不超过30cm，便于通风，避免软化或压破。柿果上面用稻草覆盖保温，上设防雨棚，以防雨雪渗入，引起腐烂。

（3）自然冻藏法。在背阴凉爽的平地上，挖宽、深各33cm，长度适宜的四条通风沟，沟上和四周铺9~12cm厚的秸帘子，于霜降后，将柿果放在帘子上，可放5~6层，任其自然冻结，并以干草覆盖柿果30~60cm厚，以保持较稳定的低温。立春后气温回升，可用土将两端堵实，防止柿果解冻，以延长储藏期。

（4）速冻法。柿果预冷后先放在-20℃以下的冷库里1~2天，然后在-10℃左右温度下储藏，柿果风味、色泽变化较小，可以周年供应。

（5）气调储藏。选用0.04mm厚的聚乙烯薄膜袋装柿果，每千克柿果喷2.6mL 35%的酒精，加去氧剂0.6~0.8g，保持袋内氧气含量1%~2%，二氧化碳含量4%~7%。袋内还可放入饱和的高锰酸钾载体：按每吨柿果17g使用。

（四）柿子脱涩

涩柿果肉细胞中的单宁在果实成熟过程中会逐渐由可溶性转化为不溶性物质。由于采后仍有相当多的不溶性单宁尚未转化，涩味仍然很大，须经人工处理加以脱涩后方可食用。实践中最常见的脱涩方法有以下几种：二氧化碳脱涩、酒精脱涩、乙烯脱涩、温水脱涩、冷水脱涩、鲜果脱涩。

八、草莓储藏

草莓果色鲜红（白草莓除外），柔软多汁，甜酸适口，有特殊的香味，是一种老幼皆宜的水果。它营养丰富，富含钙、磷、铁和维生素C等营养成分，有消暑解热、生津止渴、利尿止泻的功效。但是草莓含水量高达90%~95%，果皮极薄，保护作用有限，在采收和运输过程中易受损伤而遭受病原菌侵染，进而腐烂变质。常温下果实放置1~3日就开始变色、变味，储藏保鲜较为困难。

（一）储藏特性

草莓非跃变型果实，但果实采后水解酶活性大，呼吸强度较大。草莓品种间的耐藏性差异较大。比较耐储运的品种有红颜、硕蜜、戈雷拉、宝交早生、绿色种子、布兰登保

等。春香等品种不耐储运，在用速冻法储藏保鲜时，宜选用肉质致密的宝交早生和布兰登保等品种。

（二）储藏条件

（1）温度。草莓在0℃下一般仅可储藏7～10日，接近冰点（-1℃）时可储藏1个月左右。因此，在不受冻害的情况下，储藏温度越低越好。

（2）湿度。湿度对草莓的储藏十分重要，但高湿易导致其腐烂变质。相对湿度一般在90%～95%较适宜。

（3）气体。草莓耐高 CO_2 浓度，一般 $O_2$2%～3%和 $CO_2$5%～6%的浓度较适于草莓储藏。

（三）储藏方式

草莓的储藏方式主要有药物储藏、气调储藏、涂膜储藏、减压储藏、辐射保鲜储藏及缸藏等。

任务总结

不同果品特性不同，其储藏方式也不同。即便是同一储藏方式，其处理方法也有差异。四大果品储藏特性及储藏方式如表6-7所示。

表6-7 四大果品储藏特性及储藏方式（简表）

果品名称	储藏特性	储藏方式
苹果	早熟品种（6~7月成熟）采后因呼吸旺盛、内源乙烯发生量大等原因，后熟衰老变化快，不耐储藏；中熟品种（8~9月成熟），储藏性能优于早熟品种；晚熟品种（10月以后成熟）由于干物质积累多、呼吸水平低、乙烯发生晚且较少，耐储藏	窖藏、沟藏、通风库储藏、机械冷藏库储藏 、塑料薄膜袋储藏、塑料薄膜帐储藏、硅窗气调储藏、气调库储藏
柑橘	一般来说，柠檬、柚类最耐储藏，其次为橙类、柑类、橘类，甜橙比宽皮柑橘类耐储藏，晚熟品种比早熟品种耐储藏	常温储藏、低温储藏、塑料袋包装气调储藏
葡萄	葡萄品种很多，储藏性差异较大。一般晚熟品种强于早中熟品种，深色品种强于浅色品种	窖藏、气调储藏、机械冷藏库储藏
香蕉	香蕉是典型的呼吸跃变型果实，香蕉对乙烯非常敏感，只要储藏环境存在极微量的乙烯就足以启动香蕉的后熟作用，引发呼吸高峰。因此，抑制乙烯的产生和延缓呼吸跃变的到来是香蕉储藏保鲜的关键	低温储藏、常温储藏 、气调储藏

任务三　常见蔬菜储藏

山东省胶州市某农户在秋末冬初时收获了大量的大白菜，准备作为冬季储备蔬菜。然而，由于窖藏经验不足，采取了错误的储藏方法，导致较大经济损失，那么在山东省胶州市采取窖藏方式有哪些注意事项呢?

任务分析

在山东省胶州市采取窖藏方式应注意以下几点：沟向最好为南北走向，有利于通风、透气、采光，沟深50~60cm，长度视存放数量而定；环境温度达到-2~3℃时，对白菜进行窖藏，相对湿度应为90%~95%。白菜要头上根下垂直排放，紧密排满后覆盖上玉米秸秆或草帘，然后覆土；大雪节气前后，视气温情况覆土10~20cm保温；储藏过程中须经常检查，温度过高或过低时，都应及时采取补救措施。温度到5℃以上时，及时进行通风透气，减少覆盖的秸秆，温度到-5℃以下时，适当加盖草帘或增加覆土保温，必要时增加塑料棚（膜），窖内温度保持在3~5℃为宜。

知识准备

蔬菜种类繁多，种属各异，含水量有高有低，安全储藏对蔬菜质量有着重要意义。只有对其进行安全储藏，才能扩大增值空间，达到高产增收的效果。

一、萝卜与胡萝卜储藏（根菜类蔬菜）

萝卜和胡萝卜是世界各国普遍栽培的蔬菜，其营养丰富，深受人们喜爱，是重要的秋贮蔬菜。萝卜和胡萝卜无生理休眠期，在储藏期间遇到适宜的条件便萌发抽薹，引起糠心。糠心在采收前或采收后均可能发生。萌发抽薹和糠心使养分减少、组织变软、风味变淡、品质降低。萝卜和胡萝卜储藏运输的关键就是防止萌发抽薹和糠心。胡萝卜储藏参照中国农业行业标准《胡萝卜贮藏与运输》（NY/T 717—2003）。

（一）储藏特性

萝卜以秋播的晚熟品种耐储性较好，一般采收的标准是肉质根已充分膨大、基部变圆、叶色变黄。胡萝卜以皮色鲜艳、根细长、根茎小、心柱细的品种为好，通常采收的标准是肉质根已充分长大，心叶呈绿色，外叶稍枯黄，味甜且质地柔软。适时收获对萝卜和胡萝卜的储藏很重要，收获过早，肉质根未充分膨大，干物质积累不够，味淡，不耐储藏；收获过晚，心柱易裂或抽薹，质地变劣，储藏中也易糠心。萝卜（胡萝卜）适宜的储藏条件是温度在0~3℃，相对湿度在90%~95%。

（二）储藏方法

（1）沟藏法和窖藏法。前文已详述。

（2）泥浆储藏法。由于胡萝卜对二氧化碳有较高的适应性，适于埋藏和密闭储藏。所以少量储藏时，可把胡萝卜放到泥浆中浸蘸，后捞出放在木箱或筐中阴干。两天后，胡萝卜表面形成一个封闭的泥壳，带箱或筐放到冷凉的室内或窖中储藏。保持室温在0~1℃，可使胡萝卜不糠心、不萌芽，储藏2~3个月。

（3）冷库气调储藏法。在冷库内设置塑料薄膜帐。入库前切除胡萝卜茎盘，将品质良好者码放在库内地面上。一般垛长2m、宽1m、高1m，每垛1000kg。经一段时间的散热预贮，当库温与胡萝卜垛内的温度均降至0℃时，即可用塑料薄膜封闭。塑料薄膜帐容积稍大于垛，帐内空隙度为50%左右。帐子四周用湿土压住，库内温度保持在0℃左右。封闭1.5~2个月后，当帐内氧气含量为6%~8%，二氧化碳含量为10%左右时开帐通气，同时进行质量检查和挑选。

（三）储藏技术要点

萝卜和胡萝卜采后要剔除有病、伤和虫食的直根，同时切除叶柄及茎盘，并对产品进行分级储运。萝卜的主要储藏病害是黑心病和软腐病，胡萝卜的主要储藏病害是白腐病和褐斑病，可用0.05%扑海因或草菌灵溶液浸蘸处理。长期储藏的胡萝卜要注意不宜直接用水洗涤，可用含活性氯25mL/L的氯水清洗。

二、大白菜储藏（白菜类蔬菜）

（一）储藏特性

大白菜的叶球是供食用的营养储藏器官，它在冷凉多湿的环境下生长，其储藏损失主要由脱帮、腐烂和失水造成。由于大白菜含水量高、叶片柔嫩、表面积大，所以储藏中易失水萎蔫。温度过高和相对湿度低都会造成失水。但温度下降，相对湿度过高，易导致腐烂和脱帮。因此，储藏环境的湿度应伴随着温度的变化而变化。一般其适宜的储藏温度为（0±1）℃，相对湿度为85%~90%。大白菜的储藏性同叶球的成熟度有关，充分成熟不利于储藏，一般适宜的采收期以“八成心”较为合适。同时适当的晾晒和预贮对提高大白菜的储藏性都有一定的帮助。大白菜的储藏参照《大白菜等级规格》（NY/T 943—2006）。

（二）储藏方式

（1）堆藏。温暖地区多采用堆藏来储藏大白菜，寒冷地区不宜采用。白菜收获后，经过晾晒，选择地下水位低、土壤干燥的田间或浅坑中进行堆放，表面用席子、秸秆等覆盖，维持适宜的温湿度，保水、防热、防冻、避免风吹、雨淋。此方法储藏期短，损耗大。

（2）窖藏。窖藏有垛储、架储、筐储等方式，是北方地区储藏大白菜的主要方法。垛储是将大白菜在窖内码成数列高近2m、宽1~2m长的条形垛，垛间留有一定距离，以便通风和管理。架储是将大白菜摆放在分层的菜架上，菜架有两排固定的架柱，间隔1~2m，在架柱间设若干层固定或活动的横杆，每层距离20~50cm，在同层的两排横杆上平架几对活动架杆，每对架杆上放1~2层菜。架储菜在每层间都有空隙，从而提高了菜体周围的通风散热作用。所以架储效果好，损耗低、储期长、倒菜次数少，但需要架杆多。

筐储法用直径50cm、高30cm的菜筐装大白菜，每筐装15~20kg，菜筐在窖内码成5~7层高的垛，筐间及垛间留适当的通风道，能起到类似架储的作用。

（3）通风库储藏。通风库利用了空气对流原理，该方式对库体的隔热结构和通风系统都有严格要求。提前将储藏库房和设施进行消毒。为了避免大白菜将田间热带入库内，采收后应先进行预冷处理，多选择低温的时间入库，若条件允许，最好选择在夜间入库。必要时还可以辅助人工鼓风，加大通风量，以降温换气。

（4）强制通风脱除乙烯法储藏。该方式通过在普通的半地下式棚窖等储藏设施的基础上增加强制通风系统来实现。通风系统由风机、风道、风道风口、活动地板和出风口等组成。入储的菜要交叉码成“井”字形，每棵菜之间都能通风；码放时要求各处的缝隙均匀一致，从而构成全窖的均压状态。开启风机后，空气就会进入风道和匀风空间，并均匀分布到活动地板的下面，然后再通过每棵菜的间隙，把呼吸热和乙烯等气体通过出风口排到窖外。其特点在于只需启动风机就能调控管理，从而摆脱了繁重而又费时的倒菜劳作。当外界气温高于0℃时，可以通过强制通风，使冷源进入窖内排热降温；外界气温低于0℃时，可作为热源在窖内适当地积蓄热量。开机时虽然引起湿度降低，但关机以后只需1~2h菜垛间的相对湿度即可恢复到95%左右。当外界的最低气温持续高于0℃时，应及时结束储藏，并进行一次性出窖。该法储藏的大白菜品质佳，其损耗率较低。

三、番茄储藏（茄果类蔬菜）

茄果类蔬菜包括番茄、茄子、辣椒等，它们均以果实为食用器官，是深受人们喜爱的一类蔬菜。

番茄又名西红柿，含有丰富的可溶性糖、有机酸和钙、铁、磷等矿物质，更重要的是其含有丰富的纤维素和多种氨基酸，是营养价值很高的蔬菜之一。

（一）储藏特性

番茄属喜温呼吸跃变型果实，果实的成熟分成五个阶段：绿熟期、微熟期（转色期至顶红期）、半熟期（半红期）、坚熟期（红而硬）和软熟期（红而软）。用于储藏的番茄一般选用绿熟期至顶红期的果实，此期间的果实已充分长大，糖、酸等物质的积累基本完成，生理上恰处于跃变初期，果实健壮，具有较强的储藏性和抗病性，在储藏期间能够完成后熟转红的过程。番茄储藏期与储藏温度、成熟度有关，红熟果实在0~2℃时储藏期为10~15天，绿熟果在10~13℃时储藏期为30~50天。绿熟果在10~13℃加2%~4%的O_2和3%~6%的CO_2气调条件下，可储藏45~60天。番茄储藏适宜的相对湿度为85%~90%。番茄成熟过程中会产生乙烯，及时排除储藏环境中的乙烯可延缓番茄的转红和衰老。

（二）储藏方式

（1）简易储藏。夏秋季节可利用地窖、通风库、地下室等阴凉场所储藏番茄，筐或箱存时，应内衬干净纸或垫上用0.5%漂白粉溶液消毒的蒲包，防果实碰伤。番茄在容器中一般只装4~5层。包装箱码成4层高，箱底层垫枕木或空筐，箱间要留空隙，以利通风。入储后，应加强夜间通风换气，降低库温。储藏期间每7~10天检查1次，挑出病烂果实，红熟果实应挑出销售或转入0~2℃库中继续储藏。该法储藏20~30天后果实全部转红。秋

季如将温度控制在10~13℃，可储藏1个月。

（2）冷藏。夏季高温季节用冷藏，绿熟果的适宜温度为12~13℃，红熟果的适宜温度为1~2℃，储藏期可达30~45天。

（3）气调储藏。气调储藏应在10~13℃下进行，保持储藏环境中有2%~4%的O_2和3%~6%的CO_2。将番茄放入0.06mm厚的聚乙烯薄膜袋中，扎紧袋口，放入冷库，每隔2~3天，开袋通风，果实转红后，袋口不必扎紧。加防腐剂可控制病害发生，可通入0.2%氯气，每2~3天施用1次；也可以将0.5%的过氧乙酸溶液放在垛内，还可以用漂白粉代替氯气，用量为果重的0.5%，有效期为10天。

四、冬瓜和南瓜储藏（瓜类蔬菜）

（一）储藏特性

南瓜、冬瓜在采收后依靠本身所积累的养分和水分来维持生命。由于呼吸作用促使了养分的变化，而使果实不断地后熟衰老，直至失去食用价值。后熟期的持续时间与温度、湿度和通风条件有密切关系。冬瓜储藏的适宜温度是10~20℃，相对湿度为85%~90%，南瓜要求储藏温度为10~15℃，相对湿度为70%~75%。储藏期间，注意通风，空气不流通会造成南瓜、冬瓜的腐烂和出现斑点。

（二）储藏技术

（1）架藏。用木材、角铁等搭成分层储藏架，铺上草包，将瓜堆放在架上，或将瓜装在垫有草包的板条箱内上架储藏。这种方法通风散热好，储藏容量大，观察也较方便，储藏效果较堆藏好，管理方法同堆藏。

（2）地面堆藏。选取瓜形端、九成熟、无病虫害的瓜从瓜蔓上剪下，留3cm长的瓜柄。采摘宜在早上气温低时进行。在搬运、装卸过程中要轻搬、轻装，切勿丢滚碰撞，否则容易造成倒瓤损伤，不利储藏。采后宜在24~27℃下预贮2周，使果皮硬化以利于储藏。

甲醛白菜危害大

某媒体曾曝光因为白菜水分多，在高温季节两三天就可能烂掉，但有菜贩使用甲醛对长途运输的大白菜进行保鲜，这是严厉禁止的行为。

世界卫生组织曾公布了甲醛具有致癌性，结束了甲醛是否致癌的争论。甲醛作为一种化学物质，在人们的日常生活中发挥着越来越广泛的作用，渗透到人们衣食住行的各个方面。而以甲醛浸泡的蔬菜，将甲醛直接带入人体消化道，可能带来不同的呼吸道或皮肤接触的损害，而医学研究证实，甲醛容易经过人的消化道进入体内。临床观察证实，一定浓度、一定剂量的甲醛摄入，可能对人体消化道造成化学性灼伤。

各种蔬菜的储藏方式如表6-8所示。

表6-8　各种蔬菜的储藏方式

种类	品种	储藏方式
根菜类	萝卜与胡萝卜	①沟藏法；②窖藏法；③泥浆储藏法；④冷库气调储藏法
白菜类	大白菜	①堆藏；②窖藏；③通风库储藏；④强制通风脱除乙烯法储藏
茄果类	番茄	①简易储藏；②冷藏；③气调储藏
瓜类	冬瓜和南瓜	①架藏；②地面堆藏

思政探索

一、思政目标

1. 进行爱农教育：通过果蔬储运的学习，帮助学生认识到我国农业产业的重要性和果蔬储运在保障民生、稳定市场中的积极作用，从而激发学生热爱祖国、关心农业的情怀。

2. 培养标准和规范的意识：通过深入学习果蔬储运的标准与规范，帮助学生明白标准化在提升行业效率、保障食品安全、促进国际贸易等方面的重要性，养成自觉遵循行业标准和规范的良好习惯。

3. 培养质量安全责任的意识：理解果蔬储运不仅是保障果蔬品质、维护消费者权益的重要环节，也是促进农民增收、助力乡村振兴的重要途径，培养学生的社会责任感和使命感。

二、思政元素

劳动教育　诚信教育　正向价值观　文明和谐　绿色储运　低碳环保

三、融入路径

1. 课程教学融入：在讲授果蔬储运专业知识的同时，结合实例分析，引导学生理解果蔬储运的社会价值和重要意义，帮助学生树立正确的价值观。

2. 实践教学融入：组织学生参观果蔬储运企业和冷链物流基地，让学生直观感受果蔬储运流程，认识其对社会稳定、经济发展的作用，培养动手能力和解决问题的能力。

3. 专题讲座与研讨：邀请行业专家和企业家，举办关于果蔬储运技术创新、新标准应用、绿色储运理念、农产品质量安全等方面的讲座，增进学生对果蔬储运领域前沿动态的了解。

实训项目

果蔬储藏方案设计

1. 实训内容

实际调研并选取某一类果蔬，编写果蔬储藏方案。

2. 实训目标

了解果蔬储藏保鲜的基本原理及常用方法，熟悉果蔬采后处理技术，掌握果蔬储藏方法。

3. 实训准备

（1）学生随机分组，以5~6名学生为一组，各组推选一名组长，组长负责实训任务细分和协调工作。

（2）确定调研对象并收集相关文献资料。

（3）观看视频或实地调研果蔬采收、整理、分类、储藏场所，与果蔬储藏作业人员进行交流，了解相关果蔬储藏的方法及注意事项。

（4）教师进行现场指导，体现以学生为主体的教学特色。

4. 实训步骤

（1）以小组为单位开展讨论，选取调研对象（果品或某类蔬菜）。

（2）小组讨论设计果蔬储藏流程。

（3）绘制果蔬储藏流程图，并归纳储藏环节技术要点及注意事项。

（4）以小组为单位，使用PPT进行展示说明。

（5）以小组为单位提交果蔬储藏方案。

（6）组间相互点评，教师点评。

5. 实训效果评价

考评内容	考评标准	分值（分）	自我评价（分）	小组评价（分）	教师评价（分）	实际得分（分）
实训完成情况	资料收集针对性强，能够对其进行有效梳理	10				
	果蔬储藏流程设计合理，符合规范和要求	30				
	果蔬储藏方案完整，设计合理，技术要点明确	30				
	成果展示中PPT制作美观，陈述流畅，分工合理	20				

续 表

考评内容	考评标准	分值（分）	自我评价（分）	小组评价（分）	教师评价（分）	实际得分（分）
其他	态度积极、遵守纪律、有团队协作精神	10				
合计		100				

注：实际得分=自我评价×20%+小组评价×30%+教师评价×50%。

思考练习题

一、选择题

1. 果蔬采收后进行防腐、包装、打蜡处理目的有（　　）。

A. 抑制微生物活动　　B. 保鲜　　C. 改善外观　　D. 减少养分消耗

2. 苹果储藏时不宜选用的储藏方法是（　　）。

A. 沟藏　　B. 窖藏　　C. 通风库储藏　　D. 假植储藏

3. 给西红柿喷洒乙烯时西红柿会（　　）。

A. 防止脱落　　B. 增强果实品质　　C. 推迟成熟　　D. 提前成熟

4. 下列说法正确的是（　　）。

A. 一般生长在树冠外部、上部及树体南部的果实，耐储藏性较好

B. 控制储藏环境条件，增强呼吸作用，可延长果蔬的储藏保鲜期

C. 温度越低，果蔬的储藏效果越好

D. 休眠对果蔬的储藏保鲜有害

5. 果蔬采收过晚，主要的不利影响是（　　）。

A. 成熟度　　B. 色泽　　C. 风味　　D. 不耐储藏和运输

6. 下列说法错误的是（　　）。

A. 预冷与一般冷却的主要区别在于降温快慢上

B. 预冷要求尽快降温

C. 必须在收获后24小时之内达到降温要求

D. 降温越平稳效果越好

7. 采收果蔬时，下列做法不正确的是（　　）。

A. 采收顺序应先下后上，先外后内

B. 采收时应轻摘、轻放、轻装

C. 果蔬应分批采收，先成熟先采收，成熟一批采收一批

D. 只要果蔬成熟，不管是阴雨天，还是晴天都应及时采收，以免果蔬腐烂

8. 通风储藏库在储藏果蔬的初期，一般选择换气的时间是（　　）。

A. 夜间或凌晨　　B. 白天中午　　C. 温度较高时　　D. 根据情况而定

9. 下列说法不正确的是（　　）。

A. 在机械制冷库的蒸发器或冷风吹出口处 2m 内不能堆码果蔬

B. 果蔬堆码多采用品字形堆码法，这种方法既稳定又牢固

C. 冷库中的果蔬出库时，一般要尽快将果蔬的温度升到较高的温度

D. 气调储藏期间一般工作人员不能进入库内

二、判断题（对的打“√”，错的打“×”）

1. 果蔬采收时，由于土温和气温都较高，田间热较高，不宜立即埋藏。（　　）

2. 堆藏时，堆体越大越好，便于统一管理。（　　）

3. 埋藏时，坑的深度应根据当地冻土层的厚度而定，果蔬产品要埋在冻土层以下。（　　）

4. 埋藏比窖藏效果更好，它可以配备一定的通风设备。（　　）

5. 用于储藏保鲜的葡萄，应选用早熟品种，同时不要充分成熟。（　　）

6. 果实果肉中的细胞数与其品质和耐储力有很大的关系，一般细胞多耐储藏。（　　）

7. 分级后果蔬产品质量差的不易销售，影响果蔬的整体价格，所以最好不要分级。（　　）

三、名词解释

预冷　　预贮　　呼吸跃变　　采收成熟度　　休眠期

四、简答题

1. 影响果蔬储藏的因素有哪些？

2. 果蔬储藏前一般要经过哪些处理？

3. 预冷的方式有哪些？

4. 苹果的储藏方式有哪些？

【知识拓展：标准及相关政策法规引读】

1. GB/T 29372—2012《食用农产品保鲜贮藏管理规范》
2. GB/T 26432—2010《新鲜蔬菜贮藏与运输准则》
3. GB/T 23244—2009《水果和蔬菜 气调贮藏技术规范》
4. GB/T 18518—2001《黄瓜 贮藏和冷藏运输》
5. GB/T 26904—2020《桃贮藏技术规程》
6. NY/T 1202—2020《豆类蔬菜贮藏保鲜技术规程》
7. NY/T 1203—2020《茄果类蔬菜贮藏保鲜技术规程》
8. GH/T 1190—2021《洋葱贮藏技术》
9. DB65/T 3610—2014《红地球葡萄贮藏保鲜技术标准》

扫码查看拓展资源

模块七　肉类储运

学习目标

知识目标

了解肉类产品的分类和特点

了解肉在物流过程中的变化

掌握低温保藏的原理、肉的冷却和冷冻的相关方法

掌握宰前运输、冷链运输的流程及注意事项

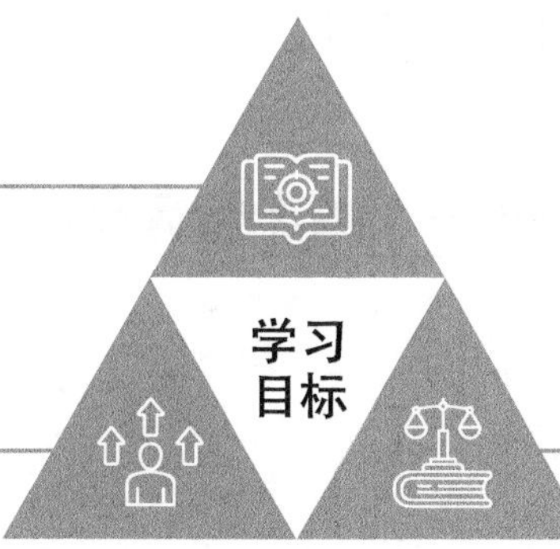

能力目标

能够根据资料设计肉类储运工作流程

能够进行肉类产品常规储存管理

思政目标

培养爱国情怀

培养职业道德

培养创新与探索精神

内容导读

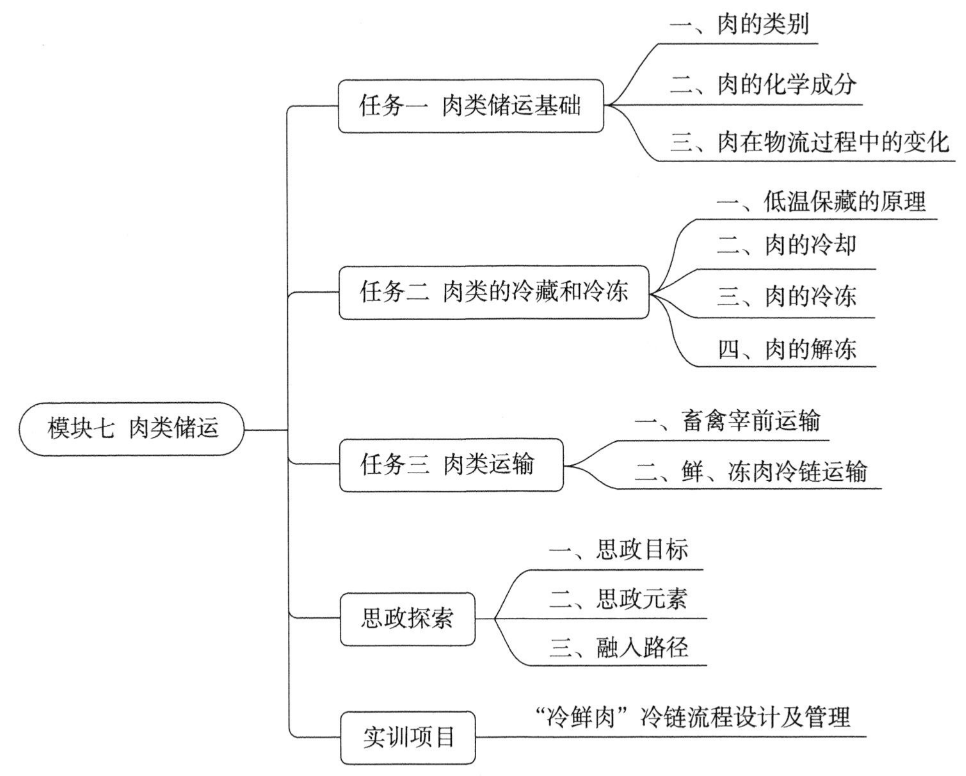

任务一 肉类储运基础

超市冷柜肉类变质的原因

近日，消费者李女士在当地一家知名超市购买了一块冷藏猪肉，回家解冻后却发现猪肉颜色异常，且散发出异味。她按照烹饪程序进行处理后，发现猪肉质地松软，颜色深暗，且煮熟后仍带有刺鼻的异味，明显属于变质肉。消费者看到冷藏柜内的肉品变质时，常会认为是冷藏柜内温度不够低或储藏时间过长导致的。事实上，肉经加工、运输、储藏至冷藏柜展示，其中任何一个环节没有处于低温环境或者温度波动较大都可能引发上述问题。

我国的冷鲜肉一般在0~4℃下经过24h的排酸，之后以半胴体的状态经冷藏车运输到各大超市进行分割、包装、销售。我国的肉类冷链主要以短途运输为主，相较美国的长途运输，减少了装卸货的次数，对温度的控制应该更加容易。

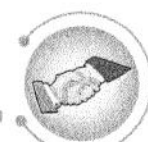

伴随着冷鲜肉和低温肉制品需求的不断增长，作为保障肉类产品质量与安全的必要手段，冷链对于肉类行业发展的重要性日益凸显。冷链能有效保证肉品运输过程中温度的持续和稳定，从而减少肉品由于运输储藏中温度不当造成的经济损失。完整的冷链要求整条供应链温度保持产品适宜的恒定温度，是一项集人员、设备、过程于一体的系统化工程。

知识准备

肉类在人们的生活中占有很重要的地位，它能为人体提供足够的动物性蛋白、脂肪、维生素等，对人体的生长发育具有重要的生理意义。另外，肉类食品的吸收消化率较高，饱腹作用强，味道鲜美。因此，肉类在人们的饮食中占有很重要的地位。下面主要讲解畜禽类肉的储运。

一、肉的类别

按肉的冷藏保鲜程度分为热鲜肉、冷却肉和冻结肉三大类，这三类肉在整个物流操作过程中，有着不同的方法和要求。

（一）热鲜肉

屠宰畜禽后未经人工冷却的肉，肌肉的温度通常在38~41℃，这种尚未失去生前体温的肉叫热鲜肉。它是我国传统的畜禽肉品生产销售方式，由于加工简单，长期以来热鲜肉一直占据我国鲜肉市场的重要地位。热鲜肉具有生产简单易行，不需要预冷间、冷库、冷藏车等，有利于小规模生产等优点。但也有由于肉体没有进行冷却处理，微生物得不到抑制，易污染，运输、销售环境差，极不卫生；不利于大工业化生产；由于设备简单，不能规模化、集约化生产等缺点。

热鲜肉一般从屠宰到出售的时间只有2~4h，刚好肉质处于僵硬阶段，口感和风味都很差，并且不易腌制、烹饪。由于屠宰环境差、温度高，各种细菌大量繁殖，存在卫生和安全隐患。

（二）冷却肉

在低于0℃条件下，将热鲜肉中心温度降为0~4℃，而不产生冰结晶的肉，称为冷却肉，又称冷鲜肉。肉类的冷却就是将屠宰后的胴体，吊挂在冷却室内，使其最厚处的深层温度冷却到0~4℃的过程，以达到控制微生物繁殖的目的。包装后由冷藏车辆运至没有冷藏陈列货柜的超市销售，包装一般采用无毒、耐寒、柔韧性好、透明度高的塑料薄膜，以便于消费者看清生肉的本色。

充气包装所用气体主要为氮气和二氧化碳，能抑制微生物的生长。PA（聚酰胺）/EVOH（乙烯-乙醇共聚物）/PE（聚乙烯）可热成型、挺度好、阻隔性高，适用于气调包装和真空包装。气调包装猪肉的货架期大约为14天，真空包装猪肉的货架期在30天左右，真空包装牛肉的货架期在80天左右（需冷藏）。

（三）冻结肉

肉中的部分或全部水分变成冰的过程称为肉的冻结，温度通常为-18～-2℃。在低于-23℃环境下，将肉中心的温度降低到-15℃的肉叫冷冻肉，又叫冻结肉或冻肉。

将需要长期储存和出口、远销的肉经分割整形、包装后装箱（盘）低温冻结。肉的冻结间大多采用格架式蒸发器加鼓风机装置，也有在冻结间内装移动货架或吊笼的，或者选择卧式平板冻结器。肉品温度要求为-15℃。采用纸质包装的分割肉冻结时间较长，一般为72h，目前国内不少肉类加工企业为了缩短时间，先装入金属冻盘进行冻结，冻结完成后再脱盘装入纸箱进行冻藏。

低温储藏能抑制微生物的生命活动，减缓组织酶的活性，减少氧气、光和热对肉类的不良影响作用，可以较长时间保持肉的品质，货架期能达到4个月以上。

二、肉的化学成分

无论何种动物的肉，其化学组成都包括水、蛋白质、脂肪、矿物质和少量的碳水化合物。这些物质的含量，因动物的品种、性别、年龄、个体等因素而异。

三、肉在物流过程中的变化

肉类在物流过程中会发生不同变化，掌握这些变化的原理，对正确进行肉类物流操作和管理有重要意义。

（一）肉的成熟

肉的成熟是在细胞酶的催化下进行的，肉中糖原含量与成熟过程有密切关系。宰前休息不足或过于疲劳的牲畜，由于肌肉糖原消耗多，成熟过程将延缓甚至不能出现，从而影响肉的品质。以生猪为例，屠宰后的生猪胴体随着血液和氧气的供应停止，正常代谢中断，此时肉中糖原的分解是在无氧条件下进行的。糖原无氧分解产生乳酸，这个过程称为产酸。肉出现僵硬阶段，此时肉有不正常的气味，并不易煮烂，是口感最差的阶段，但继僵硬之后，肌肉开始变为酸性反应，肌肉组织柔软嫩化，且口感好，易咀嚼，这个过程称为肉的成熟。肉在供食之前，原则上都要经过成熟过程来改进其品质，成熟对提高肉的风味是完全必要的，成熟肉也易保存。此外，肉的成熟速度和程度也受环境因素的影响。成熟的速度与温度关系最大。但是，用提高温度的方法促进肉的成熟是危险的，因为不适宜的温度会促进微生物的繁殖。故一般采用低温成熟的方法，即温度维持在0～2℃，相对湿度为86%～92%，空气流速为0.15～0.5m/s，完成时间为三周左右。从开始到第十天成熟度约为96%，因此，屠宰十天以后的商品价值高。在3℃的条件下，小牛肉和羊肉的成熟时间分别为3天和7天。因为晾肉间温湿度条件大体符合上述要求，故生产实践中多将晾肉过程和成熟过程放在一起进行。成熟的肉表面形成一层干燥膜，有阻挡微生物侵入内部的作用。

（二）肉的自溶

肉在不合理的条件下保藏，如使肉长时间保持较高的温度，致使肉中的组织蛋白酶活性增强，使肉自体分解的过程，称为肉的自溶。自溶肉的特征是肌肉松弛，缺乏弹性，暗淡无光泽，呈褐红色。当自溶肉轻度变色、变味时，应将肉切成小块，置于通风处，驱散

其不良气味，割掉变色的部分，经高温处理后可供食用；当肉因自溶作用已发展到具有明显的异味，并变色严重时，则不宜食用。

（三）肉的腐败

肉在成熟和自溶阶段分解的产物，为腐败微生物的生长、繁殖提供了良好的营养物质，如肉继续在常温下存放，肌肉组织中的蛋白酶活性增强，组织开始自溶，使肌肉中的蛋白质分解释放出具有臭皮蛋气味的硫化氢，肌肉外观变成暗绿色，组织结构也松弛无弹性，此即肉体腐败，这种腐败并非完全由细菌引起。腐败被认为是变质中最严重的形式。肉类腐败的原因虽然不是单一的，但主要是微生物造成的。因此，有微生物污染，并且有微生物发育繁殖的条件，腐败过程才能发生。从屠宰到销售的各环节，肉的接触相当广泛，即使设备完善、卫生制度严格的屠宰场，也不可能保证肉的表面绝对无菌。加工、运输、储藏及销售的卫生条件越差，细菌污染就越严重，耐藏性就越差。

（四）肉的失重

肉的失重指在一定的条件下，经过一定的时间，由于血液滴出、水分蒸发、肉汁渗出、肌肉收缩等造成的质量减轻。

肉类行业的价值链

肉类食品加工领域的利润率主要取决于规模、管理及产品档次。以肉猪为例，一般新建养殖场的规模在10000~20000头，屠宰厂的日宰杀能力在3000头左右。大型企业经营模式呈现以下特点。

（1）为控制风险、降低成本基本实行“公司+基地+农户”式的产业化经营，机械化肉类加工企业自建养殖基地的比例较高。

（2）为提高盈利能力，基本上形成了饲料加工—养殖业—屠宰业—加工业的产业结构。龙头企业有两个发展动向：①向深加工迈进，进入生物制药领域；②向肉类流通领域渗透，发展冷鲜肉。肉类行业的价值链如表7-1所示。

表7-1　　肉类行业的价值链

行业	状况
养殖业	受饲料价格波动及农户自养家畜量影响。如果未发生疫情，总体上净利润在1%~2%，如果能够自主生产饲料，利润可能达到3%~5%
屠宰业	主要靠收取加工费用盈利，受上下游价格波动影响较小。如果对屠宰后的动物脏器进行综合开发利用，通常净利润率可以达到加工费用的15%~40%
加工业	加工业受下游价格影响较大，一般冷冻肉利润率在3%~8%，冷鲜肉利润率在15%~20%，通常出口利润率同比高于内销利润率

续 表

行业	状况
零售业	“流通为王”，终端零售业具有自主定价权，通过调整价格把成本压力转嫁给厂家和消费者，利润率可保持在10%~20%的水平

任务总结

我国是全球肉类产销总量最多的国家，肉类资源丰富。肉类能为人体提供足够的动物性蛋白、脂肪、维生素等，对人体的生长发育具有重要的生理意义。根据冷藏保鲜程度，肉类可分为热鲜肉、冷却肉和冻结肉三大类，这三类肉在整个物流操作过程中，有着不同的方法和要求。无论何种动物的肉，其化学组成都包括水、蛋白质、脂肪、矿物质和少量的碳水化合物。这些物质的含量，因动物的品种、性别、年龄、个体等因素而异。肉类在物流过程中，会发生不同变化，包括肉的成熟、肉的自溶、肉的腐败和肉的失重等，掌握这些变化的原理，对正确进行肉类物流操作和管理有重要意义。

任务二　肉类的冷藏和冷冻

中国第一牛县

山东省阳信县地处黄河三角洲腹地，是鲁西黄牛、渤海黑牛的主产区，被评为全国畜牧百强县。自2020年获批创建以肉牛为主导产业的国家现代农业产业园以来，坚持“夯基强链、技术集成、产城融合、带动农户”的建园思路，着力构建饲草种植、肉牛繁育、屠宰分割、牛肉加工、冷链物流、副产品深加工的肉牛全产业链条，加快建设规模大、层次高、成体系的现代肉牛产业集群，赢得了“中国牛肉看山东，山东牛肉看阳信”的美誉，辐射带动县域经济发展，以园促产，打造“中国第一牛县”。为了在产业链管理中强化冷链建设，他们采取了哪些具体举措呢？

任务分析

肉类冷链是贯穿屠宰至消费全过程的低温管理系统，其核心目标在于通过抑制微生物活动、减慢化学反应及保持适宜的储运温度，有效延长肉类产品的保质期，保障食品安全和品质。它对于防止食物腐败、保障消费者健康、支持肉类产业规模化生产与跨地区乃至跨国贸易具有重要意义，是现代食品供应链不可或缺的关键组成部分。基于肉类产业发展需要，阳信县规划1000亩地（1亩=666.67平方米），投资35亿元左右，在建集仓储、

加工、交易、展示、物流于一体的智慧冷链物流园区，预计园内冷库容量达 50 万吨，配置冷链运输车 253 辆，逐渐形成覆盖鲁北、辐射全国的冷链物流网络，打造全国牛肉集散地。投资 4.2 亿元建设进境肉类监管场地，集中完成境外产品海关查验、保税、冷链仓储、物流分拨等，实现进口牛肉“一次申报、一次查验、一次放行”进境直通，节省检验时间，提高通关效率。借助云服务建设智慧冷链数据平台，实时监测冷藏出入库、温度控制、冷链物流配送等情况，推行精准指导和远程操控，实现产品安全高效送达。

资料来源：农业农村部发展规划司，建好现代农业园区　推进产业融合城乡一体区域联动发展，http：//www.ghs.moa.gov.cn/xdnyjs/202108/t20210819_6374386.htm。

知识准备

低温保藏是现代肉类储藏的最好方法之一，它不会引起肉的组织结构和性质发生根本变化，却能抑制微生物的生命活动，延缓组织酶、氧气、热和光的作用引发的化学和生物化学反应，可以较长时间保持肉的品质。在众多储藏方法中，低温冷藏应用最广泛、效果显著且经济实惠。

一、低温保藏的原理

微生物的生长繁殖和肉中固有酶的活动是导致肉类腐败的主要原因。低温可以抑制微生物的生命活动和酶的活性，从而达到储藏保鲜的目的，该方法简单易行、冷藏量大、安全卫生并能保持肉的颜色和状态，因而被广泛采用。

（一）低温对微生物的作用

任何微生物都具有正常生长繁殖的温度范围，温度越低，它们的活动能力就越弱，故降低温度能减缓微生物生长和繁殖的速度。当温度降到微生物最低生长点时，其生长和繁殖被抑制或出现死亡。一般微生物的最低生长温度在 0℃以上，但许多嗜冷菌的最低生长温度低于 0℃，如霉菌、酵母菌在-8℃的条件下仍可看到孢子发芽，-10℃下才被抑制。

低温导致微生物活力减弱和致死的原因主要有两个：一是微生物的新陈代谢受到破坏，二是细胞的结构受到破坏，两者是相互关联的。正常情况下，微生物细胞内各种生化反应总是相互协调一致的。温度越低，失调程度越大，从而破坏了微生物细胞内的正常新陈代谢，使它们的生活机能受到抑制甚至达到完全终止的程度。

（二）低温对酶的作用

酶是有机体组织中的一种特殊蛋白质，具有生物催化剂的作用。酶的活性与温度有密切关系。肉类中大多数酶的适宜活动温度在 37～40℃。温度每下降 10℃，酶的活性就会减少 1/3～1/2。酶对低温的感受性不像高温那样敏感，当温度达到 80～90℃时，几乎所有的酶都失活。然而极低的温度条件对酶的活性也仅是部分抑制，而不是完全停止。例如脂肪酶在-35℃时尚不失去活性。由此可以理解即使在低温下储藏的肉类，也有一定的储藏期限。

二、肉的冷却

（一）冷却的目的

刚屠宰的肉温度约为37℃，同时由于肉的“后熟”作用，在肝糖分解时还要产生一定的热量，肉的温度处于上升趋势，这种温度再结合其表面潮湿的状态，最适宜于微生物的生长和繁殖，对肉的保藏极为不利。

肉类冷却的直接目的在于，迅速排除肉内部的热量，降低肉深层的温度，延缓微生物对肉的渗入和在其表面上的发展。冷却时不仅能使肉的温度降低，还能在其表面形成一层干膜，延长肉的保藏期，并且能够减缓肉内部水分的蒸发。

此外，冷却也是冻结的准备过程，对于整胴体或半胴体的冻结，由于肉层厚度较厚，若用一次冻结（即不经过冷却，直接冻结），常是表面迅速冻结，而内层的热量不易散发，从而使肉的深层产生“变黑”等不良现象，影响成品质量。同时一次冻结，因温度差过大，肉体表面水分的蒸发压力相应增大，引起水分的大量蒸发，从而影响肉的重量和质量，除小块肉及副产品外，一般均先冷却，然后再行冻结。当然在国内一些肉类加工企业中，也有采用不经过冷却进行一次冻结的方法。

（二）冷却条件及方法

1. 冷却条件的选择

（1）空气温度的选择

肉类在冷却过程中，虽然其冰点为-1℃左右，但它却能冷到-10～-6℃，使肉短时间内处于冰点及过冷温度之间的条件下，不致发生冻结。肉的热量大量导出，是在冷却的开始阶段，因此冷却间在未进料前，应先降至-4℃左右，这样等进料结束后，可以使库温维持在0℃左右，而不会过高，随后在整个冷却过程中，维持在-1～0℃。温度过低有引起冻结的可能，温度高则会延缓冷却速度。

（2）空气相对湿度的选择

水分是增强微生物活动能力的因素之一，因此空气湿度越大，微生物活动能力越强，尤其是霉菌。过高的湿度使肉表面无法形成一层良好的干燥膜；湿度太低，重量损耗太多。所以，选择空气相对湿度时应从多方面综合考虑。

在整个冷却过程中，初始阶段冷却介质与冷却物体间的湿差越大，则冷却速度越快，表面水分的蒸发量在开始的1/4时间内，约占总干缩量的1/2。因此，空气相对湿度也可分为两个阶段：在第一阶段（约占1/4时间），以维持在95%以上为宜，即相对湿度越高越好，尽量减少水分蒸发，由于时间较短（6~8h），微生物不至于大量繁殖；在第二阶段（约占3/4时间），则维持在90%~95%，在临近结束时控制在90%左右。这样既能使胴体表面尽快结成干燥膜，而又不会过分干缩。

（3）空气流动速度的选择

由于空气的热容量很小，不及水的1/4，因此对热量的接受能力很弱。同时因其导热系数小，故在空气中冷却速度缓慢。所以在其他参数不变的情况下，只有增加空气流速来达到加快冷却速度的目的。静止空气放热系数为12.54~33.44。空气流速为2m/s，则放热系数可增加到52.25。但过大的空气流速，会大大增加肉表面的干缩和耗电量，冷却速度

却增加不大。因此在冷却过程中空气流速以不超过 2m/s 为合适，一般采用 0.5m/s 左右，或每小时 10～15 个冷库容积。

2. 冷却方法

冷却方法有空气冷却、水冷却、冰冷却和真空冷却等。我国主要采用空气冷却法。

进肉之前，冷却间温度降至-4℃左右。进行冷却时，把经过冷晾的胴体沿吊轨推入冷却间，胴体间距保持在 3～5cm，以利于空气循环和散热，当胴体最厚部位中心温度达到 0～4℃时，冷却过程即可完成。冷却操作时要注意以下几点：

（1）胴体要经过修整、检验和分级；

（2）冷却间符合卫生要求；

（3）吊轨间的胴体按"品"字形排列；

（4）不同等级的肉，要根据其肥度和重量的不同，分别吊挂在不同位置。肥重的胴体应挂在靠近冷源和风口处，薄而轻的胴体挂在远离排风口的地方；

（5）进肉速度快，并应一次完成进肉；

（6）冷却过程中尽量减少人员进出冷却间，保持冷却条件稳定，减少微生物污染；

（7）在冷却间按每立方米平均 1W 的功率安装紫外线灯，每昼夜连续或间隔照射 5h；

（8）冷却终温的检查，胴体最厚部位中心温度达到 0～4℃，即达到冷却终点。

一般冷却条件下，牛半片胴体的冷却时间为 48h 左右，猪半片胴体为 24h 左右，羊胴体约为 18h。

（三）冷却肉的储藏

经过冷却的肉类，一般放置在-1～1℃的冷藏间（或排酸库），一方面可以完成肉的成熟（或排酸），另一方面达到短期储藏的目的。冷藏期间温度要保持相对稳定，以不超出上述范围为宜。进肉或出肉时温度不得超过 3℃，相对湿度保持在 90%左右，空气流速保持自然循环。冷却肉的储藏条件和储藏期如表 7-2 所示。

表 7-2　　冷却肉的储藏条件和储藏期

品名	温度（℃）	相对湿度（%）	储藏期（d）
牛肉	-1.5～0	90	28～35
小牛肉	-1～0	90	7～21
羊肉	-1～0	85～90	7～14
猪肉	-1.5～0	85～90	7～14
全净膛鸡	0	85～90	7～11
腊肉	-3～0	85～90	30
腌猪肉	-1～0	85～90	120～180

冷却肉在储藏期间常见变化有干耗、表面发黏、长霉、变色、变软等。

肉在储藏期间发黏和长霉，会先在表面形成块状灰色菌落，呈半透明，然后逐渐扩大成片状，表面发黏，有异味。防止或延缓肉表面长霉和发黏的主要措施是尽量减少胴体最初污染程度和防止冷藏间温度升高。

三、肉的冷冻

（一）冻结的目的

肉的冻结温度通常为-18～-2℃，在这样的低温下水分冻结，低温有效地抑制了微生物的生长发育和肉中各种化学反应，使肉更耐储藏，其储藏期为冷却肉的5～50倍。冷却肉由于储藏温度在肉的冰点以上，微生物和酶的活动只受到部分抑制，冷藏期短。当肉在0℃以下冻藏时，随着冻藏温度的降低，温度降到-10℃以下时，冷冻肉则相当于中等水分食品。大多数细菌在此水分活度（Aw）下不能生长繁殖。当温度下降到-30℃时，肉的Aw在0.75以下，霉菌和酵母的活动受到抑制。所以冻藏能有效地延长保藏期，防止肉品质量下降，在肉类加工中得以广泛应用。

（二）冻结率

从物理和化学角度看，肉是充满组织液的蛋白质胶体系统，其初始冰点比纯水的冰点低（见表7-3）。因此食品要降到0℃以下才产生冰晶，此冰晶出现的温度即冻结点。随着温度继续降低，水分的冻结量逐渐增多，要使食品内水分全部冻结，温度要降到-60℃。这样低的温度一般不使用，只要绝大部分水冻结，就能达到储藏的要求。一般是-30～-18℃。

表7-3　　几种肉类食品的含水量和初始冰点

品种	含水量（%）	初始冰点（℃）
牛肉	71.6	-1.7~0.6
猪肉	60	-2.8
鸡肉	74	-1.5

一般冷库的储藏温度为-25～-18℃，食品的冻结温度亦大体降到此温度。食品内水分的冻结率近似值为：

冻结率（%）=（1-食品的冻结点/食品的冻结终温）×100%

如食品冻结点是-1℃，降到-5℃时冻结率是80%。降到-18℃时冻结率为94.5%，即全部水分的94.5%已冻结。

大部分食品，在-10～-5℃温度范围内约80%水分结成冰，此温度范围称为最大冰晶形成区。对保证冷冻肉的品质来说这是最重要的温度区间。

（三）冻结速度

冻结速度对冷冻肉的质量影响很大，常用冻结时间和单位时间内形成的冰层厚度表示冻结速度。

1. 用冻结时间表示

食品中心温度通过最大冰晶形成带所需时间在30min之内者，称为快速冻结，在30min以上者为缓慢冻结。之所以定为30min是因为在这样的冻结速度下，冰晶对肉质的影响最小。

2. 用单位时间内形成的冰层厚度表示

因为产品的形状和大小差异很大，如牛胴体和鹌鹑胴体，比较其冻结时间没有实际意义。通常，把冻结速度表示为由肉品表面向热中心形成冰的平均速度。实际上，平均冻结速度可表示为肉块表面向热中心形成的冰层厚度与冻结时间之比。国际制冷协会规定，冻结时间是品温从表面达到0℃开始，到中心温度达到-10℃所需的时间。冰层厚度和冻结时间单位分别为“cm”和“h”，则冻结速度（v）为：

$$v=冰层厚度/冻结时间$$

冻结速度为5~10cm/h以上者，称为超快速冻结，用液氮或液态CO_2冻结小块物品属于超快速冻结；冻结速度为5~10cm/h的为快速冻结，用平板式冻结机或流化床冻结机可实现快速冻结；冻结速度为1~5cm/h的为中速冻结，常见于大部分鼓风冻结装置；冻结速度在1cm/h以下的为缓慢冻结，利用鼓风冻结装置冻结纸箱装肉品时多处在缓慢冻结状态。

（四）冻结速度对肉品质的影响

瘦肉中冰形成的过程研究表明，冻结过程越快，所形成的冰晶越小。在肉冻结期间，冰晶首先在肌纤维之间形成和生长，这是因为肌细胞外液的冰点比肌细胞内液的冰点高。缓慢冻结时，冰晶在肌细胞之间形成和生长，从而使肌细胞外液浓度增加。由于渗透压的作用，肌细胞会失去水分进而发生脱水收缩，结果，在收缩细胞之间形成相对少而大的冰晶。

快速冻结时，肉的热量散失很快，使肌细胞来不及脱水便在细胞内形成了冰晶。换句话说，肉内冰层推进速度大于水蒸发的速度，结果在肌细胞内外形成了大量的小冰晶。

冰晶在肉中的分布和大小是很重要的。缓慢冻结的肉类因为水分不能返回到其原来的位置，在解冻时会失去较多的肉汁，而快速冻结的肉类不会产生这样的问题，所以快速冻结的冷冻肉质量高。此外，冰晶的形状有针状、棒状等不规则形状，冰晶大小从100μm到800μm不等。如果肉块较厚，冷冻肉的表层和深层所形成的冰晶不同，表层形成的冰晶体积小数量多，深层形成的冰晶少而大。

（五）冷冻方法

1. 静止空气冷冻法

空气是传导的媒介，家庭冰箱的冷冻室均以静止空气冷冻法进行冷冻，肉冻结很慢。静止空气冻结的温度范围为-30~-10℃。

2. 板式冷冻法

该冷冻方法热传导的媒介是空气和金属板。肉品装盘或直接与冷冻室中的金属板架接触。板式冷冻室的温度通常为-30~-10℃，一般适用于薄片的肉品，如肉排、肉片及肉饼等的冷冻。冻结速率比静止空气冷冻法稍快。

3. 冷风式速冻法

冷风式速冻法是工业生产中最普遍使用的方法，将冷冻后的肉储藏于一定温度、湿度的低温库中，在尽量保持肉品质量的前提下储藏一定的时间，就是冻藏。冻藏的条件直接影响冷冻肉的质量和储藏期。其方法是在冷冻室或隧道装风扇以供应快速流动的冷空气，使肉类急速冷冻，热转移的媒介是空气。此法热的转移速率比静止空气要快很多，且冻结速率也显著提升。但增加了冷冻成本且未包装肉品易冻伤。冷风式速冻的条件一般为空气流速为760m/min，温度为-30℃。

四、肉的解冻

肉的解冻是将冷冻肉恢复到冻前的新鲜状态的过程。解冻过程实质上是冷冻肉中形成的冰结晶还原融化成水的过程，所以可视为冻结的逆过程。在实际工作中，解冻的方法应根据具体条件选择，原则是既要缩短解冻时间又要保证质量。

（一）空气解冻法

空气解冻法是将冷冻肉移放在解冻间，靠空气介质与冷冻肉进行热交换来实现解冻的方法。一般在0~5℃的空气中解冻称为缓慢解冻，在15~20℃的空气中解冻称为快速解冻。将肉装入解冻间后温度先控制在0℃，以保持肉解冻的一致性，装满后再升温到15~20℃，相对湿度为70%~80%，经20~30h即解冻完成。

（二）水解冻法

水解冻法指把冻肉浸在水中解冻，由于水比空气的传热性能好，解冻时间可缩短，并且由于肉类表面有水分浸润，可使重量增加。但肉中的某些可溶性物质在解冻过程中将部分失去，同时容易受到微生物的污染，故对半胴体的肉类不太适用，主要用于带包装冷冻肉的解冻。

水解冻的方式可分静水解冻和流水解冻或喷淋解冻。对肉类来说，一般采用较低温度的流水缓慢解冻为宜，在水温高的情况下，可采用加碎冰的方法进行低温缓慢解冻。

（三）蒸汽解冻法

将冻肉悬挂在解冻间，向室内通入水蒸气，当蒸汽凝结于肉表面时，则将解冻室的温度由4.5℃降低至1℃，并停止通入水蒸气。此方法，肉表面干燥，能控制肉汁流失，一般约经16h即可使半胴体的冻肉完全解冻。

羊肉的冷冻储藏

1. 羊胴体的冻结

羊胴体的冻结通常是在冷却加工基础上再进行的冻结加工。片肉经冷却后，通过轨道吊挂滑入急冻间进行急冻，急冻间温度为-25~-23℃，风速为1~3m/s，经18~24h，可使羊肉深层降至-17~-15℃，这时可转入冷冻低温储藏间储存，也可以在较低的温度下冻结，其肉组织冰晶小，肉质储存期长。

国外采用低温-40~-30℃，相对湿度95%，风速2~3m/s下冷冻，使肉温快速降至-18~-15℃。但过热的肉进行急冻，也不能使深层快速冻结。

2. 羊胴体的冻藏

根据肉类在冻藏期脂肪、蛋白质、肉汁损失情况以及在什么温度下储藏最经济来看，肉类冷冻到-20~-18℃，对大部分肉类来讲是最经济的，在此温度下，肉类可以耐半年到

一年的冻藏，保持其商品价值。羊胴体的冻结点为-1.7℃，冻藏温度为-23～-18℃，相对湿度为90%～95%，可保存8～11个月。

冻藏时将羊胴体的两分体，按照一定容积分批、分级堆放在冷库内。肉堆与周围墙壁和天花板之间保持30～40cm的距离，肉堆距冷排管应保持40～50cm的距离，肉堆与肉堆之间保持15cm的距离，在冻藏室中间应留有车的通道，一般在2m左右。

分割包装冷藏为近年来发展的冷冻保藏方式，其优点是减少干耗，防止污染，提高冷库的储藏能力，延长储藏期及便于运输等。具体做法是将修整好的肉放在平盘上先送入冷却间进行冷却，0～4℃预冷24h，使肉温不高于4℃。然后进行包装，使用纸箱或聚乙烯塑料包装。包装好后送入冷冻间（-25～-18℃）冷冻70h，使肉温达到-15℃以下。最后送冷库冻藏，库温在-23～-18℃，相对湿度为90%～95%，空气自然循环。

3. 羊胴体冻藏时的变化

羊胴体冻藏时，由于90%以上的水分已冻结，酶与微生物的作用受到抑制，胴体可进行较长时间的储藏。但是在冻藏过程中，由于冻藏温度的波动，冻藏期又长，在氧气的作用下还会缓慢地发生一系列的变化，使冻结羊胴体的品质有所下降。

（1）冰结晶的成长。冰结晶的成长给羊胴体的质量带来很大的影响。细胞受到机械损伤，蛋白质变性，解冻后汁液流失增加，胴体的风味和营养价值都下降。采用低温快速的冻结方式，让羊胴体中90%的水分在冻结过程中来不及移动，就在原位置变成极小的冰晶，这样所形成的冰结晶，大小及分布都比较均匀，冰结晶的成长就比较少。另外冻藏温度要尽量低，少变动，特别要避免-18℃以上温度的变动。

（2）冻羊肉在冻藏过程中的干耗。肉类在冻藏中，水分不断从表面蒸发，使冻肉不断减重的现象称“干耗”。羊胴体的干耗比猪肉大，其瘦肉多，肥肉少，水分含量多，则干缩量大。羊胴体在冷库中的堆放密度为300kg/m^3，自然损耗为1.95%。

任务总结

微生物的生长繁殖和肉中固有酶的活动常是导致肉类腐败的主要原因。低温可以抑制微生物的生命活动和酶的活性，从而达到储藏保鲜的目的。在低于0℃条件下，将热鲜肉中心温度降为0～4℃，而不产生冰结晶的肉称为冷却肉，又称冷鲜肉。肉类的冷却也是冻结的准备过程。冷却方法有空气冷却、水冷却、冰冷却和真空冷却等。肉中的水分部分或全部变为冰的过程称为肉的冻结，温度通常为-18～-2℃。经过冻结工艺过程的肉，其中心温度不高于-15℃，叫冷冻肉。冻结有效地抑制了微生物的生长发育和肉中的各种化学反应，使肉更耐储藏。冻结速度对冷冻肉的质量影响很大，常用冻结时间和单位时间内形成冰层的厚度表示冻结速度。不同冻结速度对肉的品质有很大影响，一般采用静止空气冷冻法、板式冷冻法、冷风式速冻法等进行冷冻。肉的解冻是将冷冻肉恢复到冻前的新鲜状态的过程。解冻过程实质上是冻结肉中形成的冰结晶还原融化成水的过程，所以可视为冻结的逆过程，解冻方法有空气解冻法、水解冻法、蒸汽解冻法等。在实际工作中，解冻的方法应根据具体条件选择，原则是既要缩短解冻时间又要保证质量。

任务三　肉类运输

某冷链物流公司承担了一批冷冻牛肉从国外产地至国内市场的运输任务。由于在长途海运过程中，船只冷冻集装箱的制冷设备突发故障，导致集装箱内温度未能始终保持在-18℃以下的标准低温状态。尽管船员在故障发生后进行了紧急维修，但由于修复延误，集装箱内温度升高持续了较长时间。抵达目的港口后，检验检疫部门在对这批牛肉进行常规检查时发现，靠近集装箱壁的一层牛肉已经解冻并开始变质，产生了明显的异味和色泽变化。经实验室检测确认，这批牛肉的微生物指标超标，不适合人类食用，因此按照食品安全法规要求，相关部门对该批近2t的进口牛肉进行了无害化销毁处理。畜禽肉类食品的特点是：在常温条件下，长时间的保管和运输容易发生腐败变质。所以，冷藏运输在物流运输中显得尤为重要。那么，在冷链物流的运输环节如何保持肉类的品质呢？

任务分析

冷藏运输可以减缓肉类中酶的分解、减缓氧化、抑制微生物生长繁殖，使肉类食品能够最大限度、最长时间保证新鲜，在产品生产较长一段时间后仍保持较高的品质。

在冷藏运输中，通常肉类在-18℃以下就能防止氧化，在-23℃以下的低温可成倍延长储藏期，其中猪肉最明显。许多国家明确规定，冷冻食品、制成品和水产品必须在-18℃或更低的温度下运输。一般在运输中，客户要求货物在冷藏运输期间温度保持在-18℃以下。肉类冷冻储藏是冷藏运输中的重要环节，可以在运输途中保证肉类食品新鲜，防止其腐烂、变质。

因此，该环节的核心是连续、精确、可靠的温度控制，这对冷藏车的性能及实时监控提出了非常高的要求。

一、畜禽宰前运输

畜禽完成生长育肥之后，经运输和屠宰加工，将其可食用的体组织转化为肉品，以新鲜肉品的形式或深加工成为肉制品，经防腐保藏之后出售给消费者。在与消费者见面之前采取的一系列措施，称为畜禽肉品生产的预处理。

宰前畜禽的科学运输，可使其可食体组织最大限度地转化为肉品；反之，则造成肉品产量减少和肉品品质降低，甚至会引发疾病。

宰前畜禽在运输过程中，由于运输疲劳、环境改变、饲养管理失调等刺激，一般都会减重，影响肉品质量，甚至在运输途中引发疾病，以致出现死亡，导致严重经济损失。因

而必须采取科学的运输措施，使运输损失降到最低。

（一）运输前的准备工作

运输前要对畜禽进行健康检查，只有健康无病的畜禽才允许起运；安排好运输途中的水、料供应点，要求定点定时供应水、料，在水、料做不到均衡供应时，宁肯缺料也要保证饮水；途中发现发病畜禽后，必须采取严格的卫生措施，如有畜禽病死，必须就地火化或深埋，严禁乱丢、乱埋，更不允许乱食。

（二）宰前畜禽的运输

一般要根据运输里程、交通运输的便利性、运输的费用、途中可能遭受损失的程度等具体情况，选择适宜的运输方式。

1. 赶行运输

在交通运输不便、距离较近的情况下，多采用赶行运输。在赶行运输过程中，注意群体不宜过大，行程速度以每日 20km 为限。绕开疫区赶行，途中不与当地畜禽群接触，定时、定点休息，结合补料、补水。

2. 铁路运输

运输路程超过二三百千米的，多采用铁路运输，车辆要严格消毒，防护设备要健全，备足途中所需水、料，装卸车要撒食诱导，切勿使之过度惊恐，以免引发应激反应。

3. 汽车运输

运输距离在二三百千米以内的，以采用汽车运输为宜。途中不宜停车，车速以 50km/h 左右为限。全程运输若超过 6~8h，可在运输车厢内放些青绿多汁的饲料。上坡、下坡、转弯，汽车均要减速缓慢通过。

4. 舟船运输

舟船运输宰前畜禽，必须有装卸船的专用码头设备，舱位面积要保证每头（只）家畜（禽）有足够站立与躺卧的余地。

（三）运输过程中畜禽体重的损失

在不喂料、饮水的情况下，运输过程中畜禽体重的损失是由肠胃内容物排泄减少造成的。即使喂料、饮水，运输应激使畜禽食欲减退，采食量减少，摄入的营养物质不足以满足维持营养需要，畜禽体重损失也是不可避免的。运输过程中畜禽体重的损失与种类有关，草食动物牛的损失最小，其次是羊，再次是杂食动物猪。在不喂料、饮水的情况下，牛由于具有较大的胃肠容积，第一天依靠胃肠内容物的继续消化，便可维持营养需要，体重的损失仅是胃肠内容物的减少；饥饿 24h 以上，骨骼肌才出现少量损失现象。对猪的研究表明，宰前 8h 运输较 0.5h 运输的猪，其屠宰率平均降低 0.9%，说明出现明显的体组织损失；猪宰前运输时间超过 36h，饮水受限将使体组织损失进一步增加，此种体重损失除来源于体组织分解供能外，还可能与肌肉的系水力降低有关。

运输过程中的粗暴驱赶和运输工具不良，将加大运输应激刺激，不仅使个体体重损失增加，也会造成群体死亡率上升，导致群体总重量的损失增加。

（四）实例：肉牛宰前运输注意事项

1. 运输季节选择

肉牛运输的最佳季节是春、秋季，牛出现应激反应比其他季节少。夏季运输时热应激反应较多，白天应在运输车厢上安装遮阳网，减少阳光直接照射。冬天运输要在车厢周围用帆布挡风防寒冷。

2. 运输车辆与车型的选择

选用货车运输较为合适，肉牛在运输途中只需装卸各1次即可到达目的地，肉牛应激反应比较小。运输途中应保证牛饮水比较方便，押运人员能经常检查牛群的情况，发现异常情况能及时停车处理。如果是火车运输需要装卸多次才能到达目的地，肉牛出现应激反应较大，肉牛出现异常情况无法及时处理。车型要求：使用高护栏敞篷车，护栏高度应不低于1.8m。车身长度根据运输肉牛数量和体重选择。同时还要在车厢靠近车头顶的部分用粗的木棒或钢管捆扎一个1m^{2}左右的架子，将饲喂的干草堆放在上面。

3. 车厢内防滑要求

在肉牛上车之前，必须在车厢地板上放置干草或草垫，并铺垫均匀，因为肉牛连续三四天吃睡都在车厢里，牛粪便较多，使车厢地板很湿滑，垫草能有效防止紧急刹车时肉牛滑动。

4. 饮水桶和草料的准备

在肉牛装车之前应准备好胶桶或铁桶2个，不要使用塑料桶。另外还要准备1根长10m左右的软水管，便于在停车场接自来水给牛饮水。要估算出运输途中需要的草料总量，备足备好，只多不少。将干草用雨布或塑料布遮盖，防止途中遇到雨水浸湿发霉变质。

5. 肉牛运输前和运输途中的饲养技术

（1）在运输之前，应该对待运的肉牛进行健康检查，体质瘦弱的牛不能进行运输。在刚开始运输时应控制车速，让牛有一个适应的过程，在行驶途中车速不能超过80km/h，急转弯和停车均要先减速，避免紧急刹车。

（2）牛在运输前喂草料和饮水只喂半饱。肉牛在长途运输中，每头牛每天喂干草5kg左右。但必须保证牛每天饮水一至两次，每次10L左右。为减少长途运输带来的应激反应，可在饮水中添加适量的电解多维或葡萄糖。

6. 办好检疫证明

在长途运输时沿途经过多个省市，每个省都设有动物检疫站，押运人员要将车辆驶入站区进行防疫消毒，严禁冲关逃避检疫消毒。同时还要准备好相关的检疫证明，如出县境动物检疫合格证明和动物及动物产品运载工具消毒证明等。

7. 对牛应激反应采取的措施

（1）由于突然改变饲养环境，车厢内活动空间受到限制，牛应激反应较大，免疫力下降。因此在汽车起步或停车时要平稳，中途要匀速行驶。长途运输过程中押运人每行驶2~5h要停车检查1次，尽最大努力减少运输引起的应激反应，确保肉牛能够顺利抵达目的地。

（2）在运输途中发现牛患病，或因路面不平、急刹车造成肉牛滑倒关节扭伤或关节脱位，尤其是发现有卧地牛时，不能对牛只粗暴地抽打、惊吓，应用木棒或钢管将卧地牛隔开，避免其他牛踩踏。要采取简单方法治疗，主要以抗菌、解热、镇痛的治疗方针为主，针对病情用药。

8. 肉牛运输到达终点时牛场应做的工作

（1）将牛安全地从车上卸下，赶到指定的牛舍进行健康检查，挑出病牛，隔离饲养，做好记录，加强治疗，尽快恢复患病牛的体能。

（2）牛经过长时间的运输，路途中没有饲喂充足的草料和水，突然之间看到草料和水会暴饮暴食。所以应先准备适量的优质青草，控制饮水，青草料减半饲喂。可在饮水中加入适量电解多维和葡萄糖，有利于牛更好地恢复体能。

（3）将肉牛集中到一起后，在单独的圈舍进行健康观察和饲养，过渡 10~15 天。第 1 周以粗饲料为主，略加精料；第 2 周开始逐渐加料至正常水平，同时结合驱虫，确保肉牛健康无病及检疫正常后再转入大群。

二、鲜、冻肉冷链运输

冷链运输指在运输全过程中，装卸、搬运、变更运输方式、更换包装设备等环节，使运输货物始终保持一定温度的运输。冷链运输方式可以是公路运输、水路运输、铁路运输、航空运输，也可以是多种运输方式组成的综合运输方式。冷链运输是冷链物流的一个重要环节。这里主要讲冷藏车和冷藏集装箱运输。

（一）冷藏车运输

肉类的冷藏运输包括装卸、搬运、改变物品的运输方式、更换产品的包装设备等环节，在所有环节要保证所运输的货物始终保持在一定的温度。我国肉类冷链设施不足、冷藏运输技术落后，使肉类产品腐败损耗较大。

冷藏运输环节中的运输方式有很多种，肉类的运输对环境温度有一定的要求，而且运输较为频繁，所以一般采用公路运输。

冷藏车是用来运输冷冻或保鲜货物的封闭式厢式运输车，常见的有冷冻车、果蔬保鲜车、肉钩车、奶品运输车等。其中，肉钩车车厢内部如图 7-1 所示。

图 7-1　肉钩车车厢内部

此外，肉品在运输过程中需要格外注意以下三个问题。

（1）车门打开时应关闭冷冻机；尽可能缩短车门打开的时间；装卸货物时尽可能使用条形门帘；用隔板分开干货和易腐物品。

（2）为了保证车厢内的货物温度，对于市内配送车辆，建议使用条形门帘，以保证快速卸货时，车厢内的冷气不会快速散失出去。

（3）不同温度的货物严禁存放在同一车厢空间内，应该用隔板分开摆放。由于冷冻机是用来维持货物温度，而不是降温用的，因此混装不同温度的货物，会影响物品的温度，导致货品质量受到影响。

（二）冷藏集装箱

冷藏集装箱也称冷藏柜，是以运输冷冻食品为主，能保持低温的保温集装箱。它是专为运输海鲜、肉类、新鲜水果、蔬菜等食品而设计的。目前，国际上采用的冷藏集装箱基本上分为两种：一种是集装箱内带有冷冻机的，即机械式冷藏集装箱；另一种是箱内没有冷冻机而只有隔热设备，集装箱的端壁上设有进气孔和出气孔，箱子装在船舱中，由船舶的冷冻装置供应冷气，即离合式冷藏集装箱（又称外置式冷藏集装箱）。

冷藏集装箱采用镀锌钢结构，箱内壁、底板、顶板和门由金属复合板、铝板、不锈钢板或聚酯制造。国际上集装箱尺寸和性能都已标准化，使用温度范围为-30~12℃，更通用的范围是-30~20℃。冷藏集装箱具有装卸灵活，货物运输温度稳定，货物污染和损失低，适用于多种运载工具，装卸速度快，运输时间短，运输费用低等特点。按照运输方式，冷藏集装箱可分为海运和陆运两种。

（三）鲜、冻肉冷链运输管理

1. 鲜、冻肉包装管理

肉制品是一种营养丰富、水分含量高的食品。它的保存期，短的也许只能保存3~4天，长的则可保存6个月。肉制品的保存期限主要取决于肉制品中的水分含量和加工方法，以及杀菌后的操作和包装技术。肉制品经包装以后可以避免阳光直射、与空气接触、机械作用、微生物作用等造成的产品氧化、破损、变质等，从而可以延长保存期。由于肉制品种类繁多，故要采取多种包装方法和适当的包装材料。

（1）包装材料。

肉品种类不同，所要求的保鲜和储藏条件也不同。因此，采用的包装材料种类也很多。若按产品的种类分，可把肉品的包装材料分为保鲜肉品包装材料、低温储藏肉品包装材料和常温保存肉品包装材料。

（2）包装技术。

①鲜肉的包装。

鲜肉品质泛指肉色、风味、多汁性、柔嫩度、肌肉组织等，其中又以肉色为判断品质最简易、最重要的指标。肉色主要是肌红蛋白在大气中的自然变化所致。在高氧分压的情况下，氧气渗透并围绕着肌红蛋白分子，与原血红素中的铁离子结合为氧合肌红蛋白，产生鲜红的肉色，而氧气仍继续不断地与原血红素结合、解离。而在较低的氧分压下，肌红蛋白与氧合肌红蛋白变为棕褐色的变性肌红蛋白。因此，鲜肉的包装应选择透氧率良好的包装材料，但这种包装材料仅适用于鲜肉的短期储存，因为鲜肉放置于大气中太久仍会变

为褐色，同时也增加微生物的滋生和脂肪的氧化酸败。

②冷冻肉的包装。

冷冻肉的包装材料除了要能防止氧气和水蒸气透过以避免脂肪的氧化酸败外，还必须能适应温度的急剧变化，随着冻结或解冻操作而收缩或膨胀。

③加工肉制品的包装。

为了维持加工肉制品的品质，肉制品的包装材料选择要考虑其生产加工、储存及食用方式。肉制品的包装材料很多，常用的包装材料可分为天然肠衣、人造肠衣及其他包装材料。

2. 运输工具管理

（1）鲜、冻肉运输应使用冷藏或保温车（船），在外界气温达到运输储存规定的温度时可采用厢式车（船），不应使用敞篷车（船）。

（2）运输车（船）内部材料应选用光滑、不渗透、容易清洗和消毒的材料。

（3）运输车（船）应具有能使整个运输过程维持规定温度的能力。

（4）运输车（船）应具备必要的存放设施。鲜片肉应有防尘、吊挂设施；使用食品塑料周转箱盛装肉品时应有垫板。

（5）长途运输时，运输车（船）应具备制冷设备和保温条件，并具有温度记录仪器。

3. 运输温度和时间管理

（1）鲜肉运输。鲜肉装运前应铺开冷却到室温；鲜肉运输至零售商的过程中，在常温条件下运输时间不应超过 4h；在 0~4℃条件下运输时间不应超过 2h。

（2）冷却肉运输。冷却肉装运前应该将产品温度降低到 0~4℃范围内；将冷却肉从一个保鲜库运送到另一个保鲜库或从保鲜库运至零售商的过程中，运输时间少于 4h 的，可采用保温车（船）运输，但应加冰块以保持车厢温度；时间长于 4h 的，运输设备应能使产品保持在 0~4℃；冷却肉运输时间不应超过 24h；装货前，将车厢温度预冷至 10℃或更低；冷却肉运输时，无论运途长短，运输车应配有自动温度记录仪器，以便及时对车厢内温度进行调控。

（3）冻肉运输。冻肉装运前应将产品中心温度降低至−15℃以下；将冻肉从一个冷库运送到另一个冷库，运输时间少于 12h 的，可采用保温车运输，但应加冰块以保持车厢温度，时间长于 12h 的，运输设备应能使产品保持在−15℃以下；在产品运输至零售商的过程中，应该使温度上升的速度维持在最低水平，不应使产品中心温度上升至−12℃；装货前，应将车厢温度预冷至 10℃以下；在运输途中，由于意外的环境条件，可以允许产品中心温度上升不超过−12℃，但任何产品的中心温度一旦高于−12℃，则应尽快采取降温措施，或在交货后立即复冻至中心温度−15℃以下，再进入冷藏库保存。

（4）在产品运输中，定时使用车厢外的温度记录仪检查车厢内的温度。

（5）在产品卸货进库前，应检查其温度。

4. 装卸管理

（1）对于运输的胴体（1/2 或 1/4 胴体），必须用防腐支架装置以悬挂式运输，其高度以鲜肉不接触车厢底为宜。分割肉应避免高层垛起，最好库内有货架或使用集装箱，并且留有一定空间，以便冷气顺畅流通。

（2）产品入库、出库、装车、卸车的速度应尽可能快，使用的方法应以产品温度上升最小为宜。

（3）产品装卸所使用的工器具，在使用前后应进行清洗消毒，保持卫生。

5. 卫生管理

如果肉在运输中的卫生管理不够完善，会受到细菌污染，极大地影响肉的保存性。初期就受到较多污染的肉，即使在0℃的条件下，也会出现细菌繁殖。所以，需要长时间运输的肉，肉品运输卫生应符合下列条件。

（1）不能使用运送活牲畜的运输工具运输鲜、冻肉。

（2）鲜、冻肉和副产品混合运输时，分别密闭包装并分别放置，防止交叉污染。

（3）有特殊气味品种的肉应和其他肉分开运输，防止串味。

（4）对有特殊要求的肉应分开运输。

（5）头、蹄、内脏、油脂等应使用不渗水的容器装运。胃、肠与心、肝、肺、肾不应盛装在同一容器内，并不应与肉品直接接触。

（6）运输工具应该保持清洁卫生，符合食品卫生要求。

（7）装卸鲜、冻肉时，严禁脚踩、触地。

（8）在运输前后，所有运输车（船）、容器应进行清洗消毒，不应使用未经清洗消毒的车辆、容器。

（9）有下列情况之一时，运输工具应该彻底清洗消毒：更换运输品种时；每循环使用一次；停用一周以后开始使用前；运输过程中由于温差等原因造成肉汁液流出等非正常现象出现时；车厢具有异味和霉变现象时。

6. 其他注意事项

（1）与肉品接触部分必须使用防腐材料。运输车、船内表面极可能与肉品接触的部分必须用防腐材料制成，从而避免改变肉品的理化特性或危害人体健康。车厢内表面必须光滑，易于清洗和消毒。

（2）尽量缩短交运时间。运输车、船的装卸尽可能使用机械，装运应简便快速，尽量缩短交运时间。

（3）途中应保持适宜的温湿度。运输途中，车、船内应保持0～5℃的温度，80%～90%的湿度。

（4）配置适当的装置，防止肉品与昆虫、灰尘接触且要防水，运输车辆在整个运输过程中必须保持一定的温度，并且凡是运输肉品的车辆，不得用于运输活体动物或其他可能影响肉品质量或污染肉品的产品，不得同车运输其他产品（即使是头、蹄、胃），未经浸烫、剥皮、脱毛的，也不得同车运输。肉品不得用不清洁或未经消毒的车辆运输。发货前，必须确定运输车辆的搬运条件是否符合卫生要求，并签发运输检疫证明。

资料阅读

什么是质量追溯制

质量追溯制就是在生产过程中，每完成一个工序或一项工作，都要记录其检验结果及存在问题，记录操作者及检验者的姓名、时间、地点及情况分析，在产品的适当部位做出相应的质量状态标志。这些记录与带标志的产品同步流转。需要时，很容易厘清责任者的姓名、时间和地点，职责分明，查处有据，这可以极大加强职工的责任感。

我国大中型肉类企业都很重视肉产品的追溯性管理，甚至实行跟踪管理制度，把质量追溯当成肉品安全的“黄金锁”。产品出厂时还同时附有跟踪卡，随产品一起流通，以便用户把产品在使用时出现的问题，及时反馈给生产者，这是企业进行质量改进的重要依据。

任务总结

肉类运输可分为畜禽宰前运输和宰后运输。畜禽宰前的科学运输，可使其可食体组织最大限度地转化为肉品；反之，则造成肉品产量减少和肉品品质降低，甚至会引发疾病。所以要做好运输前的准备工作，根据运输里程、交通运输的便利性、运输费用、畜禽途中可能遭受的损失程度等具体情况，选择适宜的运输方式，尽可能避免畜禽体重的损失和提高保活率。宰后运输主要是鲜、冻肉冷链运输，其管理关键点包括鲜、冻肉包装管理、运输工具管理、运输温度和时间管理、装卸管理、卫生管理等，其核心是连续、精确、可靠的温度控制，这对冷藏车等运输工具的性能及实时监控提出了非常高的要求。

思政探索

一、思政目标

1. 培养爱国情怀：通过肉类储藏的教学，让学生了解我国畜牧业的发展历程和肉类储藏对保障国家粮食安全的重要性，培养学生的爱国情怀和对国家农业发展的责任感。

2. 培养职业道德：强调肉类储藏过程中的食品安全和诚信经营，培养学生遵守法律法规、维护消费者权益的法治意识。

3. 培养创新与探索精神：介绍肉类储藏技术的革新与进步，激发学生探索科学奥秘的热情，培养其科技创新精神，为我国肉类产业发展贡献力量。

二、思政元素

保障民生福祉　绿色发展观　社会责任　诚信意识　创新与探索精神

三、融入路径

1. 课堂教学融入：在教授肉类储藏专业知识时，结合案例分析，阐述肉类储藏在保障民生、促进产业发展等方面的社会价值，同时渗透思政教育内容。

2. 实践教学融入：组织学生参观肉类加工企业、冷库等，实地了解肉类储藏流程，感受科技力量和劳动者智慧，增强其社会责任感和创新能力。

3. 社会调研：组织学生对肉类市场、养殖场等进行社会调查，深入了解肉类储藏现状及存在的问题，促使学生反思并提出改进意见，进而提升其社会参与意识。

实训项目

“冷鲜肉”冷链流程设计及管理

1. 实训背景资料：舌尖上的金锣“冷鲜肉”

众所周知，肉类是烹饪美味佳肴不可或缺的食材。在中国，猪肉是老百姓喜欢、常吃的副食品之一。至今还有许多人以为市场上只有热气猪肉和冷冻猪肉两种，而且热气猪肉质量好于冷冻猪肉，喜欢购买前者。其实，现在市场上供应的大多数是质量更佳、更安全营养的冷鲜肉。

从安全上，冷鲜肉确保肉类的安全卫生。从营养上，冷鲜肉营养丰富，更易咀嚼、消化和吸收，非常适合老人与小孩食用。此外，冷鲜肉口感细腻、多汁味美，肉质柔软有弹性、好熟易烂且易分割。

作为国内首家引进冷鲜肉工艺技术的肉制品加工企业，金锣集团已在全国建立了十余家冷鲜肉加工分厂，拥有大型冷鲜肉分割车间，屠宰分割流程彻底颠覆人们印象中嘶叫震天、满地血水的传统作坊模式，整个过程在卫生、安静、安全的环境中进行。

经过严格检验的活猪宰杀后，肉会被送入预冷间冷却20~24h，使肉温冷却到7℃。与此同时，进行排酸等碳水化合物的同化过程。这一步骤非常关键，经过排酸后的冷鲜肉更加鲜香营养。这一过程完成之后，在0~4℃的温度下对肉品进行加工、包装、运输和销售。

金锣集团为保证冷鲜肉产品质量，制定了严格的监控措施，建立了一套全面的安全检测体系，贯穿食品生产的全过程，全方位确保食品安全。金锣所有的冷鲜肉从生猪进厂到屠宰再到深加工，均需要经过20道检验检疫流程，每一个环节、每一个产品都有质监员负责全程跟踪，从根本上消除安全隐患。

为了适应冷鲜肉在国内的推广，金锣集团积极运用“冷链”技术，严格执行“冷链生产、冷链运输、冷链销售、冷链经营”的冷鲜肉专卖营销模式。在运输、销售过程中，冷鲜肉始终保存在温度为-2~4℃的环境中。肉类加工企业冷链流程如图7-2所示。

2. 实训目标

学生能够根据实训任务的背景资料，结合所学知识要点设计出肉品冷链流程和管理关键点。

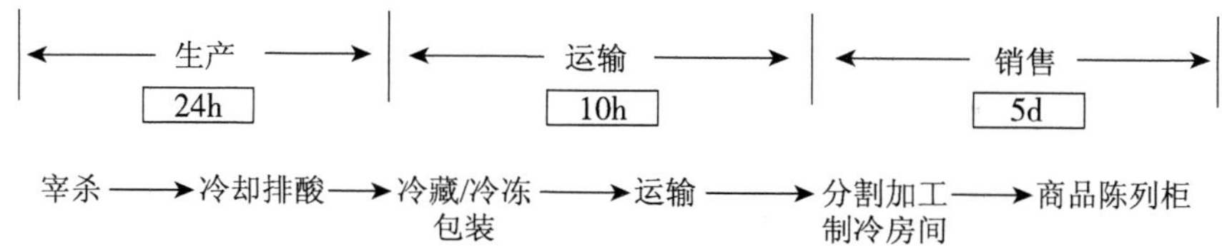

图 7-2 肉类加工企业冷链流程

3. 实训准备

（1）收集相关文献资料。

（2）学生随机分组，以 5~6 名学生一组为宜，各组推选一名组长，组长负责实训任务细分和协调工作。

（3）视频观看或实地调研肉类加工、销售场所，与肉类冷链作业人员进行交流。

（4）教师进行现场指导，体现以学生为主体的教学特色。

4. 实训步骤

（1）以小组为单位开展讨论，总结、归纳肉品冷链流程及要点。

（2）设计肉类加工企业冷链流程。

（3）绘制流程图，并归纳管理要点。

（4）以小组为单位，使用 PPT 进行展示说明。

（5）组间相互点评，教师点评。

5. 实训效果评价

考评内容	考评标准	分值（分）	自我评价（分）	小组评价（分）	教师评价（分）	实际得分（分）
实训完成情况	资料收集针对性强，能够对其进行有效梳理	10				
	冷链流程设计合理，符合规范和要求	30				
	流程图充分体现肉品冷链的关键点	30				
	成果展示中 PPT 制作美观，陈述流畅，分工合理	20				
其他	态度积极、遵守纪律、有团队协作精神	10				
合计		100				

注：实际得分＝自我评价×20%+小组评价×30%+教师评价×50%。

思考练习题

一、选择题

1. 全球肉类产销总量最多的国家是（　　）。

A. 美国　　B. 德国　　C. 中国　　D. 韩国

2. 下列不属于冷鲜肉的特点的是（　　）。

A. 营养　　B. 卫生　　C. 鲜嫩　　D. 保质期短

3. 空气解冻法中，一般在0~5℃空气中解冻称为缓慢解冻，在（　　）空气中解冻称为快速解冻。

A. 0~4℃　　B. 38~41℃　　C. 4~15℃　　D. 15~20℃

4. 在相同储藏温度下，不同肉品的储藏期大致的规律是（　　）。

A. 牛肉>羊肉>猪肉　　B. 猪肉>羊肉>牛肉

C. 牛肉>猪肉>羊肉　　D. 羊肉>牛肉>猪肉

5. 冷冻肉包装材料除了要能防止氧气和水蒸气透过以避免脂肪的氧化酸败外，还必须能适应（　　）急剧的变化，随着冻结或解冻操作而收缩或膨胀。

A. 环境　　B. 温度　　C. 空气　　D. 湿度

6. 刚屠宰的畜禽，肌肉的温度通常在（　　），这种尚未失去生前体温的肉叫热鲜肉。

A. 0~4℃　　B. 38~41℃　　C. 4~15℃　　D. 15~35℃

7. 在低于0℃条件下，将热鲜肉冷却到深层温度为（　　），而不产生冰结晶的肉，称为冷却肉。

A. 0~4℃　　B. 38~41℃　　C. 4~15℃　　D. 15~35℃

8. 肉中的水分部分或全部变冰的过程叫作肉的冻结，温度通常为−18~−2℃。经过冻结工艺过程的肉，其中心温度在（　　），该肉称为冻肉。

A. 0~4℃　　B. −18~−2℃　　C. −25~−2℃　　D. 低于−15℃

9. 畜肉继僵硬之后，肌肉开始变为（　　），肌肉组织柔软嫩化，且口感好，易咀嚼。这个过程为肉的成熟。

A. 碱性反应　　B. 酸性反应　　C. 中性反应　　D. 中和反应

10. 在交通运输条件极其不便、距离较近的情况下，多采用（　　）方式。

A. 铁路运输　　B. 赶行运输　　C. 公路运输　　D. 水路运输

二、判断题（对的打“√”，错的打“×”）

1. 肉类行业属于一个超长持久行业，由于国人的饮食习惯，在相当长的一个时期内，该行业几乎没有被替代的可能性。（　　）

2. 无论何种动物的肉，其化学组成都包括水、蛋白质、脂肪、矿物质和少量的碳水化合物。（　　）

3. 从成本考虑，对冻肉储藏而言，−30℃是比较经济合理的冻藏温度。（　　）

4. 新鲜家畜肉的切面致密，有弹性，用手指按，下陷后能迅速复原。（　　）

5. 肉在供食之前，原则上都要经过成熟过程来改进其品质，成熟对提高肉的风味是完全必要的，成熟肉也易保存。(　　)

6. 任何微生物都具有正常生长繁殖的温度范围，温度越高，它们的活动能力就越弱。(　　)

7. 缓慢冻结的肉类因为水分不能返回到其原来的位置，在解冻时会失去较多的肉汁，而快速冻结的肉类不会产生这样的问题，所以冻肉的质量高。(　　)

三、名词解释

肉类冷链　　热鲜肉　　冷鲜肉　　冷冻肉　　肉的自溶

四、简答题

1. 简述肉类在物流过程中的变化。

2. 简述肉品在运输过程中的注意事项。

3. 肉类冷却的方法有哪些？请适当说明。

4. 请说明冻结速度对肉品质的影响。

五、实训题

制定鲜、冻肉冷链运输管理方案。

【知识拓展：标准及相关政策法规引读】

1. GB/T 19480—2009《肉与肉制品术语》

2. GB/T 22210—2008《肉与肉制品感官评定规范》

3. GB/T 9959. 2—2008《分割鲜、冻猪瘦肉》

4. GB 20799—2016《食品安全国家标准 肉和肉制品经营卫生规范》

5. GB/T 20014. 11—2005《良好农业规范 第 11 部分：畜禽公路运输控制点与符合性规范》

6. SN/T 1883. 2—2007《进出口肉类储运卫生规范 第 2 部分：肉类运输》

7. T/SDYZXCP 006. 503—2023《优质牛肉生产技术规程 第 5 部分：屠宰 贮存及运输》

扫码查看拓展资源

模块八　水产品储运

知识目标

了解水产品的分类及地理分布

了解水产品的特点及储藏过程中品质的变化

熟悉水产品的鲜度及其判断方法

掌握水产品冷藏冷冻保鲜技术

掌握水产品保活运输原理、流程、技术

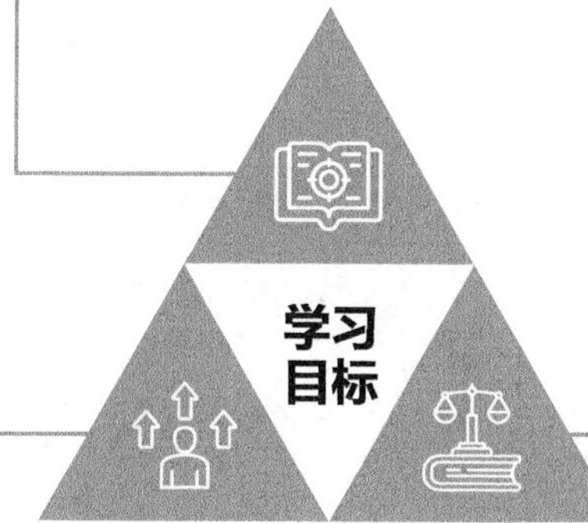

能力目标

能够制定水产品储运方案

能够进行水产品常规储运管理

思政目标

培养社会责任感

培养绿色环保理念

进行规则意识教育

内容导读

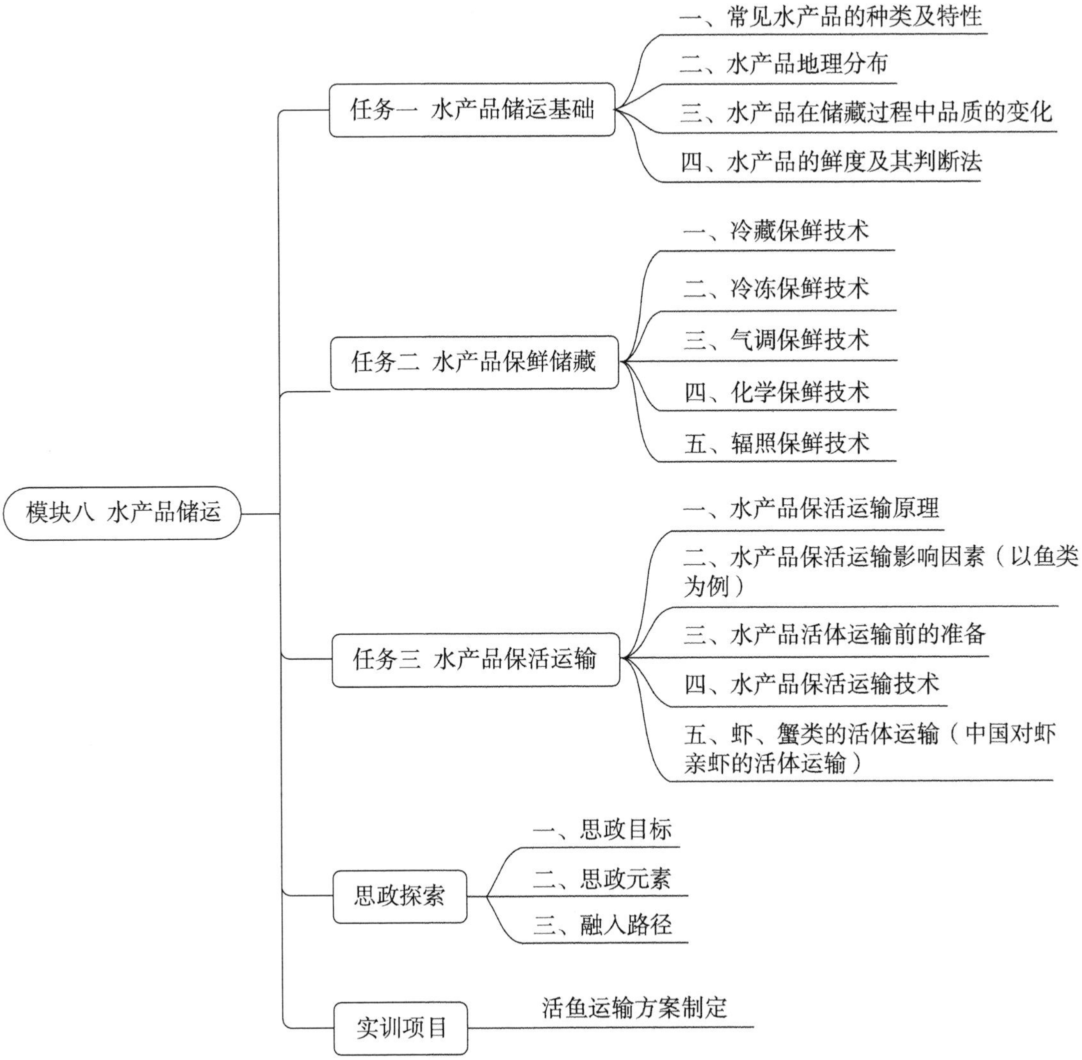

- 模块八 水产品储运
  - 任务一 水产品储运基础
    - 一、常见水产品的种类及特性
    - 二、水产品地理分布
    - 三、水产品在储藏过程中品质的变化
    - 四、水产品的鲜度及其判断法
  - 任务二 水产品保鲜储藏
    - 一、冷藏保鲜技术
    - 二、冷冻保鲜技术
    - 三、气调保鲜技术
    - 四、化学保鲜技术
    - 五、辐照保鲜技术
  - 任务三 水产品保活运输
    - 一、水产品保活运输原理
    - 二、水产品保活运输影响因素（以鱼类为例）
    - 三、水产品活体运输前的准备
    - 四、水产品保活运输技术
    - 五、虾、蟹类的活体运输（中国对虾亲虾的活体运输）
  - 思政探索
    - 一、思政目标
    - 二、思政元素
    - 三、融入路径
  - 实训项目
    - 活鱼运输方案制定

任务一　水产品储运基础

我国是世界水产养殖产量最高的国家。渔业特别是水产养殖业的发展，为满足我国乃至世界水产品消费需求、减少对天然海洋渔业资源的利用和依赖、促进全球渔业资源科学养护和可持续利用作出了重要贡献。但水产品由于含水量高，体组织酶类活性强，容易腐烂变质。

水产资源又称渔业资源，广义指水域资源、水生经济动植物资源，以及从事水产业的劳动力资源和服务于水产业的科技人员与水产业的物质装备资源。狭义仅指水域资源和水生经济动物和植物资源。水产品是全球公认的健康食物，在全球粮食和营养安全中发挥着关键作用。渔业对全球粮食和营养安全以及沿海地区人民的生计具有重要作用，国际社会对此有高度共识。不同种类的水产品其储藏保鲜及保活技术大体相同，但细节上根据特点有所差别。

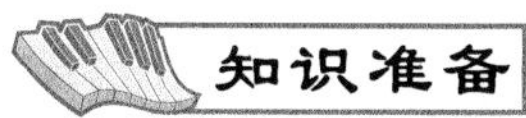

一、常见水产品的种类及特性

水产资源种类繁多，主要的类别有鱼类、甲壳动物类、软体动物类、藻类和哺乳动物类等。鱼类是水产资源中种类数量最大的类群，全世界有两万多种，我国有记录的有2800多种，但全世界主要捕捞的鱼类仅100多种。水产品是海洋和淡水渔业生产的动植物及其加工产品的统称。本书主要以水生动物类水产品为主，常见水产品种类及特性如表8-1所示。

表8-1　常见水产品种类及特性

分类	特性
鱼类	鱼类隶属脊索动物门，无论是海水鱼类还是淡水鱼类，其肌肉中的蛋白质含量都很丰富，同畜禽肉不相上下，而脂肪含量较少，肌肉组织柔软疏松，容易消化吸收，同时还含有丰富的矿物质和维生素。但鱼肉含水分较多，鱼皮较薄，鳞片容易脱落，在捕捞、运输过程中，身体极易遭受损伤，加之鱼体表面的黏液又是极好的细菌培养基，附着于体表的细菌从外伤处侵入鱼体，或从鳃、眼膜、口及其他部位进入体内，大量繁殖，就致使鱼肉逐渐腐败，加之鱼体内酶的活力较强，更加速了腐败的进程
虾类	虾类隶属节肢动物门。虾类肌肉的主要化学成分与鱼类大致相同，蛋白质含量较一般鱼类稍高，无机盐丰富，钙、磷和糖原含量高，但脂肪含量较少，含水分较多，比鱼类更易腐败变质，需要及时冷藏保鲜
蟹类	蟹类隶属节肢动物门。蟹类肌肉的主要化学成分与虾类近似，无机盐中钙、磷含量较高，尤以钙的含量最为丰富。蟹类碳水化合物含量特别高，脂肪也比虾类和一般鱼类丰富。由于蟹类含水量较大，喜腐食，胃肠充塞度高，所以死后也比鱼类更易腐败变质，需要及时冷藏保鲜
贝类	贝类隶属软体动物门。贝类肌肉中的蛋白质和脂肪含量比鱼类稍低，但维生素和无机盐含量丰富，糖原含量高，人体必需的氨基酸含量较高。因而许多贝类都有滋补作用。贝类含水量较高，容易腐败变质，也须及时冷藏保鲜

续　表

分类	特性
乌贼类	乌贼类隶属软体动物门。乌贼类营养价值丰富，属高蛋白食品，也是名贵的滋补品
海胆类	海胆类隶属棘皮动物门，主要有马粪海胆、光棘球海胆、紫海胆等。海胆食品加工指其生殖腺加工，其营养价值高，蛋白质的氨基酸组成也很全面
海参类	海参类隶属棘皮动物门，主要有梅花参、绿刺参、辐肛参等。海参体壁富有肌肉，蛋白质丰富，并含有较多的糖原和人体必需的矿物质，营养十分丰富
海蜇类	海蜇类隶属刺胞动物门。海蜇肉质坚韧，有丰富的营养和独特的风味。海蜇的伞盖体部可加工成海蜇皮，口腕部可加工成海蜇头，均是消费者喜爱的食品。由于海蜇含水量大，加工过程中需要用盐和明矾脱水防腐
龟鳖类	龟鳖类隶属脊索动物门。龟鳖类肉味鲜美，蛋白质含量高，有丰富的人体必需的多种营养成分

二、水产品地理分布

我国重要的水生动物资源主要分布于渤海、黄海、东海和南海四大海区及内陆的江河、湖泊和水库。2022年我国水产品分布前十地区及产量如表8-2所示。

表8-2　　2022年我国水产品分布前十地区及产量　　单位：万吨

地区	水产品总产量	海水产品	淡水产品
广东	894	458.3	435.7
山东	881.3	762.2	119.1
福建	861.4	762.4	99
浙江	621.7	475.4	146.3
江苏	504.9	135.2	369.7
湖北	500.4	0	500.4
辽宁	489.2	402.7	86.5
广西	365.7	215.2	150.5
江西	283.2	0	283.2
安徽	245.5	0	245.5

三、水产品在储藏过程中品质的变化

鱼肉与畜禽肉相比，其肉中肉浆较多，肌肉纤维细致。一般化学组成与水分含量有关，水分含量多，其蛋白质和脂质含量就少，但并不影响其品质。

（一）水产品的化学组成

一般来说，鱼肉的含水量为50%~80%。鱼肉含水量少的脂质含量就高，一般血红肉的水分和脂质之和约为80%；蛋白质含量为20%左右；糖分则非常少，不到1%；灰分含

量可达 1%（见表 8-3）。几种鱼类血红肉占全部肌肉的百分比如表 8-4 所示。以每 100g 可食部计，常见鱼虾贝类食物的组成如表 8-5 所示。

表 8-3　　血红肉和普通肉的一般成分　　单位：%

鱼类	部位	水分	蛋白质	脂肪	灰分
远东拟沙丁鱼	血红肉	70	15.9	12.8	1
	普通肉	72	23.1	2.9	1.4
竹荚鱼	血红肉	73.7	19.3	5.9	1.2
	普通肉	78.2	20.2	1.7	1.3
鳕鱼	血红肉	77.8	18.6	2.5	1.1
	普通肉	78.4	19.9	0.5	1.3

表 8-4　　几种鱼类血红肉占全部肌肉的百分比　　单位：%

鱼种	血红肉所占比例	鱼种	血红肉所占比例
沙丁鱼	23.7	白斑星鲨	6.9
鲽鱼	18.1	鲅鱼	4.5
鲐鱼	15.4	白鲢	7.2

表 8-5　　常见鱼虾贝类食物的组成　　单位：g

种类	水分	蛋白质	脂肪	碳水化合物	灰分
白条鱼（裸鱼）	76.8	16.6	3.3	1.6	1.7
黄鳝（鳝鱼）	78.0	18.0	1.4	1.2	1.4
鲤鱼（鲤拐子）	76.7	17.6	4.1	0.5	1.1
罗非鱼	76.0	18.4	1.5	2.8	1.3
银鱼（面条鱼）	76.2	17.2	4.0	0.0	2.6
黑鱼	78.7	18.5	1.2	0.0	1.6
鲫鱼	75.4	17.1	2.7	3.8	1.0
鳙鱼（胖头鱼、摆佳鱼、花鲢鱼）	76.5	15.3	2.2	4.7	1.3
石斑鱼（红石斑鱼）	76.6	19.9	0.4	1.6	1.5
石斑鱼（黑石斑鱼）	76.4	20.2	1.2	0.9	1.3
石斑鱼（花石斑鱼）	76.1	20.2	0.8	1.7	1.2
海鲈鱼（鲜）	73.2	19.5	3.6	0.4	3.3
对虾	76.5	18.6	0.8	2.8	1.3

续 表

种类	水分	蛋白质	脂肪	碳水化合物	灰分
海虾	79.3	16.8	0.6	1.5	1.8
龙虾	77.6	18.9	1.1	1.0	1.4
基围虾	75.2	18.2	1.4	3.9	1.3
生蚝	87.1	10.9	1.5	0.0	0.5
鲜贝	80.3	15.7	0.5	2.5	1.0
文蛤（鲜）	84.7	9.2	0.7	3.2	2.2

（二）水产品死后的变化（以鱼类为例）

鱼死后会很快发生变化，这些变化错综复杂，大体分为死后僵硬、自溶作用及腐烂三个过程。

1. 死后僵硬

鱼体死后肌肉发生僵硬的现象称为死后僵硬，导致这一现象的主要原因是，糖原在无氧条件下酵解产生乳酸，使三磷酸腺苷（ATP）的生成急剧下降，而ATP又不断分解产生磷酸并释放一定的能量，乳酸和磷酸的形成导致鱼肌pH下降，而当ATP下降到一定程度时，肌原纤维发生收缩而导致肌肉僵硬，当ATP消耗完，能量释放完后，肌肉僵硬也就结束了。在肌肉僵硬期间，鱼的鲜度基本不变，只有在僵硬期结束后，才进入自溶和腐败变化阶段。由于鱼肌僵硬出现的时间和持续的时间均比畜禽类动物快，因此，如果能推迟鱼开始僵硬的时间，并能延长其持续僵硬的时间，便可使其鲜度保持较长时间。

影响鱼僵硬的因素包括以下几个方面。

（1）鱼种。僵硬的开始和持续时间与机体内糖原含量有一定的关系，不同鱼种糖原的含量不同，一般中上层洄游性鱼类比定居性鱼类开始进入僵硬的时间早，并且持续的时间较短。牙鳕在冰藏条件下1h就开始僵硬，大头鳕冰藏2~8h开始僵硬，鲈鲉（又称大洋鲈）经过22h才开始僵硬，这三种鱼在相同条件下僵硬持续的时间分别为19h、18~57h、98h。同样地，如鲐鱼等生命力很强、活性旺盛的鱼类，会在死后更短的时间内进入僵硬期。另外，同种鱼，个体小者死后僵硬较快。

（2）鱼的生理条件。捕获之前营养状况不良的鱼或产卵后的鱼，从死后到开始僵硬之间的时间较短，僵硬持续的时间也短。此外，捕获前能量消耗较大者，由于糖原分解较多，死后会较快地进入僵硬期，如先捕获入网者或死前挣扎疲劳程度较强者，死后进入僵硬较快，僵硬期也较短。同样地，对捕获物处理不当，如强烈的翻弄或使鱼体损伤，都会加快其僵硬。因此，鱼体捕获后应予以立即宰杀或低温冷藏处理，以降低挣扎和能量消耗所带来的不利因素，延长僵硬期的到来。

（3）温度。鱼体死后的储藏温度是决定其僵硬开始时间及僵硬持续时间的重要因素。一般而言，温度越低，僵硬开始和持续的时间也就越长。表8-6为鲽鱼在不同温度条件下的僵硬情况。

表 8-6　　蝶鱼在不同温度条件下的僵硬情况

鱼体温度（℃）	开始僵硬时间（h）	僵硬持续时间（h）
35	0.1~0.2	0.5~0.7
15	2	16
10	4	36
-1	35	84

鱼体在僵硬前速冻比僵硬后再速冻僵硬持续的时间更长，有利于保鲜期的延长。若在僵硬之前将鱼煮熟，其组织质地会非常软且口感呈糊状，而在僵硬中煮熟，则组织坚韧，若在僵硬结束之后煮熟，则肉质变得紧密、多汁而富弹性。

（4）致死方法。迅速致死的鱼，比剧烈挣扎、疲劳致死的鱼进入僵硬期晚，僵硬持续时间更长，有利于保藏。

2. 自溶作用

鱼体经过一定时间的僵硬期后就会解僵变软，在鱼体内组织蛋白酶的作用下，鱼肌中的成分逐渐发生变化，蛋白质分解成肽，肽分解成氨基酸，所以，非蛋白氮含量明显增加，游离氨基酸可增加 8 倍之多，此时，肌肉组织变软，失去弹性，pH 比僵硬期有所上升。这些特点，为细菌的生长繁殖提供了良好的条件，鱼体的鲜度也就随之下降，因此，必须采取有效的保鲜措施，否则将很快进入腐败阶段。

影响自溶作用速度的因素有鱼种、pH、盐类和温度等。

对于兽类肉，经过僵硬之后进入自溶时食用为宜，即成熟才可食用。与此相反，鱼肉比畜禽肉柔软而富含浆汁，细菌易侵入而致腐败，故鱼肉在僵硬期其新鲜度更好。

3. 腐败

随着自溶作用的进行，黏着在鱼体上的细菌已开始利用体表的黏液和肌肉组织内的含氮化合物等营养物质而生长繁殖至自溶作用的后期，pH 进一步上升，达到 6.5~7.5，细菌在最适 pH 下生长繁殖加快，并进一步使蛋白质、脂肪等成分分解，使鱼肉腐败变质。所以，腐败与自溶作用之间并无十分明确的分界线。

影响鱼类腐败速率的主要因素是温度和鱼种。

（1）温度。温度对腐败阶段中酶的活性和微生物的生长都有明显的影响，在 0~25℃ 的温度范围内，温度对微生物生长繁殖的影响大于对酶活性的影响，随着温度的下降，对微生物的抑制能力明显大于酶活性的失活。不同温度下的货架寿命可用腐败的相对速率（*RRS*）来表示：

在温度 T 时腐败的相对速率（*RRS*）= 温度在 0℃ 时保持的时间/在温度 T 时保持的时间

不同海产品储存在不同温度下的货架寿命和腐败的相对速率如表 8-7 所示，一般情况下温度对 *RRS* 的影响在新鲜鱼类方面是相似的。

表8-7　　不同海产品储存在不同温度下的货架寿命和腐败的相对速率

种类	0℃		5℃		10℃	
	货架寿命（天）	*RRS*	货架寿命（天）	*RRS*	货架寿命（天）	*RRS*
蟹腿	10.1	1	5.05	1.8	2.6	3.9
鲑鱼	11.8	1	8	1.5	3	3.9
乌鲂	32	1	—	—	8	4
包装大头鳕	14	1	6	2.3	3	4.7

（2）鱼种。不同鱼种的腐败速率不同，一般个体小的鱼比个体大的鱼易腐败；含脂量高的鱼种比含脂量低的鱼种易腐败；圆筒形鱼种比扁平形鱼种易腐败。

四、水产品的鲜度及其判断法

（一）鱼类的感官鉴定方法

鱼类的品质应根据鱼鳃、鱼眼、表皮及鱼肉组织的状态来判断。

1. 鱼鳃的状态

新鲜的鱼，鱼鳃的色泽呈鲜红色或粉红色，鳃盖紧闭，黏液少并呈透明状，没有臭味。不新鲜的鱼，鳃呈灰色或苍灰色。腐败的鱼，其鳃呈灰白色，有黏液。

2. 鱼眼的状态

新鲜鱼的眼澄清透明，并且很完整，向外稍突出，周围没有因充血而发红的现象。不新鲜的鱼，眼会塌陷，色泽灰暗，有时由于内部溢血而发红。腐败的鱼，眼球易破裂，并且移动位置。

3. 表皮的状态

新鲜鱼的表皮上黏液少，体表清洁，鱼鳞紧密、完整而有光泽。不新鲜甚至腐败的鱼，表皮黏液量增多，鱼鳞色泽发暗，鳞片松动。

4. 鱼肉组织的状态

新鲜鱼的鱼肉组织紧密而有弹性，用手指压一下，凹陷处立即平复，鱼的肛门周围呈一圆坑形，硬实发白，肚腹不膨胀。不新鲜的鱼，肉质松软，肉与骨易脱离，指压时凹陷部位难以复原，鱼的肛门突出，同时肠内充满因细菌活动而产生的气体并使肚腹膨胀，有臭味。

（二）理化判断法

水产品鲜度可用鱼类中的细菌数作为判断依据，这种判断法称为细菌判断法。该方法主要以每克肌肉中含活菌数量进行判断，操作复杂，要测出结果需要较长的时间，故实用性差。其他还有物理的或化学的方法。前者是通过对鱼的硬度和电传导程度，鱼肉抽出液的黏度、pH及流动双折射等方面进行测定，以判断其新鲜程度。但由于不同鱼的品种、个体、部位等差别很大，故不大实用。后者是经常采用的比较精确的一种方法，它是通过对挥发性盐基氮、有机酸、还原性物质等的测定来判断鱼肉的新鲜程度。

资料阅读

鱼　毒

鱼毒又称鱼肉毒素。实际上它是一类物质，主要表现为鱼肉中毒。

人吃了以有毒海藻为饲饵的鱼就会引起中毒，也有鱼体自身会产生毒素。一些人食鱼后中毒的初发症状是口唇、舌、咽喉产生刺痛感，继而这些部位出现麻木。另一些人开始的症状是恶心、呕吐、口干、腹绞痛、腹泻、头痛、寒战、发烧和周身肌肉痛，后至全身无力，日趋严重，直到不能走路。

鱼毒大多是脂溶性物质，一般烹调不能破坏，干燥也不会失活。经初测，其中一种鱼肉毒素的实验分子式为 $C_{35}H_{65}NO_8$。最烈性的鱼毒是河豚毒，它是由河豚的生殖腺、肝等组织产生的神经毒素，患者严重的可能在 24h 内死亡。

任务总结

水产资源又称渔业资源。我国的沿海和内陆水域辽阔，水产资源非常丰富而且品种繁多，主要的类别有鱼类、甲壳动物类、软体动物类、藻类和哺乳动物类等，主要分布于渤海、黄海、东海和南海四大海区及内陆的江河、湖泊和水库。以鱼肉为例，鱼肉与畜禽肉相比，其肉浆较多，肌肉纤维细致。鱼类死后会很快发生变化，这些变化错综复杂，大体分为死后僵硬、自溶作用及腐败三个过程，这些变化与鱼种、鱼的生理条件、温度、致死方法等因素有关。水产品的鲜度可根据感官和理化指标进行判断，感官鉴定可根据鱼鳃、鱼眼、表皮及鱼肉组织的状态来判断；水产品鲜度还可用鱼类中的细菌数作为判断依据，这种判断法称为细菌判断法。了解水产品分布及产品特性，对在水产品物流中保持产品鲜度和活度有重要意义。

任务二　水产品保鲜储藏

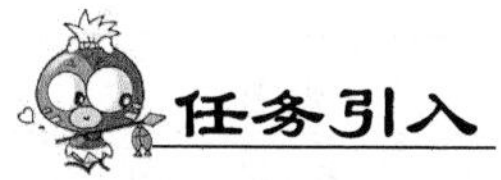

某年夏天，位于沿海城市的一个居民区发生了一起群体性食物中毒事件。据调查，该社区居民张阿姨在本地菜市场购买了一些降价促销的海鱼，由于价格低廉，她一次性购买了很多，并储存在家中冰箱内。由于冰箱冷藏条件有限，加上鱼类产品储存不当，部分鱼肉在高温环境下逐渐变质。周末家庭聚会时，张阿姨及其家人误食了部分已经开始腐烂的鱼肉，不久后相继出现了剧烈腹痛、恶心、呕吐、腹泻等症状，其中张阿姨的儿子还出现了脱水迹象和短暂昏厥。家人迅速意识到可能是食物中毒，立即拨打急救电话将患者送往医院。

任务分析

水产品在捕捞后，如果不及时处理，很容易腐烂，且部分变质水产品食用后可能引起中毒。其原因是多方面的：未及时清洗处理，带着容易腐败的内脏和鳃运输；捕获时造成水产品死伤，增加细菌侵入肌体的机会；水产品的肌肉组织较松软，水分含量高，组织蛋白酶活性较强，死后僵硬期短，自溶作用迅速发生，很快造成腐败变质；鱼体外皮薄，鳞容易脱落，细菌容易从受伤部位侵入；鱼体表面被覆的黏液，是细菌良好的培养基，细菌的生长繁殖使水产品迅速腐败变质。这些易腐因子显示水产品在捕捞后，或以活体状态运输，或置于保鲜保活环境，才能保持其鲜活度，否则会带来巨大损耗。

知识准备

水产品保鲜是指对水产品在生产和流通过程中采取一定的物理、化学方法以保持其良好新鲜度的生产技术措施。保鲜方法主要有冷藏保鲜、冷冻保鲜、化学保鲜、辐照保鲜和气调保鲜等，生产上采用最多、最有效的方法是冷藏保鲜和冷冻保鲜。

一、冷藏保鲜技术

调查和研究资料表明，刚刚捕捞的鱼在常温下鲜度曲线下降很快，在我国东海和黄海区作业的对拖渔轮，船上处理鱼货的流程是洗净、拣鱼、装箱、冷藏，鱼的体温直接决定鱼的鲜度。例如，捕获后立即冷却到0℃，第八天才开始达到初期腐败，而放置在20℃鱼舱的鱼，不到一天就开始腐败，这说明捕获的鱼越早冷藏，鲜度下降越慢，从而显示了捕获后立即冷藏既能保鲜又能延长储藏期限。水产品冷藏温度与保鲜时间的关系如表8-8所示。

表8-8　水产品冷藏温度与保鲜时间的关系

水产品	处理方法	温度（℃）	储藏期限（天）
鲈鱼	—	0	12
蓝鳕	—	0	6~7
鲇鱼	去除内脏	0	9~10
黑线鳕	去除内脏	0	10~11
无须鳕	去除内脏	0	11~12
鲭鱼	去除内脏	0	10
蟹	—	4.5	5
蟹	真空包装	4.5	7
干贝	带壳	0	7

续　表

水产品	处理方法	温度（℃）	储藏期限（天）
干贝	去壳	0	9
牡蛎	去壳	0	12
对虾	去头	0	6~7
对虾	煮熟	0	7
墨鱼	—	0	7
墨鱼	去除内脏	0	8

根据水产品适宜温度和储藏期限，在冷藏保鲜技术中我们通常采用冷却保鲜技术和微冻保鲜技术。冷却保鲜包括空气冷却法、冰冷却法、冷海水和冷盐水保鲜法等；微冻保鲜包括冰盐混合微冻、吹风冷却微冻和低温盐水微冻等方法。

（一）水产品的冷却保鲜技术

冷却保鲜是将鱼品温度降低到接近冰点，但不冻结的保鲜方法。一般温度在 0~4℃，是延长水产品储藏期广泛采用的方法。鱼类捕捞后采用冷却法可保藏 1 周左右，冷却温度越低，保鲜期越长。冷却鱼的质量和储藏期，取决于原料质量、冷却方法、冷却持续的时间和储藏条件。

1. 空气冷却法

空气冷却一般在温度为-1~0℃的冷却间内进行，冷却间蒸发器可用排管或冷风机。空气是常用的气体冷却介质，其具有方便、零费用的优点。但空气的对流传热系数小，冷却速度慢，不能大批量处理水产品，且长时间作用容易引起水产品干耗和氧化，并会使冷却装置凝水或结霜等。因此，该法一般只在水产品加工厂用于加工前短时间的原料储放。

2. 冰冷却法

冰是一种很好的固体冷却介质，每千克淡水冰融化成水要吸收约 335kJ 的相变潜热，可使水产品迅速冷却。且其价格低廉、与水产品接触无害、易携带和储藏，不仅能使水产品冷却，而且在冷却过程中能保持水产品湿润、有光泽，避免干耗现象，因而特别适宜冷却水产品。

常用的水产品冰冷却法有干冰法和水冰法。

（1）干冰法（撒冰法）

干冰法又称撒冰法，是将碎冰直接撒到鱼体表面的保鲜方法。此法操作简便，冰融水可清洗鱼体表面，除去细菌和黏液，并保持湿润，防止干耗氧化。该方法是历史最长、应用最广的冷却保鲜方法，也叫冰藏保鲜法。

鱼体在冰中的冷却，主要是利用冰、冰融水以及留在冰和鱼体空隙间的冷却空气共同作用完成的。冷却初期，冰和鱼体间存在较大的温度差，冰迅速融化，棱角减少，冰和鱼的接触面增加，鱼体冷却速度加快。随着鱼体温度下降，其与冷却介质间的温差减小，冷却速度逐渐减缓。

流程如下：①常采用聚苯乙烯保温箱或塑料箱等，底部开融冰水流孔，先在容器底部和内壁铺撒上5~10cm厚的碎冰（垫冰、堆冰）。②小型鱼类一般不做处理，以整条的方式撒冰装箱（大型鱼类要去鳃、剖腹、去内脏、洗净，并在腹内填碎冰），把鱼背向下斜放便于冰水流淌，逐条紧密排列码放在冰层上。③在鱼层上撒一层冰（添冰），层鱼层冰排三层，然后在最上部撒一层较厚的碎冰（盖冰），箱体堆积高度以七层为宜。

注意事项：①整个加冰装箱过程时间应尽量短，冰量要充足，撒冰要均匀，层冰层鱼，不可脱冰。②散舱堆装鱼时，应先在鱼舱底部、渔船衬板、舱侧、鱼层间及最上层鱼面上加足冰。返港时，鱼体上须有余冰。③宜薄冰薄鱼。④用硫酸纸或玻璃纸将鱼逐条或分箱隔开，保证融水能从容器和鱼舱中排出。⑤随时对融水温度、颜色和气味进行观察，随时调整，一般采用冰冷却时流出融水的温度是5~8℃。⑥根据经验，维持低温的用冰量一般与鱼量相等。

（2）水冰法

水冰法是把渔获物在加冰预冷至0℃、-1℃的淡水或海水中浸泡的冷却方法。该法与干冰法相比冷却速度更快，能集中处理大批量的鱼货，适用于死后僵硬快或捕获量大的鱼。其中，海水加冰通常用于海水鱼，可保护鱼体色泽，防止色变。在海水中加入淡水冰会使其盐度下降，故加冰同时要加盐，或将冰放入聚乙烯袋中加入，以保持其盐度不变。

由于鱼体长时间浸泡会吸水膨胀，体质发软，易腐败变质。因此，水冰法多用于冷藏前期的迅速降温。待鱼体冷却到0℃时立即取出，改用撒冰保藏。

3. 冷海水和冷盐水保鲜法

冷海水和冷盐水保鲜法是采用-1~0℃的冷却海水或冷盐水浸渍、喷淋渔获物的保鲜方法，多用于渔船和罐头厂的渔获物和原料保鲜，生产时鱼与水的比例一般为7∶3。冷海水和冷盐水可通过机械制冷方法得到。渔船上一般宜用制冷机和碎冰相结合的供冷方式进行海水冷却，可节省动力消耗，提高船上空间利用率。该法比冰冷却法能更准确地控制鱼体温度，处理批量大，冷却速度快。不需要层鱼层冰堆放，劳动强度低。能减少冰块挤压导致的鱼体机械损伤，并可避免储冰带来的各种不便。但其需要制冷和载冷设备，船舱的隔热、水密及耐腐蚀等要求也相对较高。

冷海水保鲜法主要应用于围网渔船上层鱼类的保鲜和拖网渔船鱼类冻结前的预冷，把鱼体温度冷却至0℃左右，取出后改为撒冰保藏，也可在冷海水中冷却保藏，但时间不超过3~5天。

4. 冷却保鲜注意事项

（1）鱼捕获后尽快用清洁水冲洗鱼体，去鳃及内脏，洗净血迹污物，防止细菌污染。

（2）理鱼要及时迅速，按品种大小分类，选出压坏破损的鱼，剔除不能食用和有毒的鱼，将易变质鱼先处理，避免长时间积压。

（3）尽快加冰装箱，用冰量要充足，冰粒要细，撒冰要均匀，不可脱水，最上部要加一层盖冰。

（4）鱼货避免过量堆积。堆积过高，下面的鱼会被压烂。散舱最好用活动搁板堆鱼，如果不用，最多只能堆3层，再往上堆要搭搁架。

（5）冷却鱼融化的冰水流到下面鱼体上会污染鱼的表面，可用硫酸纸或玻璃纸将鱼逐条或分箱隔开，并要切实保证融水能从容器和鱼舱中排出。

（二）水产品的微冻保鲜技术

微冻保鲜是将水产品的温度降到略低于其细胞汁液的冻结点，并在该温度下进行保藏，通常采用-3～-2℃冷却，使鱼体水分处于部分冻结状态的保藏方法。它比冰藏和冷海水保藏的保藏期长，保鲜效果好，尤其对耐冻性差的底栖鱼类和淡水鱼保鲜效果更为显著。在微冻状态下，水产品中有部分水分被冻结，表层会有一层冻结层，故该方法又称部分冷冻法。常用的水产品的微冻保鲜方法包括冰盐混合微冻、吹风冷却微冻和低温盐水微冻。

1. 冰盐混合微冻

冰盐混合物是一种最常见的简易制冷剂，冰和盐对水产品是无毒无害的物质，价格低，使用安全方便。当盐与碎冰混合，盐溶解和冰融化都要吸收热量。这两种吸热作用使冰盐混合物在短时间能吸收大量的热，从而使温度迅速下降，获得比冰低得多的温度。其可达到的温度，与冰中掺入盐的量有关。当盐量为冰的 29%时，最低温度可达-21℃。但须注意的是，盐加入过多，易渗透到鱼体中，使其变咸。一般要达到-3℃的微冻温度，可在冰中掺入 3%的盐。此外，要得到最好的冷却冻结效果，还应注意将冰盐混合均匀。由于冰融化快，冷却温度也低，冰融化后，冰水吸热，温度回升，鱼贝类温度的回升也快。因此，在冰盐微冻过程中需要补充冰和盐以保持温度。该法简便、投资少、鲜度好，但会改变鱼的含盐量，且易腐蚀设备。

2. 吹风冷却微冻

用制冷机将冷却的风吹向渔获物，使鱼体表面的温度达到-3℃，此时鱼体内部一般在-2～-1℃，然后在-3℃的舱温中保藏，保藏时间最长可达 20 天。该方法需要制冷机，其设备简单、冷却速度较慢、均匀性较差，且会造成鱼体表面干燥。

3. 低温盐水微冻

将渔获物浸入预冷至-5～-3℃的低温盐水（清洁海水加盐）中，冷却到体表温度-5～-3℃，此时鱼体中心温度为-3～-2℃，再将渔获物转移到-3℃的保温舱中保藏。由于盐水放热系数大，一般为 350～450W/（m^2·℃）［空气为 12W/（m^2·℃）］，其冷却与冻结速度较快。特别是对批量大或有一定厚度的鱼，将渔获物浸入低温盐水中进行冷却，可使鱼体温度迅速下降、致死。在短时间内温度降到鱼的冻结点附近，不仅有利于鲜度的保持，而且形成的冰结晶小且分布均匀，可减少肌肉组织的机械损伤和蛋白质空间结构的破坏。该方法处理渔获物效率高、鱼体降温快、鲜度好、操作简便，但会使鱼体含盐量增加和失重。盐水微冻工艺的关键在于选择适当的盐水浓度、浸泡时间和盐水冷却温度。如果盐水浓度高，在共晶点范围内，凝固温度低于盐水温度，在-5℃时不会结成冰，有利于传热冷却，可避免制冷系统的堵塞。但浓度过高，盐水与水产品之间的渗透压增大，使水产品偏咸。同时，水产品中的蛋白质大部分是盐溶性肌球蛋白，含盐量的增加会使蛋白质保水能力下降而沉淀析出并引起变性。但反之如果盐水浓度过低，为了避免结冰引起制冷系统堵塞，则要求温度不能降得太低，冷却时间就要相对延长。根据经验，一般采用的盐水浓度为 10%，盐水冷却温度为-5℃，鱼与盐水之比为 7∶3，浸泡时间为 3～4h。

4. 微冻保鲜的优缺点

微冻保鲜的优越性在于：所需设备简单，费用低，且能有效抑制细菌繁殖，减缓脂肪氧化，延长保鲜期，解冻时汁液流失少，鱼体表面色泽好，所需降温耗能少等。其缺点是：操作的技术性要求高，特别是对温度的控制要求严格，稍有不慎就会引起冰晶对细胞的损伤。关于微冻保鲜引起的蛋白质变性问题，有两种不同观点。德国食品研究所认为微冻将引起蛋白质严重变性，而日本水产研究所则认为微冻不会引起蛋白质变性，相反，与-10℃的保藏条件相比，蛋白质变性减轻。这个问题目前尚存争议。

微冻保鲜抑制微生物增殖的效果肯定优于0℃保鲜，但解冻后带来了新的问题。微冻温度带来的最大难题就是容易生成冰晶，这种影响表现在微冻保鲜鱼解冻之后更容易腐败。鲜鱼直接储于0℃的环境中达到腐败的时限是15天，-20℃冻结鱼解冻后储于0℃的环境中达到腐败的时限是20天。微冻鱼在储藏中，尽管活菌数的减少情况与在-20℃条件储藏相同，但解冻储藏后，几天就会腐败。用显微镜观察微冻鱼和冻结鱼肌肉组织的形态，发现-20℃鱼肌肉组织因冰晶长成造成细胞脱水并缩小；但在微冻鱼肌肉中，冰晶破坏了一部分组织，并使一部分汁液流失。解冻后，微冻鱼与-20℃冻结鱼相比较，微冻鱼组织复原的情况很差，细胞吸水不充分。肌肉组织破损很严重，更易于细菌的侵入和增殖，因而推断出这是微冻鱼更容易腐败的原因。

二、冷冻保鲜技术

在冷却和微冻保鲜所达到的低温条件下，酶和微生物的作用仅受到一定的抑制而减缓，却并未终止，这些作用仍会在一段时间后引起水产品品质劣化和腐败变质。因此，通常只能作为水产品的运输、加工和销售前的短期储藏。要达到长期保藏的目的，必须将温度降到更低，使水产品体内大部分水冻结成冰，即进行冻结处理，以减少微生物活动和生化变化必需的液态水分，然后在相应的温度下冷冻储藏，这就是冷冻或冻藏保鲜。

（一）冻结技术

水产品冻结过程最大的特点是固液两相并存，并存在一个随时间变化的从液态向固态转变的相变过程。一般在水产品冷冻保鲜过程中，只要求大部分的水分冻结，通常品温在-18℃以下即可达到储藏要求。常用的水产品的冻结方法主要包括：空气冻结法、间接接触冻结法、直接接触冻结法。

1. 空气冻结法

空气冻结法是利用空气作为介质冻结水产品。在冻结过程中，冷空气以自然对流或强制对流的方式与水产品换热。由于空气的导热性差，与食品间的换热系数小，故所需的冻结时间较长。但是空气资源丰富，无任何毒副作用，其热力性质早已为人们熟知，因此，用空气做介质仍是目前应用最广泛的一种冻结方法。

（1）静止空气冻结法

此法利用低温空气自然循环进行冻结。冻结室上部装有冷却盘管，下部为冷却管架。将鱼类等装盘后置于管架上，通过-30～-25℃的空气自然对流冻结鱼体。该方法设备简单，但冻结速度慢，鱼体易干耗，已很少使用。

（2）吹风冻结法

吹风冻结法即以强制的冷空气流吹经鱼体以提高冻结速度，吹风方式有间歇式和连续式。常见的吹风冻结法有管架式鼓风冻结、隧道式送风冻结和流态化冻结等。

2. 间接接触冻结法

此法指把水产品放在由制冷剂（或载冷剂）冷却的板、盘、带或其他冷壁上，与冷壁的一个或两个平面直接接触，但与制冷剂（或载冷剂）间接接触进行冻结。与吹风冻结法相比，传热效果更好，且无须配置风机。按照结构形式，有平板冻结法、回转冻结法、钢带冻结法等。其中，平板冻结法是水产品加工中应用最广泛的冻结方法之一。

平板冻结是将物料放在低温金属冻结板之间压紧进行热交换的一种接触式冻结方法。冻结装置由可以移动调节间距的金属平板组成，板内通以制冷剂（或冷却盐水）使之循环。冷却温度可降至-40～-25℃，冻结时板间压紧，间距为5～10cm。常用的平板冻结机分为立式和卧式两种。

（1）卧式平板冻结机（见图8-1）

图8-1　卧式平板冻结机

卧式平板冻结机由包括压缩机在内的制冷系统和液压升降装置组成。每台平板冻结机设有多块水平安装的冻结平板，也就是制冷系统中的蒸发器。平板通常是内部具有管形格栅的铝合金空心板，制冷剂或不冻液在管内流动，平板两面均可传热。液压系统可移动平板进行进出货操作，并在冻结时使水产品与平板紧密接触。由于水产品夹在平板中，两面同时进行冻结，因此冻结速度快。厚度为6～8cm的鱼品，一般2～4h即可冻好。常用来冻结鱼片、对虾等小型水产品或形状规则的鲸肉、鱼糜等包装品。

（2）立式平板冻结机（见图8-2）

结构与卧式平板冻结机基本相似，但其平板是直立平行的，形成一系列箱状空格。冻结时不采用鱼盘，而是散装倒入，不需要事先装盘或包装，广泛用于海上整鱼的冻结。

3. 直接接触冻结法

直接接触冻结法是将载冷剂或冻结剂直接浸渍或喷淋于水产品上的冻结法，即用冷却的液体或制冷剂，如冷盐水、液态氮、液态二氧化碳、丙二醇等，浸渍或喷淋水产品使之冻结。这种方式可获得较快的冻结速度。直接接触冻结法由于载冷剂和冻结剂与水产品直接接触，所以对它们有一定的限制，特别是与未包装的水产品接触时。这些限制包括无毒、纯净、无异味、无外来色泽或漂白剂、不易燃、不易爆，且不应改变水产品原有的成分和性质。常见的有盐水浸渍冻结和液氮喷淋冻结。

图 8-2　立式平板冻结机

（1）盐水浸渍冻结

将水产品放入冷却盐水或丙二醇等溶液进行直接接触的一种冻结法。盐水有氯化钠溶液或氯化钙溶液。水产品的盐水浸渍冻结分为直接接触和间接接触两种。

直接接触冻结是将水产品浸在盐水里或向水产品喷淋盐水进行冻结。所用盐水是饱和的氯化钠溶液，冻前将其温度降至-18℃，待水产品中心温度降至-15℃时，冻结完毕。然后将水产品移出，迅速用清水洗淋，进行包装，冻藏。如采用浸在盐水里的冻结方法，则盐水是流动的，冻前应将水产品进行预冷。此法的优点是冻结速度快；缺点是容易损伤水产品的皮肤、鳞片，外观不佳，肉质偏咸，储藏时脂肪加速氧化，与盐水接触的设备易被腐蚀，盐水受血液、碎肉等的污染须经常更换。

间接接触冻结所用的盐水是氯化钙水溶液，通过搅拌器（循环泵）的强制作用，盐水在池内不断循环流动，并经过蒸发器冷却，保持均匀的低温状态。将待冻结的水产品洗涤后，装入桶内（冰桶），并浸于盐水池（切勿使盐水进入鱼桶）中进行冻结。因氯化钙盐水共晶点（-59℃）低，通常将其降至-30～-20℃下进行冻结，冻结水产品的时间为 6～8h。此法的优点是冻结速度比空气冻结快，又避免了盐分渗入水产品，缺点是盐水接触的所有容器、设备都易受腐蚀作用。

（2）液氮喷淋冻结

该方法是使水产品直接与喷淋的液氮接触而冻结的方法。液氮在大气压下的沸点为-196.56℃，当其与水产品接触时可吸收 199kJ/kg 的蒸发潜热，再加上升温吸收的显热，可使水产品以极快的冻结速度冻结。冻结速度比平板冻结提高 5～6 倍，比空气冻结提高 20～30 倍。采用液氮喷淋冻结，冻品质量好、干耗小。以牡蛎单体冻结为例，吹风冻结干耗为 8%，而液氮喷淋冻结干耗只有 0.8%。由于氮气是惰性气体，可隔绝空气中的氧气，对含有高度不饱和脂肪酸的鱼来说，冻结过程中不易发生氧化。且该装置效率高，占地面积小。但其缺点是由于冻结速度快，水产品表面与中心瞬时温差过大，大个体冻品易造成

龟裂，所以冻品厚度应控制在约60mm为限。此外，冷媒回收困难，成本较高。因此一般用于小批量生产、新产品开发、临时或季节性生产，以及冻结高档水产品。

（二）冻藏技术

水产品通过冻结处理，要想长期保持其鲜度，必须立即在能保持其当前状态的低温下储藏，即冻藏。根据大量实验总结出的冻结食品的可接受性与冻藏温度、冻藏时间的关系可知，冻结食品的品质变化主要取决于冻藏温度。大多数冻结食品的品质稳定性或食用储藏期随着冻藏温度的降低呈指数关系增大，温度越低，品质保持时间越长。一般冻藏温度设置为-30～-18℃，美国学者认为水产品的冻藏温度应在-29℃以下，欧洲多采用由英国所推荐的鱼类制品储藏温度-30℃。日本为了保持金枪鱼的鲜红色，采用了-40℃以下的超低温冻藏。国际冷冻协会推荐水产品的冻藏温度为：少脂鱼类（鳕鱼等）为-20℃，多脂鱼类（鲐鱼等）为-30℃。而我国冷库一般采用最经济的-18℃。

通常，在此条件下冻结，水产品中90%以上的水分已冻结成冰，由细菌的外源性酶引起的细菌性腐败停止了，由水产品本身内源性酶导致的体内化学组成的降解和氧化等也变得相对缓慢，故可进行较长时间的储藏。但是由于冻藏的时间一般较长，在该期间因为冻藏温度的波动、空气中氧气的作用等，仍会缓慢地发生一系列物理和化学变化，如冰晶生长、干耗、蛋白质变性、脂类和色素的氧化、酶促和非酶色变等。这些变化的积累会对冻藏水产品的品质产生显著影响，使其品质劣化。

三、气调保鲜技术

气调保鲜技术之所以领先于传统的冷藏、冷冻保鲜技术，最关键的区别就在于是否是真正意义上的“保鲜”。相对于传统的冷藏、冷冻保鲜而言，气调保鲜是保鲜产业的一场替代性革新。传统的冷藏、冷冻保鲜是将温度降至冰点以下，通过抑制微生物的活动而达到保鲜效果。冷冻食物食用时要先行解冻，因此对储藏物的新鲜度、味感和营养均有很大的破坏，特别是储藏物脱离冷藏、冷冻环境后，其成熟腐败过程会加快，必须尽快食用。这是因为冰的体积比水大，当细胞内所含的水分在低温下结成冰时就会使其细胞膜壁遭到破坏，受热融化后也不具备细胞的生命特征，所以与活体状态下的保鲜相比有着极大的区别。

四、化学保鲜技术

化学保鲜指在水产食品中添加对人体无害的化学物质来延长其保鲜时间的一种方法。鉴于化学物质种类繁多，其抑制细菌生长繁殖和保持食品品质的机理也多不相同，根据化学物质在保鲜中所起作用，添加的化学物质基本上可分为以下几类。

（1）防腐剂。能抑制微生物的生理活动，使食品保质期延长，常用的有苯甲酸钠和山梨酸钾等。

（2）杀菌剂。能有效地杀灭食品中微生物，主要是通过氧化还原反应导致微生物死亡，常用的有次氯酸钠和过氧乙酸等。

（3）抗氧化剂。能防止或延缓食品氧化变质。常用的抗氧化剂分为水溶性和油溶性两大类，包括BHT（二丁基羟基甲苯）、TBHQ（特丁基对苯二酚）和植酸等。

（4）抗生素类。抗生素可用来抑制和杀灭微生物，延长食品保质期，常见的抗生素主要有枯草杆菌素和乳酸链球菌素等。这些抗生素的特点是杀菌效率高，是一般化学防腐剂的 100～1000 倍，具有一定的选择性。

五、辐照保鲜技术

辐照保鲜是主要利用钴 60、铯 137 等放射性元素的 γ 射线以及电子束加速器和 X 射线来辐照水产品，使产品内部的水和其他物质发生电离，产生游离基团，杀灭有害物质，从而保鲜产品的方法。辐照后可延长水产品货架期，减少采后损失。

水产品若要保持其优良品质，一直持续到消费者手中，就必须使其从生产到消费之间的各个环节都保持在适当的低温状态。这种从生产到消费之间的由连续的低温环节组成的流通体系，即冷链。根据水产品保藏的温度不同，水产冷链可分为“冰鲜冷链”（0～2℃）、低温冷链（-25～-15℃）、活体运输冷链（-16～4℃）和“超低温冷链”（-45℃以下）。对水产品来说，低温冷链常由以下环节组成：渔船→陆上加工厂→冷藏库→冷藏运输工具（车、船等）→调剂冷藏库→冷藏或保温车→ 商场冷藏展示柜→家用冰箱。在此过程中，一般水产品在冻结前多处于冷却保鲜状态，为了保持新鲜品质，应尽量缩短这段时间，尽快进行冻结处理，并在冻结后转入冻藏，在以后的环节中保持相应的温度。冰鲜冷链不包含冷冻环节，一般用于短期周转和就近流通供应，在养殖鱼类、生鲜品储藏运输和加工配送中应用广泛。

在发达国家，冷链中生产、运输、销售等各个环节温度的严格管理，对保持冷冻水产品的质量具有决定性的意义。

人造冰

人造冰又叫机制冰、机冰，按冰质可分为透明冰和不透明冰（白冰），不透明冰是因为冰中含有许多微小的空气气泡，其单位体积释放的冷量略低于透明冰。机冰按形状可分为块冰、管冰、片冰、颗粒冰。块冰是渔业上广泛应用的一种机制冰，一般有 25kg、50kg、135kg 等规格，使用前要用碎冰机粉碎成碎冰，在渔船出海前装入冰舱，供捕获水产品后使用，或用于陆上短期的周转保鲜。碎冰在渔船上容易凝结成块，使用时需要重新粉碎，操作麻烦，且碎冰形状不规则，与鱼体接触不良，其棱角又易损伤鱼体。因此，渔业发达国家倾向使用片冰、管冰、颗粒冰等。管冰因形似竹管而得名，由管冰机制出，其与鱼体接触面积大，冷却速度快，但比重小。片冰使用方便，不易损伤鱼体，易撒布和冷却，制冰设备简单，可以在船上及时生产使用。颗粒冰呈直径 1～2mm 的小结晶颗粒状，可用淡水或海水直接制得，表面光滑不会损伤鱼货，其流动性好，可用泵抽送直接使用，与片冰相比更不易融化，与鱼货接触面积大，保鲜效果佳。

任务总结

水产品保鲜指对水产品在生产和流通过程中采取一定的物理、化学方法保持其良好鲜度的生产技术措施。保鲜方法主要有冷藏保鲜、冷冻保鲜、化学保鲜、辐照保鲜和气调保鲜等，生产上采用最多、最有效的方法是冷藏保鲜、冷冻保鲜。要达到长期保藏的目的，必须将温度降低，使水产品体内大部分水冻结成冰，即进行冻结处理，以减少微生物活动和生化变化所必需的液态水分，然后在相应的温度下冷冻储藏。常用的水产品的冻结方法包括：空气冻结法、间接接触冻结法、直接接触冻结法。水产品保鲜方法如图 8-3 所示。

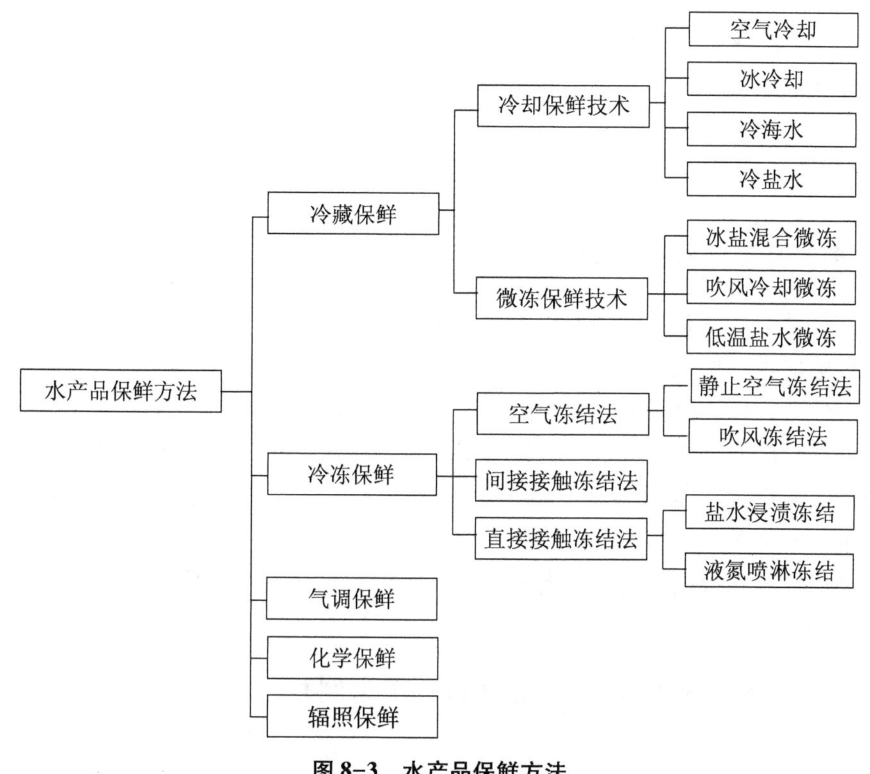

图 8-3　水产品保鲜方法

任务三　水产品保活运输

任务引入

12 万只鱼苗运输中死亡　海南法院调解司机赔 8 万元

王某到琼海市购买了 12 万只石斑鱼鱼苗，每只 1 元，共计 12 万元，并租用林某的货车，由司机林某开车将该批鱼苗从琼海市运到昌江黎族自治县昌化镇。运输过程中，货车上的供氧系统出现故障，鱼苗运到目的地时全部死亡。经法院调解，法官通过分析鱼苗死亡的原因，依法明确双方应负的法律责任，并引导双方当事人换位思考，使当事人在互让互谅的基础上达成调解协议：被告林某向原告赔偿损失8万元，当场付清。法院依法解除对货车的扣押。

任务分析

近年来，我国经济持续稳定的发展，人民生活水平不断提高，市场上对各类水产品活体的需求量越来越大；水产品生产、流通也取得了长足的发展；内陆地区与沿海经济发达地区之间名贵水产品活体的相互调运量增长也极为迅速。我国水产品进入国际市场的体量日益增大。水产品储藏、运输等物流技术越来越受到重视，特别是对温度、氧气、水环境等因素的管理，一旦疏忽就会带来巨大的经济损失。

知识准备

一、水产品保活运输原理

水产品保活运输就是在运输过程中保持水产品活性。

保活运输原理：可通过降低活运水产品的代谢强度，改善活运水体的水质与物理环境，避免活体死亡以及由于不良环境引起的活体衰弱所带来的损失，提高运输存活率等来保证水产品的食用安全性。运输过程中可采用物理和化学法、降低水体和活运水产品的温度以及减少其应激反应等措施来完成，也可采用无污染的供氧方式，添加缓冲物、抑菌剂、保活剂、防泡剂和沸石粉等措施来实现。

水产品保活技术根据保活原理的不同可分为低温保活技术、药物保活技术、充氧保活技术和无水保活技术等。

二、水产品保活运输影响因素（以鱼类为例）

（一）鱼

（1）鱼的种类。不同鱼的生活习性不同，好挣扎的鱼易受伤。耗氧率低的鱼耐运力高（如鲤鱼、鲇鱼等）。

（2）鱼的规格。鱼越大，耗氧率越低。

（3）鱼的体质与锻炼程度。伤病鱼耐运力低，健壮鱼耐运力高。锻炼少的鱼其粪便等排泄物多，耗氧高，排出的 CO_2 也多，水质易恶化，不耐运。

（二）水

（1）水温。温度与鱼类的活动、耗氧量有着密切的关系。在低温条件下，运输密度可比在高温条件下高些（降温法可大大提高运输效率）。运输鲤科鱼类（大规格以上）一般以水温5~10℃为宜，运输中应避免水温的剧烈变化。

（2）水质。运输用水必须选择水质清新，含有机质和浮游生物数量少，中性或碱性，不含有毒物质的水。在运输过程中，鱼类不断向水中排出二氧化碳和氨等代谢产物，可加

入天然沸石粉来吸附水中的氨等有害气体。

（3）水中溶氧量。在开放式运输中，活鱼运输的密度取决于水中的溶氧量。

几种主要养殖鱼类耗氧率的高低次序为：鲢鱼>鳙鱼>草鱼>青鱼>鲤鱼>鲫鱼。鱼种生存的最低含氧量为1.5~2mg/L。

（三）装运密度

装运的鱼与运输水体的比例：封闭运输鱼苗时可为1∶100~1∶200，运输鱼种或亲鱼时可为1∶3~1∶4，运输食用鱼时可为1∶2。

三、水产品活体运输前的准备

运输人员的高度责任心和做好运输前的各项准备工作，是获得运输成功的根本保证。运输前的准备工作主要有以下几个方面。

（一）制订运输计划

运输前必须制订周密的运输计划。根据水产活体的种类、大小、数量、运输季节和运输距离等确定运输方法。应安排好交通工具，需要联系空运的，则应预先订好舱位，洽谈落实各项运输事宜。

（二）准备好运输器具

一切运输容器和工具设备必须事先准备好，并经过检验与试用，发现有损坏或不足时，应及时修补、添置。同时应准备一定数量的后备器具。

（三）人员配备

运输前必须做好人员组织安排，包括起运点、转运点、目的地的人员，均须分工负责，互相配合。做好装卸、起运、衔接等工作，做到“人等鱼到、塘等鱼放”，保证运输顺利进行。

（四）做好鱼体锻炼

在长途运输鱼种、食用鱼或亲鱼前，应进行拉网锻炼，鱼种、食用鱼和亲鱼还要放在网箱内吊养以减少其排泄物，增强耐运力。

四、水产品保活运输技术

（一）低温保活技术

低温保活可分为冷冻麻醉保活和降低温度保活两类。

1. 冷冻麻醉保活

冷冻麻醉保活是利用低温将水产品麻醉，在整个运输、保藏过程中使水产品处于休眠状态。其中比较有代表性的例子为活梭子蟹的运输。

冷冻麻醉活梭子蟹的加工流程如图8-4所示。

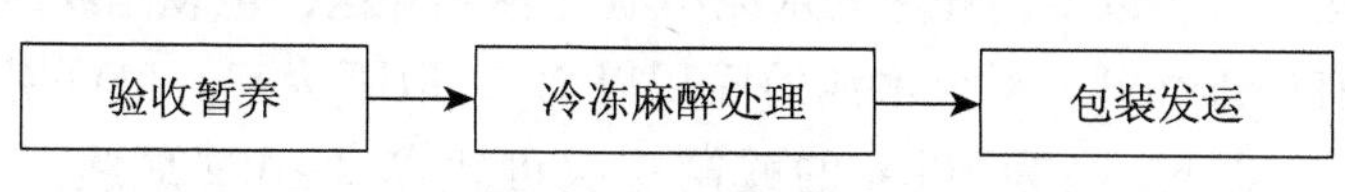

图8-4　冷冻麻醉活梭子蟹的加工流程

（1）验收暂养。将收购的活梭子蟹逐只进行验收，要求蟹足基本齐全，允许每侧缺失步足不超过1只，并剔除畸形和活力差的僵蟹。然后放入暂养池暂养。暂养池一般为水泥制作，铺入10~20cm深的沙子，注入40~60cm深的海水，海水深度根据气温变化可有所增减，水温一般应控制在15~20℃。暂养时间不宜太久，一般不超过7天，否则会因缺乏饵料而互相争斗，造成伤残或瘦弱。暂养过程中，活力好的蟹会将自己用沙子掩盖起来，用于冷冻麻醉的最好是这些蟹。

（2）冷冻麻醉处理。将活梭子蟹从暂养池中逐只捞出，用橡皮筋箍住蟹足，使其无法行动。将绑扎好的活蟹放入10~15℃的冰水中约20min，使其适应这一温度的变化。如果暂养池中水的温度与此相差不大，亦可以省去此步。然后拿出放入3~5℃的冰水中降温，当拿着蟹盖晃动蟹体，蟹的螯足收紧不动时，梭子蟹已进入休眠状态，说明降温麻醉已完成。

（3）包装发货。包装前要备好包装箱中使用的填料，这种填料一般都采用木屑。用作填料的木屑要求不要太细，太细则透气性差，会造成蟹死亡率增大。填料在使用前应充分曝晒杀菌，然后放入冷库中预冷到0~4℃待用。

用于包装的纸箱也应放入冷库预冷到0~4℃待用。

将经过冷冻麻醉处理后休眠的梭子蟹称重后，逐只装入纸箱中，加入木质填料，使梭子蟹之间相互隔开，防止它们相互碰撞。木屑要填满、不留空隙。最后用胶带把箱缝封口。

2. 降低温度保活

降低温度保活是通过低温将水产品的新陈代谢降到最低水平，使水产品的活动、耗氧、体液分泌均大为减弱，使水质不易变质，从而提高水产品的存活率，保持水产品的活体状态。

降低温度保活广泛应用于鱼类、贝类及蟹类的保活。以下结合鳗鱼活体运输加以说明。

（1）停食。为了避免鳗鱼的排泄物在运输途中污染水质，除未开食的白仔鳗鱼苗外，黑仔鳗、鳗种及成鳗在包装运输前，必须停食两天，使鳗鱼能够有充分的时间排泄肠内粪便，以利于筛选、包装、运输等各项工作的进行。

（2）筛选。停食一天后即可筛选。如筛选工作量大、时间长，为避免鱼体力下降甚至死亡，筛选工作要在气温较低的清晨进行。筛选时要随时注意网箱中鱼的密度，及时将网箱中不同规格的鳗鱼分运到池中，以防止网箱中鱼密度过大而造成缺氧死亡。

（3）暂养。鳗鱼在停食、密集、新水冲瀑的条件下，一般经24~30h能脱去体表黏液，吐净胃内食物，排净肠内粪便。鳗鱼在密集环境中肌肉紧缩，新陈代谢水平降低，耗氧量下降，鱼体便能适应长途运输的环境，从而提高运输存活率。

鳗鱼暂养方法很多，以专门修建的水泥小池（称暂养池、包装池或冲鳗池）暂养最为理想。暂养池设有进排水口，每个水池的面积以20m^{2}以下为宜。也可用塑料筐进行淋水暂养成鳗，直径为40cm、高为20cm的鳗筐一次可暂养2~4kg成鳗。或者利用直径为55cm、高度为25cm的活鱼篓在河中暂养成鳗，每篓可暂养10~20kg。另外，也有用水槽进行流水暂养的。

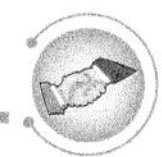

经过暂养冲瀑后的鳗鱼，鱼体会发生减重现象，减重的幅度与鱼体代谢水平有关。一般鱼体减重随水温升高而增加。成鳗经 3~4 天暂养后，一般体重减少 7%~10%。因此，鳗鱼暂养冲瀑时间不宜过长，以免造成鳗鱼体力消耗过大，而降低运输存活率。

（4）降温。包装前要进行降温处理，鳗鱼苗在 5~8℃，成鳗在低于 10℃的情况下，鱼体新陈代谢可降到最低水平，鱼体的活动、耗氧、体液分泌均大为减少，使运输过程中水质不易腐败而提高运输存活率。

（5）包装充氧。装鱼袋由双层聚乙烯塑料薄膜制成，规格有 48cm×27cm×27cm 和 50cm×30cm×30cm 两种；装冰袋规格为 42cm×26cm；外包装纸箱用上过蜡的双瓦楞纸板制成，规格为 67cm×34cm×33cm，箱底有衬板。袋内先装入适量的冰水，再装鱼，最后装入适量的冰块，包扎前，先排出袋内空气，再充入适量的氧气。白仔鳗、黑仔鳗、鳗种鱼体较小，不宜在鱼袋中直接装冰块。在气温较高的情况下包装，黑仔鳗、鳗种可以在鱼中或在纸箱内加适宜的冰袋降温。

装鱼以及装冰水、冰块或冰袋的数量，还应根据当时的气温状况、鱼的体质、运输时间等适当调控，在鳗鱼运输过程中，鱼袋水温保持在 8~15℃为宜。

（二）药物保活技术

药物保活技术是在水体中加入一定浓度的化学药品，这些化学药品进入鱼体后，能强制改变鱼类的生理状态使鱼类进入休眠状态，对外界反应迟钝，行动缓慢，活动量减少，体内代谢强度相应降低，从而减少总耗氧量和水体中的代谢废弃物总量，使鱼类在有限的存活空间中存活更久。之后，只要将鱼类放入清水中，就能很快恢复正常活动。

目前常用的活鱼运输药物有：乙醚、乙醇、三溴乙醇、巴比妥钠、异戊巴比妥钠、尿烷等。药物保活具有存活率高、运输密度大、运输时间长、操作方便、途中易管理、不需要特殊装置、运输成本低等优点，近年来日益受到渔业的重视。国际上已采用该方法进行较大规模的活鱼运输，随着国内活鱼储运业的发展，这种方法也将得到更广泛的应用。但要注意用药安全，严禁使用国家规定禁药，同时严格控制药物剂量和使用条件。

（三）无水保活技术

无水保活技术主要用于活鱼的运输。如果市场上活鱼脱销、节假日急需组织活鱼货源时，可采用无水保活运输。该法适用于短途调运（6h 以内），原则是通风、避高温、避曝晒，避免过度挤压。

盛鱼容器一般用木条箱或柳条筐等。内铺水草或浸湿的软草，放一层鱼，铺一层水草或湿草，最后，顶要加盖。途中要经常淋水，夏季高温时，有条件的可以加冰降温。

装运活鱼的容器内壁要光滑，以免在运输过程中因车、船震动击伤鱼体，甚至将鱼撞死。容器必须专物专用，并在装鱼前洗刷干净。每个装载容器内放的活鱼不可过多，以防鱼因缺氧而窒息死亡。一般来说，装 1 吨水的容器，在夏季可装活鱼 50kg，春、秋季可装活鱼 100kg，冬季可装活鱼 125~150kg。

（四）充氧保活技术

鱼体呼吸主要依靠水体中的溶解氧来维持，活鱼运输时，由于鱼高度集中，容器中的水又少，加上鱼在装运过程中活动量增大，耗氧量也随之加大，这就会产生水体氧气供应不足的现象。因此在装运时或运输途中需要向包装容器内供氧，以维持鱼的生存需要。这里简单介绍几种供氧方法。

1. 淋浴法

淋浴法又称循环淋浴法，是利用循环水泵将水淋入装有鱼的容器中。如此循环以不断增加容器中的氧气，以保证鱼的需要。这种方法适用于活鱼船、车的运输。

2. 充氧法

在运输车上安装氧气瓶或液态氧瓶，用末端装有沙滤棒或气石的胶管将氧气注入装鱼容器中。这种方法适用于利用木桶或帆布篓等小型敞口包装对活鱼的运输，也适用于鱼苗、鱼种用尼龙袋运输时使用。

3. 充气法

在活鱼运输车上安装空气压缩机，将压缩空气注入盛鱼容器水体中，补充氧气。这种方法适用于木箱、帆布篓、鱼箱、车、船等对活鱼的运输。

4. 化学增氧法

在一些缺乏充氧充气条件的场合，可向运输活鱼的容器中添加给氧剂、过氧化氢等增氧剂以增加水体中的溶氧。这种方法适用于各种敞口容器对活鱼的运输。

（五）活水船运法

这是一种水上运输特殊的增氧方法。

日本某株式会社研制出一种可直接从大气中收集氧气的氧气浓缩装置。这种装置利用臭氧发生装置，将大气中的氮气除去，把余下的氧气浓缩后按需要注入水中。这种装置可直接利用车、船上的电瓶作为电源。

当然，长时间运输活鱼时，还需要配备其他水质净化装置。

五、虾、蟹类的活体运输（中国对虾亲虾的活体运输）

应选择健壮的亲虾装运。活力弱的亲虾不宜长途运输，以防在运输过程中，由于抵抗力差而死亡，影响水质。

（一）带水运输

一般采用帆布箱（240cm×240cm×40cm）或帆布桶（直径为80cm、高为100cm）盛水装虾。运虾密度除与盛水装虾的容器大小有关外，还与运输途中换水和充气的条件以及路程、交通工具有关。

（二）活水舱运输

采用动力船的活水舱装运，由于活水舱运输容积大，海水交换条件好，运虾密度可以增加到每立方米水体80～100尾。只要运输途中妥善管理，亲虾存活率一般可达80%以上。

（三）虾笼运输

虾笼是一种既能多装又能提高亲虾存活率的有效而简便的运输装置。虾笼可以根据盛水容器的形状设计成圆形、方形或长方形等，目的是增大虾笼的底面积。虾笼可以在帆布桶里重叠放置，充分利用帆布桶的空间，增加亲虾的运载量。

虾笼运输时，根据对虾的习性，注意控制运输中的水环境。方法是在盛放虾笼的容器

内加适量冰块，使水温降至对虾生存的临界水温下限。这样亲虾在容器内的活力减弱，机体代谢降低，耗氧量减少，基本处于休眠状态。另外在一个虾笼里放置 1~2 块气石，辅以充气。

正常情况下，运输中的亲虾一般都匍匐在底部，极少活动，如果发现亲虾反复蹿水或较多的亲虾在水中急躁游动，说明水中缺氧，须采取增氧措施，如果一时不具备条件，可用桶提水（运输容器中的原水）从高处倾泻的办法搅水或用手击水，以取得临时增氧效果。

（四）经长途运输后的亲虾入池处理和管养方法

长途运输的亲虾到达育苗场后，先将暂养池水温调整到介于自然水温和运输水温之间，并充气，然后把亲虾移入暂养池。在操作过程中必须小心快速，避免亲虾受伤。亲虾入池后，开启进水开关，使暂养池水温逐渐回升。这时，亲虾从匍匐状态慢慢地恢复活力，随着水温上升到适宜水温范围，活力复原如初，游于暂养池周边。此时再投以蛤肉或沙蚕、沙虫、蚯蚓等优质饵料，让亲虾能在较短时间内恢复和增强体力，以利产卵。

水产品 MSC 认证

1996 年，联合利华（Unilever）和世界野生生物基金会（WWF）共同发起筹建海洋管理理事会（Marine Stewardship Council，MSC），在世界各主要渔业产区建立工作组，研究起草“水产业可持续发展和良好管理规范”标准。经 MSC 认证的水产品，方可带有 MSC 认证标志，它表示：“该产品来自符合 MSC 环境标准的海域，并且符合良好管理和可持续捕捞的要求。”该认证标志适用于水产品及其供应链，证明产品源于最佳捕捞环境的水域。

任务总结

水产品保活运输就是在运输过程中保持水产品活性。集体运输原理：可通过降低活运水产品的代谢强度，改善活运水体的水质与物理环境，避免活体死亡以及由于不良环境引起的活体衰弱所带来的损失，提高运输存活率等来保证水产品的食用安全性。运输人员的高度责任心和做好运输前的各项准备工作，是获得运输成功的根本保证，运输前的准备工作主要有以下几个方面：制订运输计划、准备好运输器具、人员配备及做好鱼体锻炼等。运输过程中可采用物理和化学法、降低水体和活运水产品的温度以及减少其应激反应等措施来完成；也可采用无污染的供氧方式，添加缓冲物、抑菌剂、保活剂、防泡剂和沸石粉等措施来实现。水产品保活技术根据保活原理的不同可分为低温保活技术、药物保活技术、充氧保活技术、无水保活技术、活水船运法等。根据不同情况采用不同技术，提高活体运输保活率，降低成本，为企业带来经济效益。

思政探索

一、思政目标

1. 培养社会责任感：对水产品储运环节中可能出现的问题及解决策略进行分析，让学生意识到个人与社会、经济与环境的关系，培养其对食品安全、民生保障的责任感。

2. 培养绿色环保理念：强调在水产品储运过程中坚持绿色、环保的原则，注重水资源和生态环境的保护，培养学生可持续发展的观念和生态文明意识。

3. 进行规则意识教育：普及水产品储运相关法律法规，培养学生遵守法律、合法经营的法制观念。

二、思政元素

公共安全与食品安全　资源保护与可持续发展　诚实守信与公平交易　规则意识

三、融入路径

1. 课程内容融合：在讲解水产品储运知识的同时，结合案例分析，阐述水产品储运对社会经济、生态保护及保障民生的重要意义。

2. 实践教学环节：组织学生参观水产批发市场、冷链物流企业、渔船码头等地，了解水产品储运的真实场景，增强学生的直观感受和实际操作能力。

3. 专题讲座：邀请行业专家、企业负责人进行交流分享，探讨水产品储运行业的现状、问题和未来发展趋势，引导学生关注行业发展与社会责任。

实训项目

活鱼运输方案制定

1. 实训背景资料

《活鱼运输技术规范》GB/T 27638—2011 及网络上相关的视频资料。

2. 实训目标

了解活鱼运输的影响因素；掌握活鱼运输的技术标准；制定活鱼运输方案。

3. 实训准备

（1）全班学生分组，每组成员控制在 3~5 人。

（2）以组为单位制定活鱼运输方案。

（3）教师进行现场指导，体现以学生为主体的教学特色。

4. 实训步骤

（1）收集相关文献资料。

（2）根据材料分组讨论活鱼运输方案。

（3）制定活鱼运输方案。

（4）PPT 演示答辩。

5. 实训效果评价

考评内容	考评标准	分值（分）	自我评价（分）	小组评价（分）	教师评价（分）	实际得分（分）
实训完成情况	资料收集全面	10				
	方案讨论充分	10				
	方案结构合理、可行性强	40				
	PPT 答辩清晰	20				
其他	态度积极、遵守纪律、有团队协作精神	20				
合计		100				

注：实际得分＝自我评价×20%+小组评价×30%+教师评价×50%。

思考练习题

一、选择题

1. 冷冻保鲜技术包括（　　）。

A. 冻结技术　　B. 冷藏技术　　C. 微冻技术　　D. 冷却技术

2. 冻结保鲜技术包括直接接触冻结法和（　　）。

A. 空气冻结法　　B. 间接接触冻结法　　C. 冻藏技术　　D. 冷却技术

3. 冷藏保鲜技术包括（　　）。

A. 冻结技术　　B. 冻藏技术　　C. 微冻保鲜技术　　D. 冷却保鲜技术

4. 我国重要的水生动物资源主要分布于（　　）海区。

A. 渤海　　B. 黄海　　C. 东海　　D. 南海

5. 微冻保鲜方法主要包括（　　）。

A. 冰盐混合微冻　　B. 吹风冷却微冻　　C. 低温盐水微冻　　D. 糖水微冻

6. 下列不属于水产品保活技术的是（　　）。

A. 低温保活技术　　B. 无水保活技术　　C. 充氧保活技术　　D. 吹风保活技术

7. 冷却保鲜是将鱼品温度降低到接近冰点，但不冻结的保鲜方法，一般温度在（　　）。

A. 5～20℃　　B. 0～4℃　　C. −10～0℃　　D. −35～−10℃

8. 微冻保鲜是将水产品温度降到略低于其细胞汁液的冻结点，并在该温度下进行保藏。通常采用（　　）冷却，使鱼体水分处于部分冻结状态下的保藏方法。

A. −3～−2℃　　B. 0～4℃　　C. −10～0℃　　D. −35～−10℃

9. 产品冻结过程最大的特点是固液两相并存，并存在一个随时间变化的从液态向固态转变的相变过程。一般在水产品冷冻保鲜中，只要求大部分的水分冻结，通常品温在（　　）即可达到储藏要求。

A. -3～-2℃　　B. 0～4℃　　C. -18℃以下　　D. -35℃以下

10. 影响鱼类僵硬的主要因素有（　　）。

A. 鱼种　　B. 温度　　C. 鱼的生理条件　　D. 含水量

二、名词解释

自溶作用　　细菌判断法　　冷却保鲜　　微冻保鲜　　冷冻麻醉保活

三、简答题

1. 鱼类死后僵硬的原因是什么？
2. 鱼体腐败的主要特征是什么？
3. 怎样进行鱼类品质的感官判断？
4. 水产品的冷藏保鲜常用哪两种技术？各包括哪些方法？
5. 说说微冻保鲜的优缺点。
6. 以鱼类为例，说说影响水产品保活运输的因素。

四、实训题

1. 水产品活体运输前需要做哪些准备工作？
2. 如何对经长途运输后的亲虾进行入池处理。

【知识拓展：标准及相关政策法规引读】

1. GB/T 37062—2018《水产品感官评价指南》
2. GB/T 29568—2013《农产品追溯要求 水产品 》
3. GB/T 31080—2014《水产品冷链物流服务规范》
4. GB/T 24616—2019《冷藏、冷冻食品物流包装、标志、运输和储存》
5. GB/T 27638—2011《活鱼运输技术规范》
6. SN/T 1885. 2—2007《进出口水产品储运卫生规范 第2部分：水产品运输》
7. SC/T 1075—2006《鱼苗、鱼种运输通用技术要求》
8. SC/T 9020—2006《水产品低温冷藏设备和低温运输设备技术条件》
9. 《2024年水产绿色健康养殖技术推广“五大行动”实施方案》

扫码查看拓展资源

参考文献

［1］赵敏．农产品物流［M］．北京：中国物资出版社，2007.

［2］张敏．农产品物流与运营实务［M］．北京：中国物资出版社，2009.

［3］张志乔．生鲜农产品营销与物流［M］．北京：北京大学出版社，2012.

［4］周洁红，许莹．农产品物流管理［M］．杭州：浙江大学出版社，2011.

［5］章建浩．生鲜食品贮藏保鲜包装技术［M］．北京：化学工业出版社，2009.

［6］邓汝春．冷链物流运营实务［M］．北京：中国物资出版社，2007.

［7］黄茂洪，许兰平．农村粮食储藏［M］．太原：山西人民出版社，1985.

［8］国家粮食储备局储运管理司．中国粮食储藏大全［M］．重庆：重庆大学出版社，1994.

［9］王若兰．粮食储运安全与技术管理［M］．北京：化学工业出版社，2005.

［10］孙玉民，罗明．畜禽肉品学［M］．济南：山东科学技术出版社，1993.

［11］刘宝林．食品冷冻冷藏学［M］．北京：中国农业出版社，2010.

［12］于学军，张国治．冷冻、冷藏食品的贮藏与运输［M］．北京：化学工业出版社，2007.

［13］吕金虎．食品冷冻冷藏技术与设备［M］．广州：华南理工大学出版社，2011.

［14］杨先芬，杨风光，王金英．农产品贮藏与加工［M］．北京：中国农业出版社，1998.

［15］王育红，陈月英．果蔬贮藏技术［M］．3 版．北京：化学工业出版社，2020.

［16］杨福馨．农产品保鲜包装技术［M］．北京：化学工业出版社，2004.

［17］李家福，高崇学．农产品贮藏加工技术［M］．北京：农业出版社，1989.

［18］吴光红，车文毅，费志良，等．水产品加工工艺与配方［M］．北京：科学技术文献出版社，2001.

［19］熊善柏．水产品保鲜储运与检验［M］．北京：化学工业出版社，2007.

［20］彭增起，刘承初，邓尚贵．水产品加工学［M］．北京：中国轻工业出版社，2010.

［21］吴旭东，赵红雪，许志扬．名优水产品养殖技术［M］．银川：宁夏人民出版社，2009.

［22］汪之和．水产品加工与利用［M］．北京：化学工业出版社，2003.

［23］王朝瑾，张饮江，谈向东．水产品保鲜与运输实用技术问答［M］．北京：化学工业出版社，2006.